Claudia Stolzer

Korbflechten leicht gemacht

stv

Claudia Stolzer

Korbflechten

leicht gemacht

Mit Garten-deko & Co.

Leopold Stocker Verlag
Graz – Stuttgart

Umschlaggestaltung:
Werbeagentur Rypka GmbH, 8143 Dobl/Graz, www.rypka.at
Titelbild: Christian Strobl Photography

Bildnachweis: Alle Bilder im Innenteil stammen von der Autorin.

Bibliografische Information der Deutschen Nationalbibliothek
Die Deutsche Nationalbibliothek verzeichnet diese Publikation in der Deutschen Nationalbibliografie; detaillierte bibliografische Daten sind im Internet unter http://dnb.d-nb.de abrufbar.

Hinweis: Dieses Buch wurde auf chlorfrei gebleichtem Papier gedruckt. Die zum Schutz vor Verschmutzung verwendete Einschweißfolie ist aus Polyethylen chlor- und schwefelfrei hergestellt. Diese umweltfreundliche Folie verhält sich grundwasserneutral, ist voll recyclingfähig und verbrennt in Müllverbrennungsanlagen völlig ungiftig.

Auf Wunsch senden wir Ihnen gerne kostenlos unser Verlagsverzeichnis zu:
Leopold Stocker Verlag GmbH
Hofgasse 5/Postfach 438
A-8011 Graz
Tel.: +43 (0)316/82 16 36
Fax: +43 (0)316/83 56 12
E-Mail: stocker-verlag@stocker-verlag.com
www.stocker-verlag.com

ISBN 978-3-7020-1756-9

Layout: Werbeagentur Rypka GmbH, 8143 Dobl/Graz
Druck und Bindung: Druck: Finidr, s.r.o., Český Těšín

INHALT

EINLEITUNG

Mit Weide zu flechten ist für mich eine der schönsten Beschäftigungen, denn bei dieser Arbeit finde ich meine innere Ruhe. Es ist für mich wie eine Form der Meditation, bei der ich mich entspannen und eine Auszeit vom Alltag finden kann. Immerhin beschäftige ich mich stundenlang mit mir und der Weide, um ein schönes Werk entstehen zu lassen. Ein weiterer positiver Aspekt der Weidenflechterei ist, dass aus einem „einfachen“ Naturprodukt funktionale und wunderschöne Gegenstände gefertigt werden.

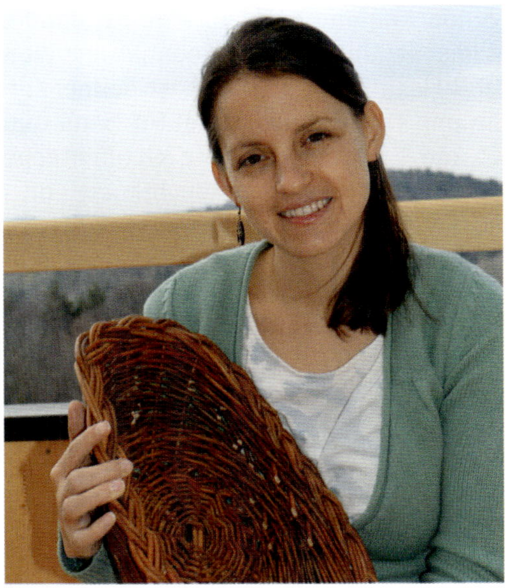

Da das Handwerk der Weidenflechterei bis heute nicht zur Gänze maschinell gemacht werden kann, steht hinter jedem Korb und jeder Weidendekoration auch immer Handarbeit und die Persönlichkeit des Weidenflechters. Auf diese Weise wird eines der ältesten Handwerke der Welt am Leben erhalten und das Wissen unserer Vorfahren weitergegeben.

Meine ersten Erfahrungen mit dem Material Weide waren von mäßigem Erfolg gekrönt, da es am Anfang schwierig war ohne Materialangaben zu flechten. Ein zweitägiger Flechtworkshop bei Toni Hebenstreit brachte schließlich die Erkenntnis, dass ich mich näher mit diesem Material auseinandersetzen und dieses Handwerk von Grund auf erlernen möchte. Zufällig las ich nach diesem Kurs über eine dreijährige Korbflecht-Ausbildung in der Wildnisschule in Tirol. Nach kurzer Zeit des Überlegens meldete ich mich schließlich an. Bereits nach dem ersten Zehn-Tages-Block waren jedoch alle anfänglichen Zweifel beseitigt und ich wusste, dass dieses Handwerk das

Richtige für mich ist. Während dieser Zeit lernte ich durch Eva Brodschneider auch die Anfertigung von Dekorationen aus Weide kennen und lieben. Die Kombination von unterschiedlichen Flechttechniken bringt nämlich immer wieder neue Formen und Figuren hervor und setzt der Fantasie keine Grenzen.

Im Jahr 2017 habe ich mich schließlich entschlossen, mein Hobby und meine Liebe zur Weidenflechterei teilweise zum Beruf zu machen und habe mich selbstständig gemacht. Unter dem Namen „AugenWEIDEN-Flechtkunst" verkaufe ich seither Körbe und Dekorationsartikel für Haus und Garten. Des Weiteren biete ich öffentliche und individuelle Weidenflechtkurse an.

In diesem Buch gebe ich Flechttechniken wieder, die ich in meiner Ausbildung und in diversen Workshops gelernt habe bzw. die ich gerne anwende. Es freut mich, dieses Wissen nun an dich weitergeben zu können, damit auch du die positive Kraft des Weidenflechtens erfahren kannst. Im Laufe der Zeit wirst du auch merken, dass jeder Korbflechter seine persönliche Art in die Weidenflechterei einbringt und dass dadurch individuelle Objekte entstehen. Außerdem hat jede Weidenflechttechnik unzählige Abwandlungen, die entdeckt, ausprobiert und weiterentwickelt werden können. Ich wünsche dir viel Spaß beim Nachmachen und Ausprobieren und hoffe, dass dir die Arbeit mit Weide genauso viel Spaß macht wie mir.

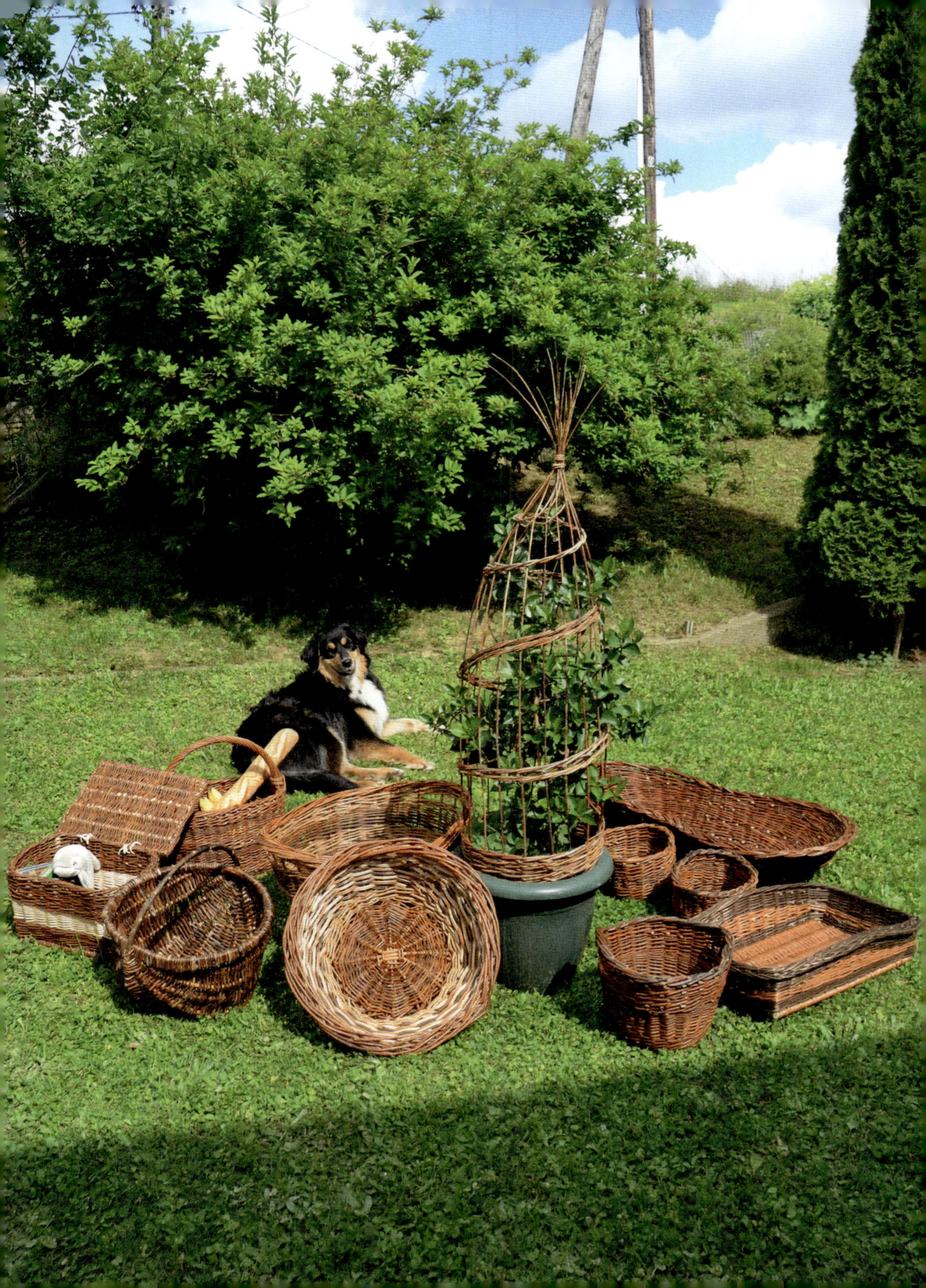

DIE GESCHICHTE DES KORBFLECHTENS

Die Geschichte des Korbflechtens hängt sehr eng mit der Geschichte der Menschheit zusammen. Während manche Lebewesen von der Natur mit funktionalen Körperteilen für den Transport ausgestattet wurden, wie z. B. das Känguru mit einem Beutel, mussten andere Lebewesen, wie der Mensch, sich erst spezifische Fähigkeiten aneignen. Dies war wichtig, da Menschen schon sehr früh lange Wanderungen machen mussten und dadurch Tragekörbe benötigten, um Ernte- und Jagderträge mittragen zu können.

Geflochten wurde und wird auf der ganzen Welt – mit den jeweils einheimischen Materialen, seien es Weide, Hölzer oder Gräser – in unterschiedlicher Weise, aber immer mit dem gleichen Ziel, nämlich ein Behältnis für den täglichen Gebrauch zu schaffen. Es wurden Möbelstücke (geflochtene Sitzfläche bei Stühlen), Teile von Fortbewegungsmitteln (Kinderwagen), Transportgegenstände (Körbe) oder Kleidung (Strohhüte) produziert. Heutzutage werden zwar zum Teil viele andere Materialen, statt derer man früher Weide verwendet hat, benutzt, aber die Techniken des Flechtens sind noch die gleichen, z. B. Terrassenmöbel aus Plastikschienen. Ein Gegenstand aus Weide, der seit Jahrhunderten aus dem Alltagsleben nicht wegzudenken ist, ist der Einkaufskorb.

Auch wenn man sich mit dem Wort „Korb“ auseinandersetzt, wird einem bewusst, wie gegenwärtig dieses Handwerk ist. Es wird in vielen Zusammenhängen verwendet: der Korb im Sport, das Behältnis zum Tragen oder als Redewendung „jemandem einen Korb geben“. Dieser Spruch stammt übrigens aus dem Mittelalter und bedeutet die Abweisung eines Heiratsantrages.

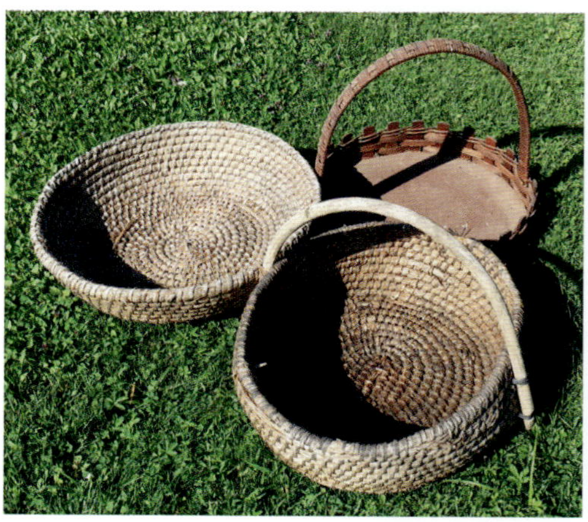

Alte Körbe

Ein weiteres Wort, welches auf das Flechthandwerk zurückzuführen ist, ist „Wand". Es stammt vom Verb „winden" ab und steht für das „Gewundene" oder „Geflochtene". Schließlich wurden die Wände früher oder in manchen Regionen noch heute aus unterschiedlichen Materialien geflochten.

HINWEIS! Flechten als Kulturerbe

Die Flechtkunst wurde 2006 sogar als Immaterielles Kulturerbe in Deutschland anerkannt. In Österreich wurde das „Korbmachen – Flechtkunst mit Weiden, Stroh und gespaltenem Holz – Traditionelles Handwerk in der Steiermark" 2013 von der UNESCO in die Liste des Immateriellen Kulturerbes aufgenommen.

DAS KORBFLECHTEN IM STEIRISCHEN VULKANLAND

Das Korbflechten hat auch in meiner Heimat eine große Tradition. Schließlich kamen die Initiatoren für die Aufnahme des Korbflechtens als „UNESCO Immaterielles Kulturerbe" aus Straden und Stainz, zwei Orte, welche im Steirischen Vulkanland liegen. Dieses Gebiet war nicht nur früher ein Zentrum der Korbflechter, was alte Aufnah-

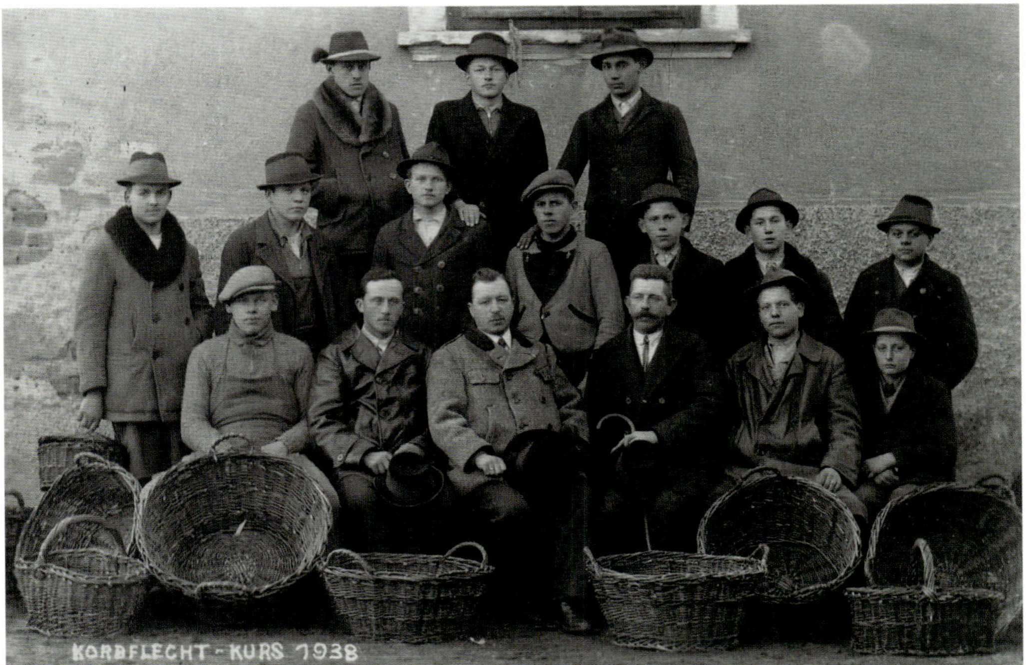

Korbflechterkurs 1938 in Oberweißenbach/Steiermark

men belegen, sondern es kommen nach wie vor jährlich die Korbflechter in den Wintermonaten in mehreren Gemeinden zusammen, um gemeinsam zu flechten. Des Weiteren gibt es den wunderschönen Weidenzuchtgarten von Toni Hebenstreit mit über 15 verschiedenen Weidenarten in Schützing in der Südoststeiermark.

Die Technik des Korbflechtens unterschied sich früher nicht nur von Dorf zu Dorf, sondern sogar von Haus zu Haus. Früher wurden nicht nur Weidenkörbe geflochten, die eine bestimmte Funktion hatten, wie z. B. der zweihenkelige Tragekorb, Wagenkörbe oder die Buckelkraxe, sondern Weide wurde auch für den Hausbau verwendet. Die geflochtenen Wände wurden dann zum Teil mit einem Lehm-Strohgemisch verputzt. Solche Wände sieht man heutzutage kaum mehr, da das Korbmaterial sehr vergänglich ist. Neben der Weide wurde auch sehr viel mit Stroh genäht. Daraus entstanden z. B. Brot- oder Bienenkörbe. Dass das Korbflechten eine lange Tradition hat, sieht man auch darin, dass es früher im Rahmen des Handarbeitsunterrichtes gelehrt wurde und an Landwirtschaftsschulen ein eigenes Unterrichtsfach war.

In meiner Heimat wird die Korbweide (*Salix viminalis* L.), auch Bachweide genannt, meist ungeschält und nur vereinzelt geschält (z. B. zum dekorativen Zwischenflechten oder für einen Wäschekorb) verwendet. Die „Wiedn“, wie sie im Volksmund heißt, wurde immer zu Martini – Martinstag ist am 11. November – bei abnehmendem Mond geschnitten, sonst würden sie laut Überlieferung bei Lagerung wurmig werden.

Auszug und Bild aus dem Buch: Flechtkunst im Steirischen Vulkanland von Herrn Prof. Johann Schleich und Bgm. Dir. Karl Lenz

WEIDENKUNDE UND AUSSTATTUNG DES ARBEITSPLATZES

Mit Weide zu arbeiten, bedeutet immer Ruhe und Zeit mitzubringen, denn vor dem Beginn eines Werkstücks aus Weide ist bereits eine umfassende Vorbereitung notwendig. Neben der richtigen Ausstattung des Arbeitsplatzes zählt dazu auch die Wahl und Beschaffung der Weide.

Es gibt viele verschiedene Weidenarten – einige eignen sich gut zum Flechten, andere sind wunderschöne Sträucher. Ob sich eine Weide gut zum Flechten eignet, ist relativ einfach herauszufinden. Dazu muss nur ein dünner Weidenzweig um den Arm gewickelt werden. Bricht er nicht, kann er problemlos zum Flechten verwendet werden. Natürlich kann Weide auch bei Händlern in unterschiedlicher Verarbeitungsart gekauft werden.

Nachfolgend befindet sich außerdem eine Auflistung mit Werkzeugen, die zum Flechten eines Korbes benötigt werden.

WEIDENKUNDE

Sehr oft sind Weiden **in der Nähe von Flüssen oder Bächen** bzw. **auf Brachland** zu finden. Hierbei ist immer der Eigentümer des Grundstückes um Erlaubnis zu fragen bzw. sind die Vorgaben des Landes zu beachten, ob und wann Weiden geschnitten werden dürfen. Die Weide wird ab dem ersten Frost bis Anfang März geerntet, bevor die Pflanze wieder im Saft steht. Zum Flechten werden dünne, unverzweigte Ruten benötigt. Die bekommt man am besten von einjährigen Trieben, deshalb sollte eine Weide auch jedes Jahr geschnitten werden.

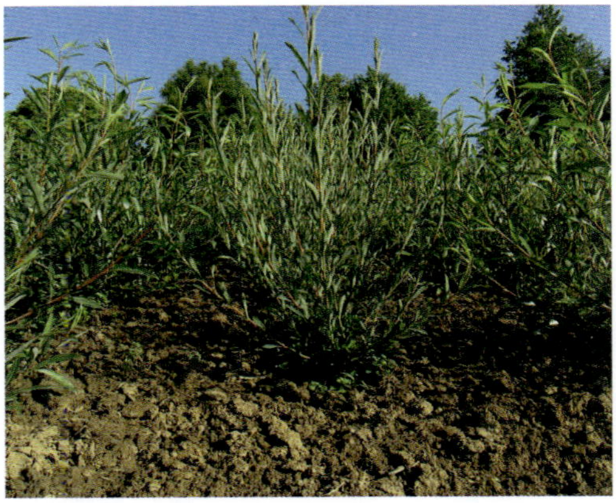

Weidengarten

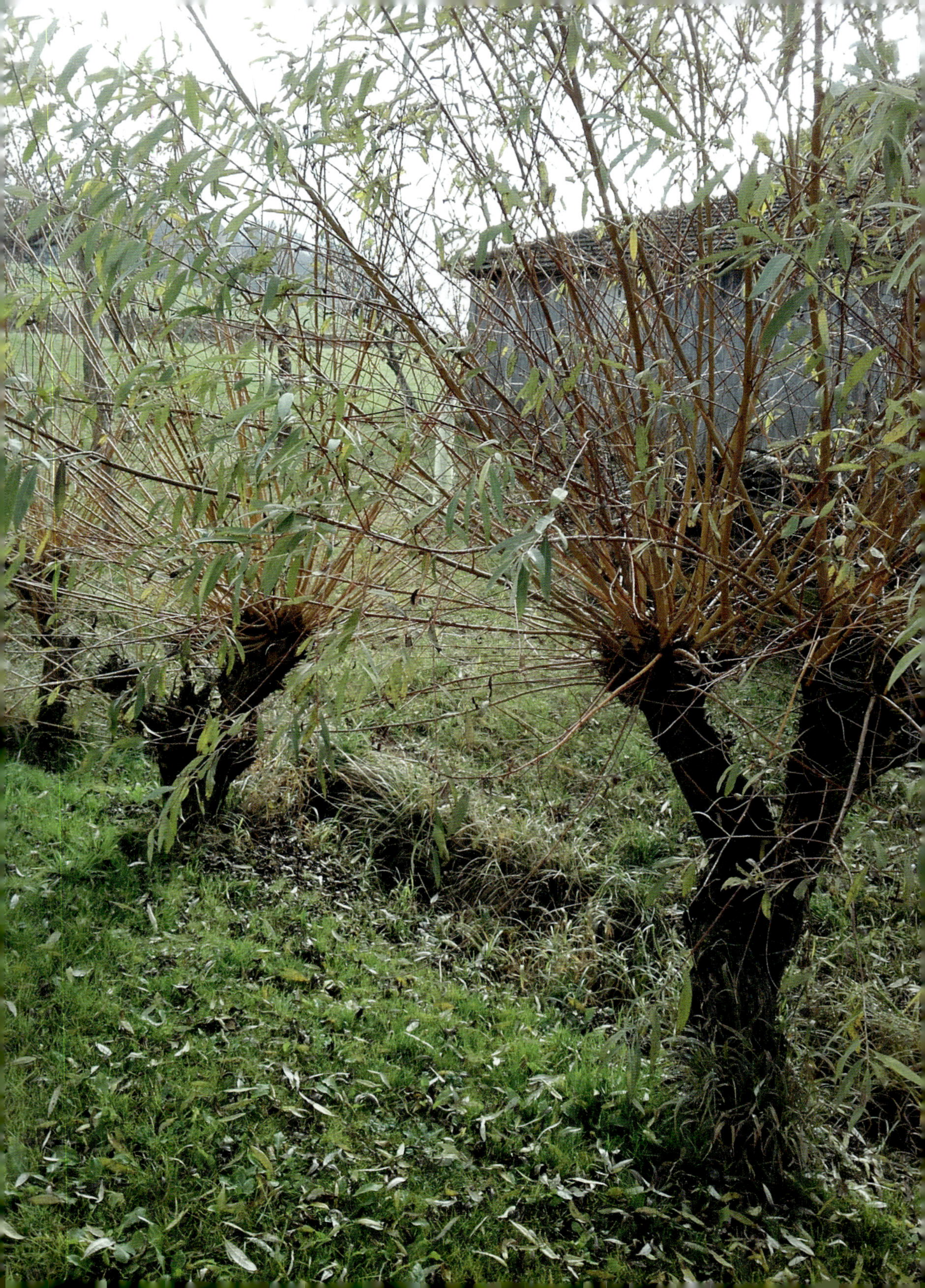

Nach dem Ernten werden die Weidenzweige der Größe nach sortiert, da unterschiedliche Längen für die unterschiedlichen Projekte benötigt werden. Hierbei werden die Weiden am besten in 20-cm-Schritten gebündelt. Die Längeneinteilung sieht so aus, dass alle Weiden, die kürzer als 1 m sind, alle zwischen 1 und 1,20 m, alle zwischen 1,20 und 1,40 m usw. sortiert, zusammengelegt und mit einer Schnur zusammengebunden werden. Das erleichtert die Vorbereitung zum Flechten sehr, da für einen Korb unterschiedlich lange Weiden benötigt werden.

TIPP! Weidenmaße

Die Schreibweise des Längenmaßes lautet z. B. 1,60er Weide. Das bedeutet, dass die Weide rund 1,60 m lang sein soll.

Nicht nur die schlanken Weiden werden aufbewahrt, sondern es kann fast alles verwendet werden. Ich nehme auch die dickeren, verzweigten Äste als Stäbe für Gartenstecker, indem ich alle Seitenäste abschneide. Außerdem werden dickere Weiden für Henkel oder auch für Bodenlagen benötigt. Mit den Weidenspitzen kann z. B. ein ganz kleiner Korb geflochten werden. Stark verzweigte Äste eignen sich beispielsweise als Rankhilfe im Garten.

Viele Korbmacher haben **einen eigenen Weidengarten**. Dabei werden im Frühjahr Stecklinge – 30 cm lange, daumendicke, nicht trockene Weidenstücke – in den Boden gesetzt. Wichtig ist, dass die Weiden in Wuchsrichtung eingesetzt und im ersten Jahr, wenn es einen sehr trockenen Sommer gibt, zeitweise gegossen werden. Es ist nicht nötig, die Weide in Wassernähe zu pflanzen, sondern es ist auch im Garten oder auf der Wiese möglich. In den ersten zwei Jahren ist mit einem geringeren Ertrag zu rechnen, aber danach wird man jedes Jahr reich belohnt. Weiden, die nah am Wasser wachsen, werden dicker, da sie mehr Flüssigkeit aus dem Boden bekommen.

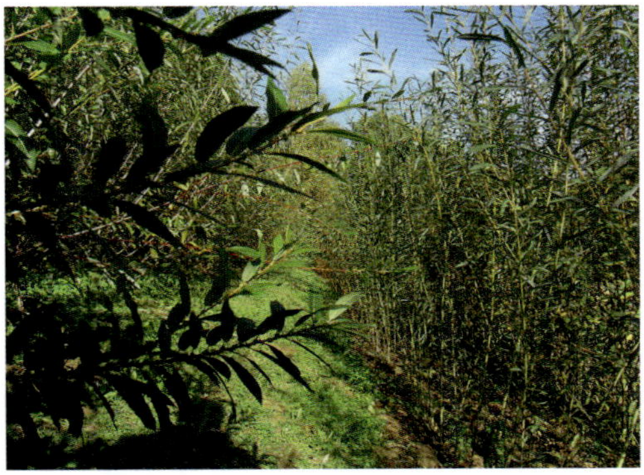

Tonis Weidengarten

In meiner Heimat wird hauptsächlich die Korbweide (*Salix viminalis* L.) verwendet, aber es gibt noch viele andere Weidenarten, die in der freien Natur vorkommen, oder auch spezielle Sorten, die von Korbmachern selbst gezüchtet werden.

Das sind z. B.:

- Purpurweide – rote Rinde, sehr dünne, biegsame Triebe
- Carl Jensen – gelbgrüne Rinde, die beim Trocknen gelb oder graugrün wird, lange, gerade Triebe
- Roter Belgier – braunrote Rinde
- Leicestershire Dix – grünliche Rinde, die beim Trocknen graugrün wird, sehr gute Flechtweide

Leichter und weniger Arbeit ist es, **Weide beim Flechtwarenhändler** zu besorgen. Hierfür gibt es einige Händler in Deutschland und anderen europäischen Ländern, die man im Internet findet. Die Ware wird bündelweise bereits in der gewünschten Länge und in unterschiedlichen Sorten trocken geliefert. Eine Liste von einigen Flechtwarenhändlern befindet sich im Kapitel „Kontakte und Bücher“ auf Seite 141.

Im Handel ist **verschiedenes Material** in **unterschiedlichster Verarbeitung** zu finden. Es gibt:

- **Naturweide** oder **ungeschälte Weide**: Diese gibt es in verschiedenen Sorten. Die einzelnen Arten unterscheiden sich hinsichtlich der Färbung der Rinde oder in ihrer Biegsamkeit. Die Bezeichnungen der gängigen Sorten sind „Französische Weide“ und „Spanische Weide“. Beim ersten Einkauf lässt man sich am besten von einem Weidenhändler beraten.
- **Geschälte rote Weide**: Hier wird die frisch geschnittene Weide stundenlang gekocht und danach geschält. Durch das Kochen setzt sich die Gerbsäure der Rinde frei und die Weide bekommt eine rotbraune Färbung.
- **Geschälte weiße Weide**: Hierfür wird die frische Weide geschält, indem sie durch ein spezielles Werkzeug, die Schälklammer, gezogen wird. Dafür muss die Weide sehr spät im Frühjahr geschnitten werden, wenn sie schon wieder etwas Saft bekommt.
- **Geschälte schwarze Weide**: Die Weide wird, wie bei der roten Weide, gekocht und geschält. Danach wird sie ein zweites Mal mit Zusatz von Eisen (Rost) gekocht, wodurch es zu einer Schwarzfärbung kommt.

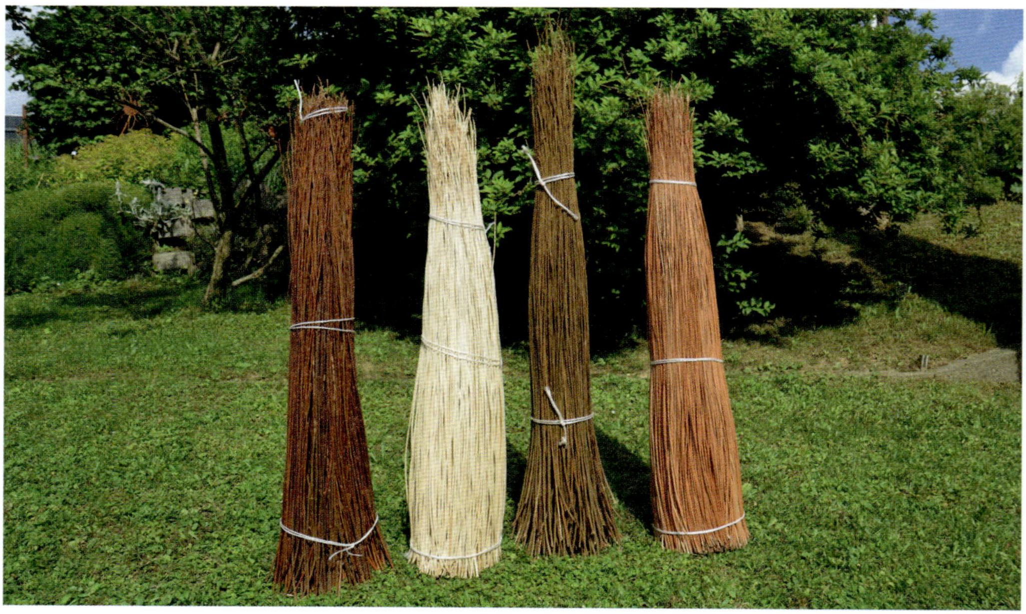

Verschiedene Weidenarten vom Händler

Es gibt **zwei Varianten, die Weide zu verwenden**:

- Das Flechten mit **frisch geschnittener Weide** ist möglich, aber es muss beachtet werden, dass die Weide noch sehr viel Wasser gespeichert hat und sie beim Trocknen stark schrumpft. Das bedeutet, dass der Korb wacklig wird, auch wenn er sehr dicht geflochten wurde. Früher haben Korbflechter sehr oft mit **halbtrockener Weide** gearbeitet. Hier lässt man die Weide so weit trocknen bzw. schrumpfen, dass sie noch feucht genug ist, um beim Flechten nicht zu brechen.
- Ich arbeite mit **trockener Weide**. Das bedeutet, dass ich die Weide über den Sommer komplett austrocknen lasse und sie nach Bedarf ins Wasser lege, um sie wieder biegsam zu machen. Weitere Informationen dazu befinden sich im nächsten Kapitel „Vorbereitung der Weide".

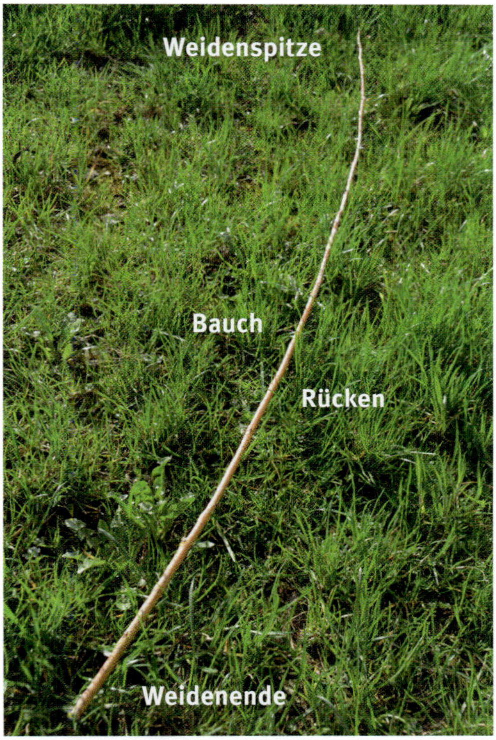

Aufbau der Weidenrute

Am Anfang sollte auf jeden Fall mit ungeschälter Weide gearbeitet werden, da diese nicht so schnell austrocknet. Geschälte Weide muss beim Verflechten immer wieder mit Wasser besprüht werden, damit sie weiterhin biegsam bleibt. Körbe, die mit geschälter Weide geflochten wurden, sind kompakter als die aus ungeschälter. Das liegt daran, dass die Weide zwischen dem Holz und der Rinde noch Wasser speichert und deshalb noch ein bisschen schrumpft.

Die Weide besitzt außerdem einen natürlichen Bug. Dieser kann auch beim Flechten sehr gut genutzt werden, z. B. bei starken Biegungen. Hier wird „über den Bauch" und nicht „über den Rücken" gearbeitet. Erstens ist es einfacher über den natürlichen Bug zu biegen und zweitens bricht sie weniger.

Vorbereitung der Weide

Damit die Weide biegsam wird, muss sie eine bestimmte Zeit im Wasser liegen.

Weidenart	Länge der Ruten	Einweichzeit
Geschälte Weide	1,20 m	1 Stunde
	1,40–1,60 m	2 Stunden
Ungeschälte Weide	1,20 m	5 Tage
	1,40 m	10 Tage
	1,60 m	14 Tage

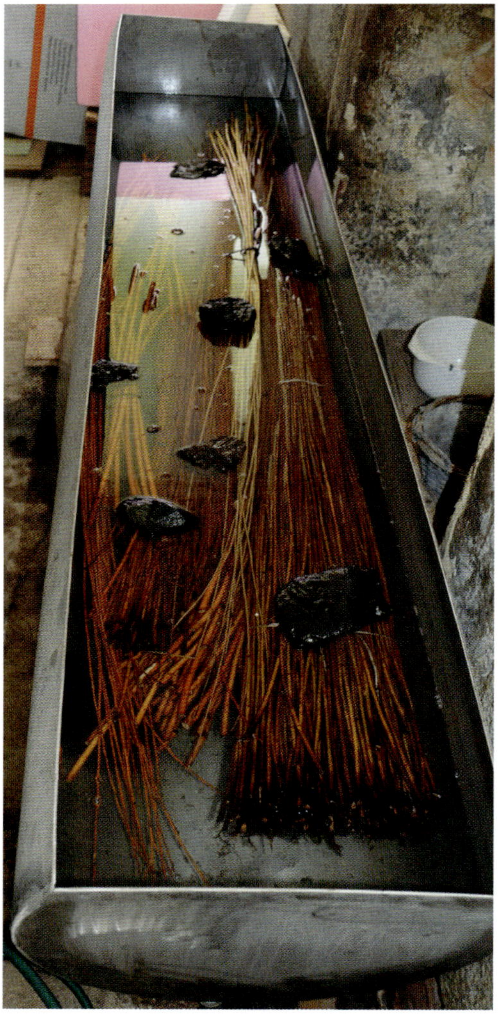

Weidenwanne

Diese genannten Zeiten sind nur ungefähre Richtlinien, denn jede Weidensorte ist unterschiedlich. So kann es sein, dass bestimmte Sorten zwei Tage länger im Wasser bleiben müssen als eine andere Sorte in der gleichen Länge. Außerdem hängt die Einweichzeit sehr stark mit der Wassertemperatur zusammen. So benötigt die Weide im kalten Wasser – wenn die Wanne im Winter im Freien steht – mehr Zeit als bei warmem Wasser. Professionelle Korbflechter besitzen daher auch sehr oft eine beheizbare Badewanne.

Sowohl eine zu kurze als auch eine zu lange Einweichdauer kann die Qualität der Weide beeinträchtigen. Lässt man die geschälte Weide viel zu lang (über Stunden) im Wasser, wird sie brüchig. Bei ungeschälter Weide (über Tage) kann es sein, dass sich die Rinde löst oder dass sie zu schimmeln beginnt.

Die Weidenruten werden in ein Gefäß gegeben, wobei sie vollständig mit Wasser bedeckt sein müssen. Üblicherweise können eine alte Badewanne oder alte Dachrinnen bzw. Rohre dafür verwendet werden. Nach dem Einweichen könnte die Weide sofort verarbeitet werden. Damit sie aber richtig geschmeidig wird, wird sie für ein paar Stunden in ein nasses Tuch (z. B. ein altes Leintuch) gelegt und dieses dann gut in eine Abdeckplane eingewickelt. Das erfolgt am besten über Nacht. Durch dieses Nachziehen verbreitet sich die Feuchtigkeit in den Weiden gleichmäßig.

Während des Flechtens werden dann immer nur die Weiden aus dem nassen Tuch genommen, die gerade benötigt werden. Das ist besonders wichtig beim Flechten mit geschälter Weide.

TIPP! Richtige Einweichdauer

Damit man den passenden Zeitpunkt erkennt, knickt man eine Weide am dicken Ende ab. Bricht sie nicht, dann ist sie optimal.

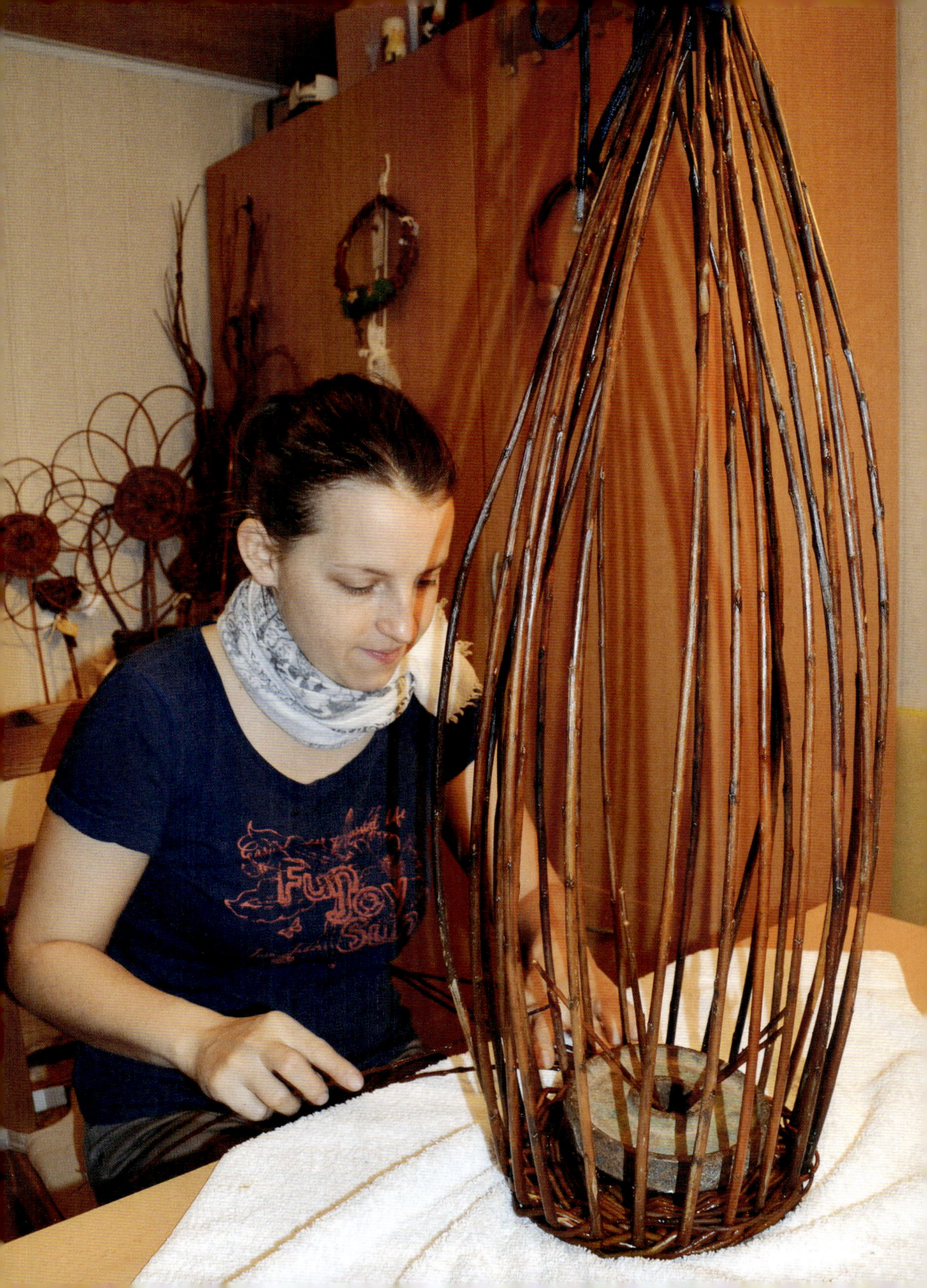

ARBEITSGERÄTE UND AUSSTATTUNG DES ARBEITSPLATZES

Folgende Werkzeuge werden für das Korbflechten benötigt:

1. **Gartenschere**
   Es gibt spezielle Korbmacherscheren. Diese sind kleiner als die gewöhnliche Gartenschere.

2. **Messer**
   Es wird auch „Ausputzer“ genannt. Geeignet dafür ist ein Schnitzmesser oder gutes Taschenmesser mit feststellbarer oder feststehender Klinge.

3. **Band**
   (Schuhband) und eine einfache Schnur (Spagat)
   Das etwas dickere Band wird beim Flechten benötigt, um die Staken zusammenzubinden, damit der Korb die gewünschte Form erhält. Die Schnur wird als Hilfsmittel benötigt, besonders am Anfang, wenn die nötige Übung fehlt bzw. beim Rahmenflechten für das Einrichten der Speichen.

4. **Gewicht**
   (z. B. ein Stein – Pflasterstein oder ein runder Stein – mit rund 1,5 kg)
   Das Gewicht wird beim Flechten auf einem Tisch oder am Boden verwendet, damit der Korb stabil steht. Wenn er sich ständig bewegt, ist es sehr schwer die Form zu halten.

5. **Kleines Holzbrett**
   Es wird zum Anritzen der Bodenlagen oder eventuell beim Anspitzen der

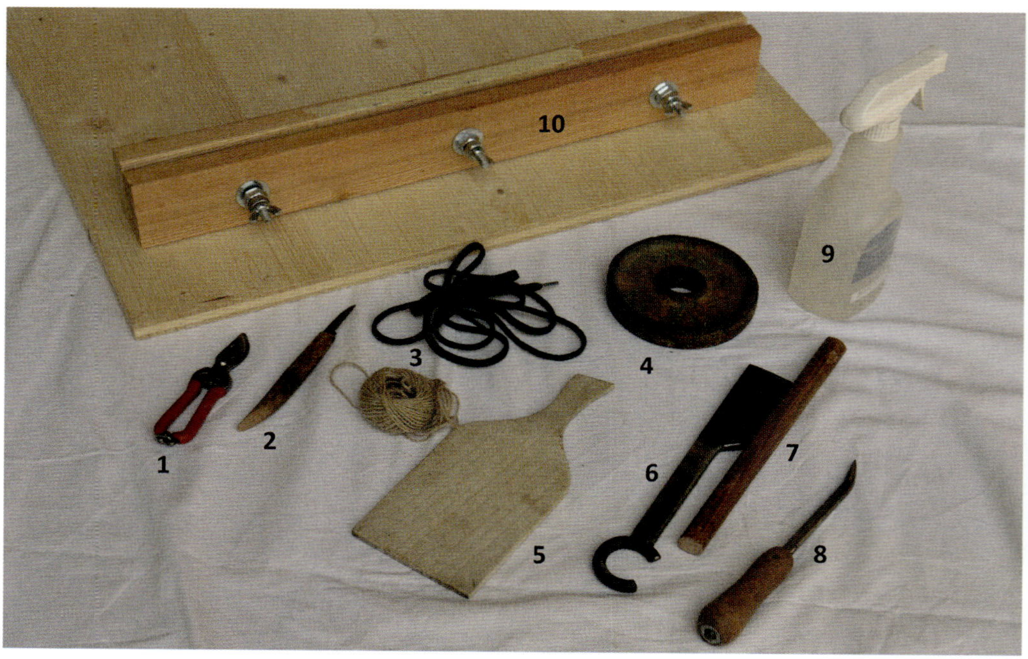

Speichen gebraucht, sofern es freihändig nicht möglich ist.

6. **Schlageisen**
   (alternativ auch einen Hammer)
   Es wird zum Schlagen des Korbes verwendet, damit der Korb sehr kompakt wird.

7. **Rundes Holzstück**
   (z. B. ein Stück dicke Weide)
   Es wird ebenfalls zum Schlagen des Korbes benötigt.

8. **Korbmacherpfriem**
   (alternativ auch ein Schlitzschraubenzieher oder ein großer Nagel)
   Er wird zum Aufdehnen des Geflechts benötigt, z. B. beim Zuschlag des Korbes.

Folgende Werkzeuge können zusätzlich noch erforderlich sein:

9. **Wassersprühflasche**
   Sie ist nur beim Flechten mit geschälter Weide erforderlich.

10. **Schraubstock**
    (Alternativ kann auch ein großes Brett genommen werden, auf dem die Stäbe festgenagelt werden. Eine genauere Beschreibung befindet sich im Kapitel „Zusätzliche Hinweise und Möglichkeiten beim eckigen Korb“ auf Seite 116)
    Er wird beim Flechten von eckigen Böden benötigt.

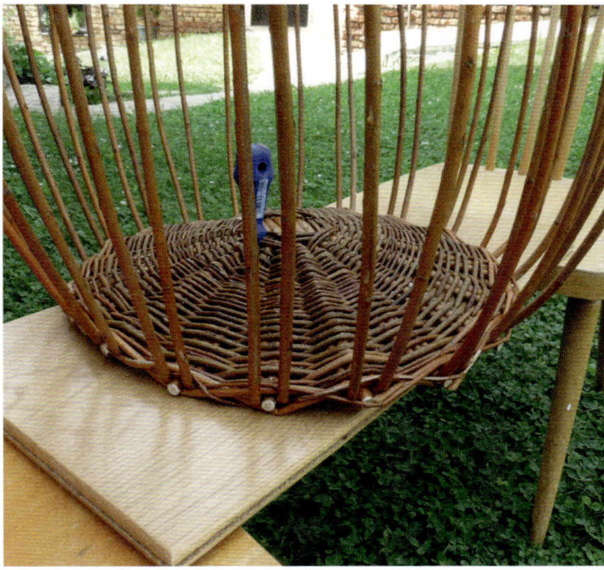

Flechten mit Brett

Für das Rahmenkorbflechten werden nur eine Schnur, ein Messer und eine Gartenschere sowie etwas zum Fixieren, wie Kabelbinder oder Heftpflaster, gebraucht.

Ich arbeite gerne sitzend am Boden beim Rahmenflechten und am Tisch beim Rundflechten. Dafür nehme ich einen Stein als Beschwerung und ein Tuch, z. B. ein altes Handtuch oder Geschirrtuch, welches ich beim Flechten unter den Korb lege. Dadurch wird der Korb nicht abgenutzt (siehe Bild auf Seite 21). Viele Leute flechten auch gerne mit einem Flechtbrett. Dafür wird ein Loch in eine Platte gebohrt und der Korb mit einem Pfriem am Brett fixiert (siehe Bild oben). Jeder muss für sich selbst entscheiden, welche Technik er bevorzugt.

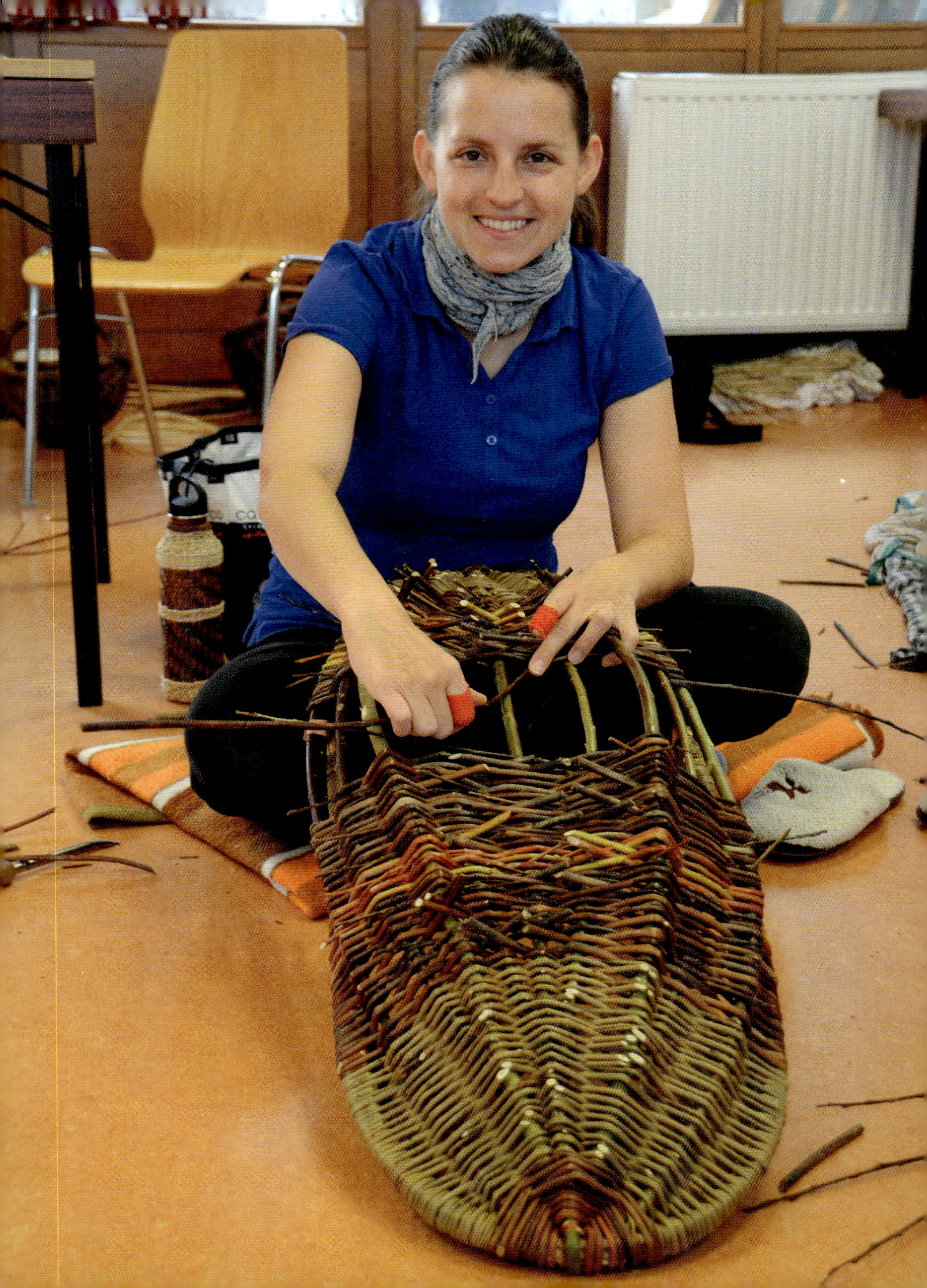

DIE ANATOMIE DES KORBES UND KORBFLECHTBEGRIFFE

Es ist nun alles vorbereitet und deshalb gibt es noch eine kleine Einschulung in die Fachbegriffe der Korbflechterei sowie die Erklärung der einzelnen Teile des Korbes, damit das Erarbeiten der nachfolgenden Projekte leichter ist. Die genauen Arbeitsschritte sind in den einzelnen Projekten beschrieben.

Zu jedem Korbprojekt gibt es ein Kapitel mit weiteren Hinweisen und Optionen. In diesen Abschnitten gebe ich einerseits Tipps zur jeweiligen Flechttechnik und andererseits Hinweise und Inspirationen zu weiteren Projekten. Bei jeder Materialangabe ist Reserveweide eingerechnet, für den Fall, dass eine Weide bricht.

Beim Rundflechten wird jeder Korb mit dem Boden begonnen:

1. **Bodenkreuz:** Dieses besteht aus den **Bodenlagen**, welche immer etwas dicker als das Ende der Staken sein sollen, da sich sonst der Boden in die andere Richtung wölben kann.

2. **Fitze:** Am Boden wird am häufigsten die Flechtart **„Fitzen"** verwendet. Dabei handelt es sich um das Verschlingen bzw. Verkreuzen von zwei Weiden. Es besteht auch die Möglichkeit, den Boden zum Teil mit einem Schichtgeflecht zu machen.

3. **Bodenkimme bzw. Fuß:** Dieser „Kranz" ist dafür da, dass der Korb nicht direkt mit dem Korbboden auf dem Boden steht. Die Bodenkimme bzw. der Fuß kann immer wieder erneuert werden, falls sie bzw. er durch ständige Verwendung abgenutzt wird. Somit bleibt der Boden intakt.

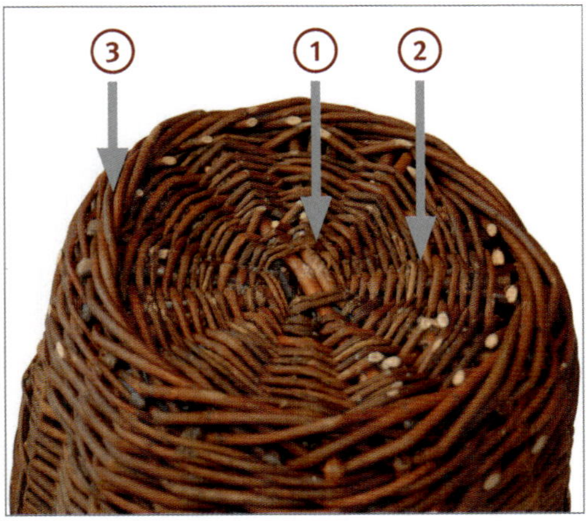

Unterseite des Korbes

Im **nächsten Schritt** wird die Wand erstellt, welche immer gut mit dem Boden verbunden sein soll.

4. **Staken:** Das sind die Verbindungen zwischen Boden und Wand und sollten immer nach dem Verwendungszweck dimensioniert sein. Das bedeutet, dass bei einem Holzkorb dickere Weide verwendet werden muss als bei einem kleinen, feinen Dekorationskorb.

5. **Kimme:** Mit dieser Flechtart wird dem Korb seine Form gegeben, es wird also bestimmt, ob er gerade oder doch bauchiger sein soll, und sie wird auch benötigt, damit der Korb Stabilität bekommt. Daher befindet sich diese Flechtart auf jeden Fall am Anfang und am Ende der Wand, bevor der Zuschlag kommt. Am häufigsten wird eine 3er-Kimme gemacht.

6. **Schichtgeflecht:** Mit dieser Flechtart wird der Korb kaum noch geformt, sondern in die Höhe geflochten. Beim Schichtgeflecht gibt es mehrere Möglichkeiten, welche im Kapitel „Weitere Projekte und Inspirationen“ auf Seite 70 beschrieben sind.

7. **Zuschlag:** Das ist der letzte Teil beim Flechten. Dabei wird der Korb vollendet, da die Staken ineinander verflochten werden. Hier gibt es verschiedene Arten, um einen schönen Rand zu machen, welche im Kaptel „Weitere Projekte und Inspirationen“ auf Seite 68 zu finden sind.

8. **Griffloch:** Das ist eine Variante von Haltemöglichkeiten. Es gibt auch noch andere Varianten, wie z. B. einen Henkel.

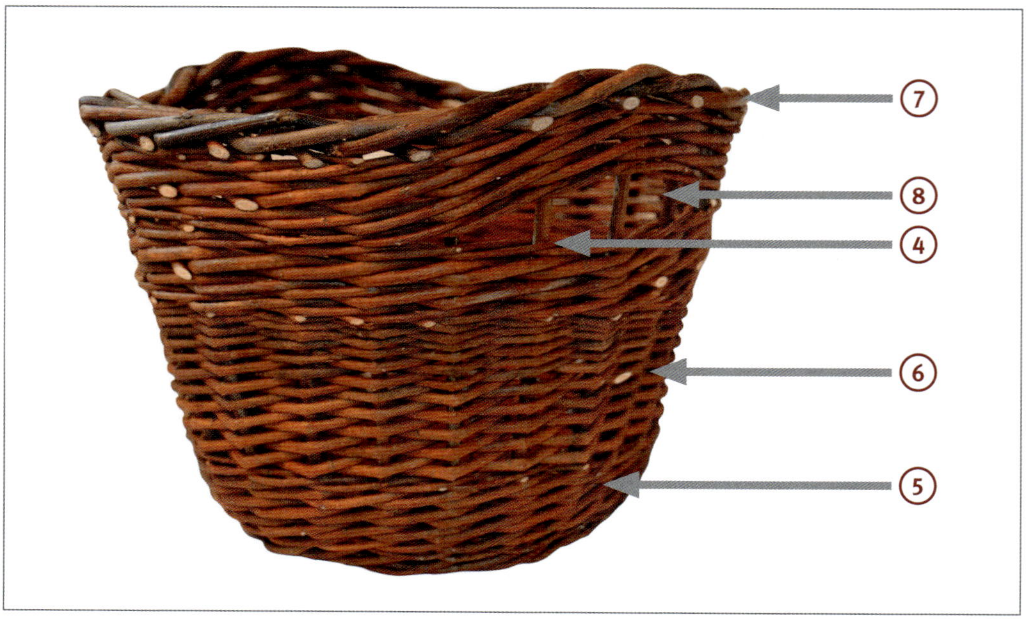

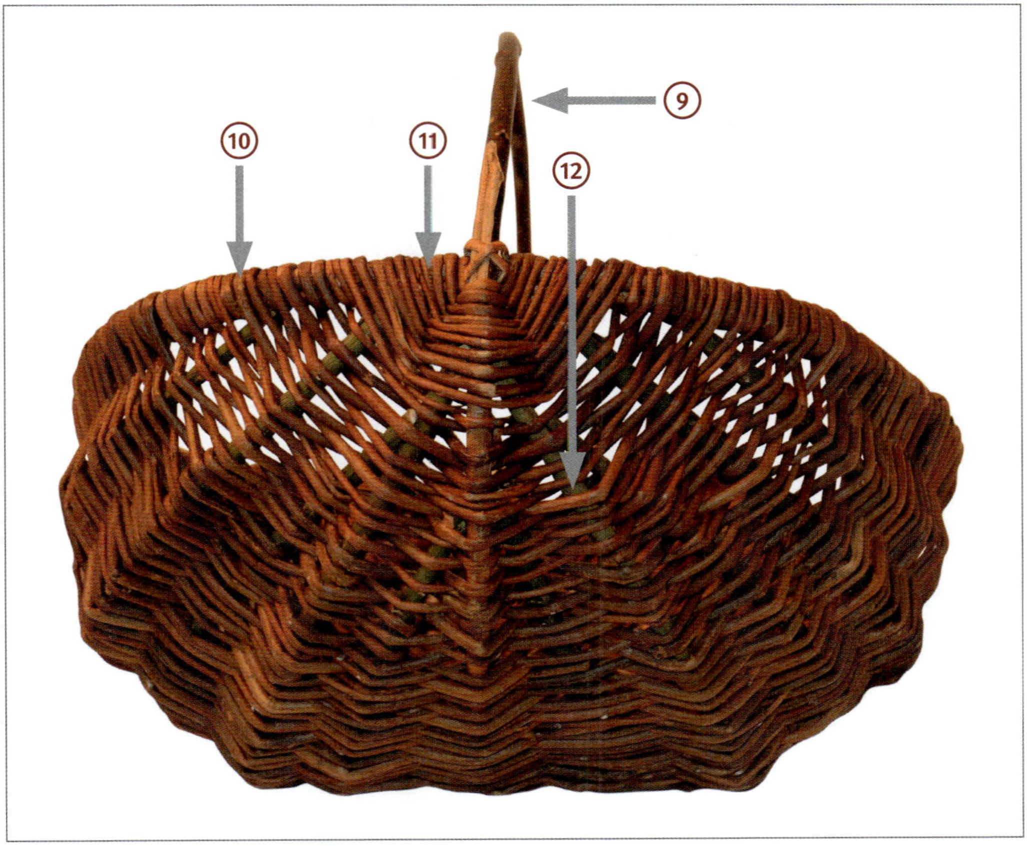

Beim **Rahmenkorb** werden die Teile etwas anders benannt, da der Boden bzw. die Wand nicht nacheinander gemacht werden, sondern alles zusammen.

9. **Senkrechter Rahmen:** Dieser umfasst sowohl den Henkel als auch den Bodenrahmen.

10. **Waagrechter Rahmen:** Das ist der obere Rand des Korbes und wird in diesem Buch als **Außenrahmen** bezeichnet.

11. **Auge:** Das ist die Verbindung von senkrechtem Rahmen und Außenrahmen.

12. **Speichen:** Es gibt Haupt- und Nebenspeichen und diese geben dem Korb die Form.

Weitere **wichtige Begriffe aus der Korbflechterei** sind:

- **Abschlagen:** Dieser Vorgang ist wichtig, damit der Korb eine gleichmäßige Höhe ohne Löcher bekommt. Dabei wird mit dem Schlageisen und einem Rundholz bei jedem Abstand mehrmals fest heruntergeschlagen.
- **Anschalmen:** Bei diesem Arbeitsschritt wird die Weide noch biegsamer gemacht, da das dicke Ende sehr flach ist. Dabei wird die Weide so angeschnitten, dass der hölzerne Kern mit einem Messer entfernt wird. Angeschalmte Weiden werden z. B. bei einer Wicklung benötigt.
- **Anzwirbeln:** Dieser Vorgang wird verwendet, um eine Weide noch biegsamer zu machen, z. B. bei der Wicklung eines Griffes. Dabei wird die Weide um sich selbst gedreht, sodass sie in sich bricht, damit sich die Fasern spalten.
- **Aufstaken:** Dabei werden die Staken in den Boden gesteckt.
- **Ausputzen:** Nach Fertigstellung des Korbes werden alle überstehenden Enden direkt über der Bodenlage bzw. Stake oder Speiche schräg abgeschnitten, sodass sie einerseits nicht aus dem Geflecht rutschen und andererseits nicht weit abstehen.
- **Japanisches Auge:** Das ist eine spezielle feste Wicklung, um Weiden zu fixieren, z. B. bei den Gartensteckern.
- **Keile:** Das sind Flechtabschnitte, bei denen nicht zur Gänze bis zur anderen Seite geflochten, sondern im Geflecht gewendet wird, um Höhenunterschiede auszugleichen.
- **Pärchen bilden:** Dieser Begriff wird beim Schichtgeflecht verwendet. Dabei werden mit den Weiden mehrere Schläge in einer Runde gemacht, um schneller voran zu kommen.
- **Platzhalter:** Dafür werden meistens Weidenspitzen verwendet. Sie erfüllen die Funktion, Platz für eine andere Weide freizuhalten, z. B. beim Abschluss der Wicklung, um das Ende durchzuziehen. Deshalb sollte der Platzhalter nicht zu dünn sein, sondern ein bisschen größer als die durchzuziehende Weidenspitze.
- **Schlag:** Das ist die Bezeichnung für eine einzelne Bewegung mit einer Weide, z. B. „vor 1 hinter 1“.
- **Wicklung:** Dieser Vorgang wird z. B. beim Henkel eines Rahmenkorbes gemacht oder bei Gartensteckern als Fixierung. Dabei wickelt man eine Weide ganz fest um die anderen Weiden.

DER RAHMENKORB

Die Rahmenflechterei ist eine wunderbare Technik zum Einstieg in das Handwerk der Weidenflechterei. Rahmenkörbe, die auch Schwingkörbe genannt werden, besitzen im Gegensatz zu runden und ovalen Körben keinen Boden bzw. keine Wand. Sie werden in einem Stück geflochten und eignen sich daher gut zum Kennenlernen des Materials Weide. Mit dieser Technik können Körbe in unterschiedlichen Größen und Formen hergestellt werden. In diesem Buch wird ein kleiner Rahmenkorb beschrieben, der sich beispielsweise sehr gut zum Sammeln von Beeren eignet.

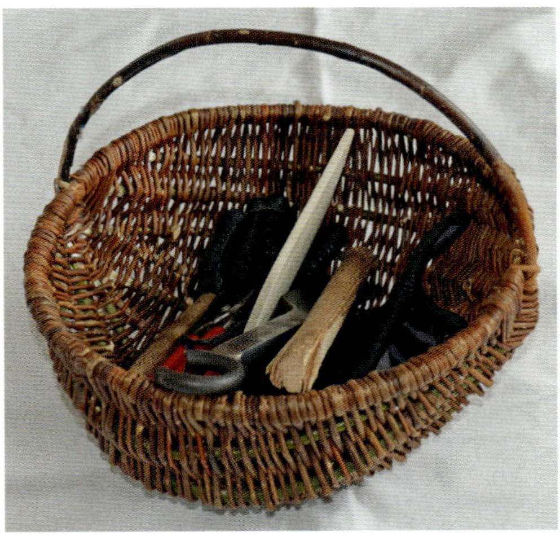

MATERIAL

Folgendes Material ist für einen Korb mit einem Durchmesser von rund 30 cm notwendig:

- 2 Rahmen: Ø von rund 30 cm
- frische Weiden als Speichen:
  - 4 dicke Ruten als Hauptspeichen (ca. gleiche Dimension wie die Rahmen)
  - 6 etwas dünnere Ruten als Nebenspeichen
- rund 100 Stück 1,20er Weiden oder dünne 1,40er Weiden
- Schnur, Kabelbinder oder Heftpflaster zum Fixieren der Rahmen
- kleine Nägel, Hammer

Ich habe bei diesem Rahmenkorb immer Heftpflaster oder eine Schnur genommen. Wichtig ist nur, die Fixierung vor dem Überflechten zu entfernen, denn sonst ist sie am Ende sichtbar.

ANLEITUNG

Die Herstellung der Rahmen

Zu Beginn die **Rahmen** aus frischer Weide **vorbereiten**. Hier gibt es zwei Varianten. Bei der **ersten Variante** frische Weide in einen Eimer drehen und rund drei Monate trocknen lassen. Die Rahmen bestehen aus sehr langen, etwas dickeren Weiden, die sich im Eimer schön an den Rand legen und an einer Stelle mindestens 10 cm überlappen. Sie dürfen beim Eindrehen nicht knicken. Die **andere Variante** ist das Zusammenbinden der Rahmen mit einer Schnur, welche mindestens eine Woche direkt an einer warmen Stelle, z. B. einem

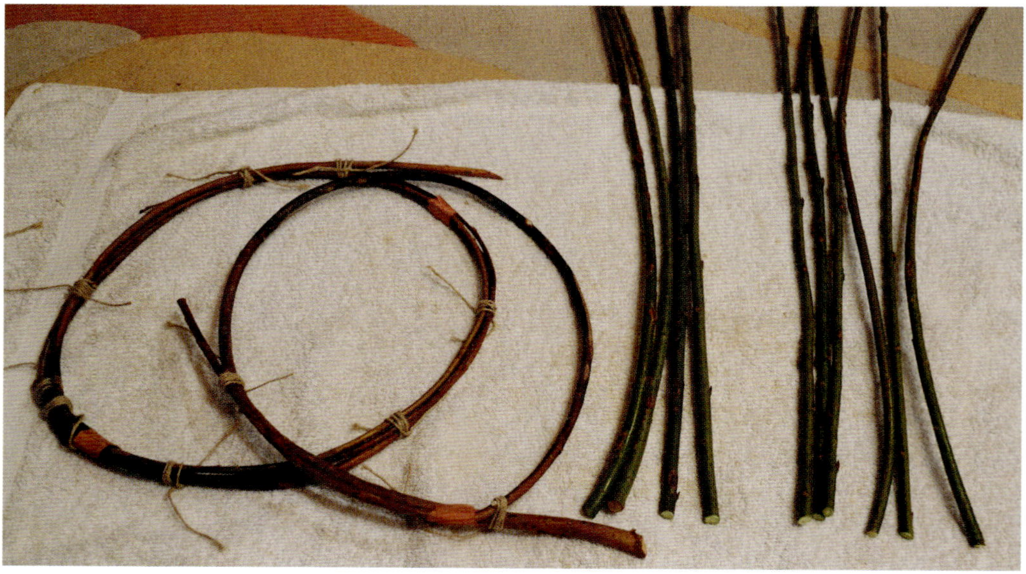

Weidenmaterial: Rahmen, Speichen und Nebenspeichen

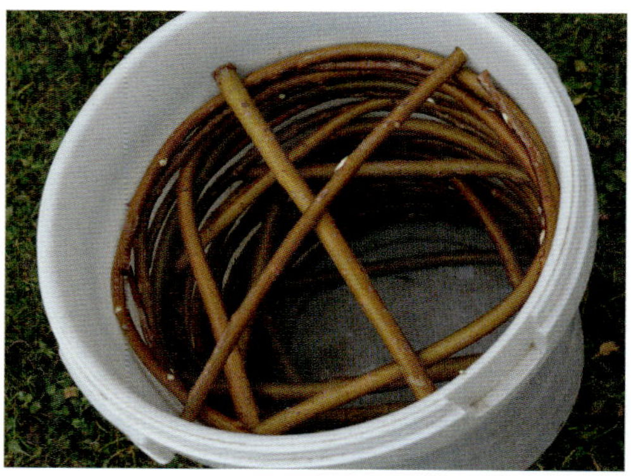

Variante 1: Rahmen im Eimer

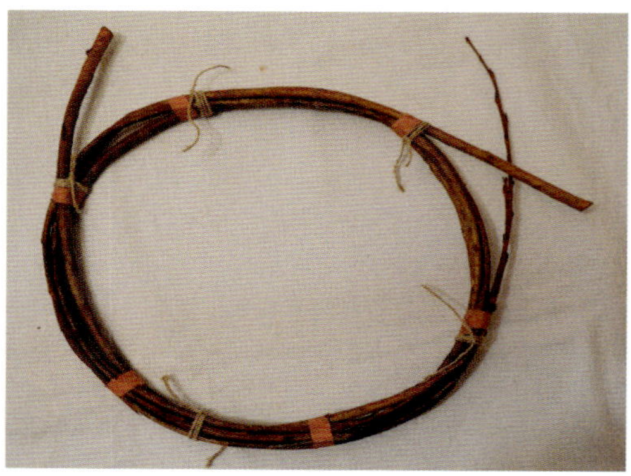

Variante 2: Gebundener Rahmen

Heizkörper, trocknen. Dabei ist es wichtig, nicht allzu dicke Weide zu verwenden.

TIPP! Vorräte anlegen

Die erste Variante ergibt schöner geformte Ringe, deshalb lohnt es sich, sie immer gleich auf Vorrat zu machen.

Nachdem die Rahmen durchgetrocknet sind, müssen sie zurechtgeschnitten werden. Das bedeutet, dass bei dickeren Weiden beide Enden, an denen sich der Rahmen überlappt, schräg abgeschnitten werden **(Schritt 1)**, sodass ein Ring entsteht. Diese Überlappung ist 10 cm lang und wird mit zwei kleinen Nägeln beidseitig fixiert **(Schritt 2)**. Die Nagelspitzen danach kürzen, da sonst Verletzungsgefahr besteht.

Wenn mehrere Weiden zu einem Rahmen zusammengebunden sind (siehe Variante zwei der Trocknung), dann die überstehenden Äste abschneiden bzw. mit einem Messer zurechtschnitzen und in regelmäßigen Abständen gut fixieren **(Schritt 3)**. Der etwas größere Rahmen ist der senkrechte Rahmen. Da dieser Rahmen den Henkel bildet, sollte die schöne Seite oben und die Überlappung unten sein. Beide

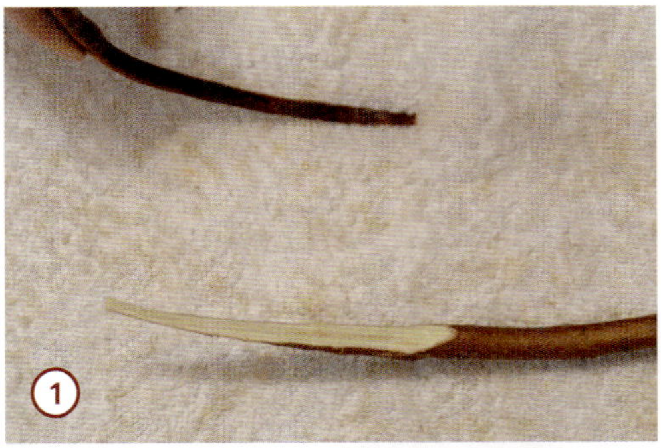

1

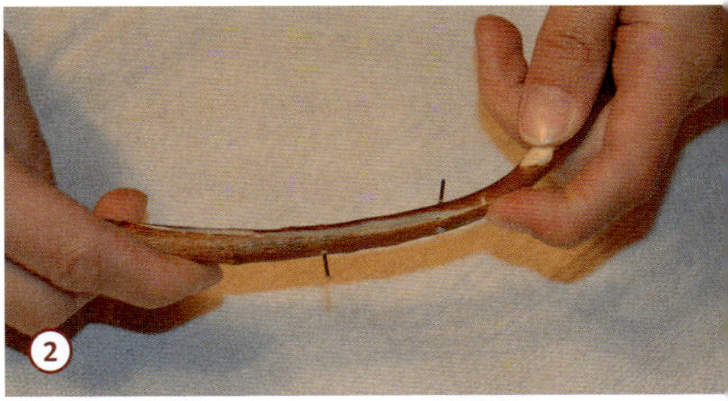

2

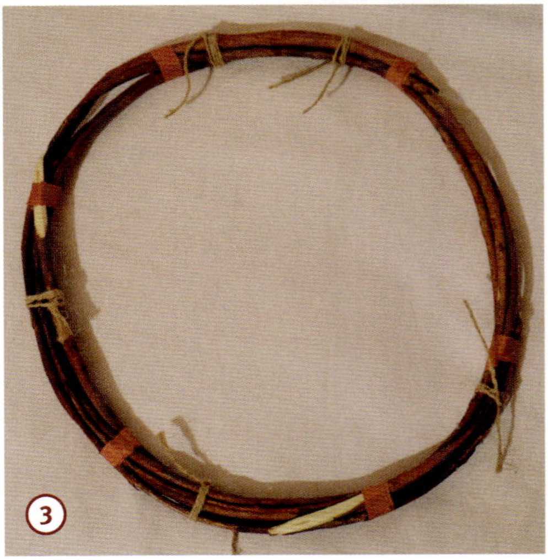

3

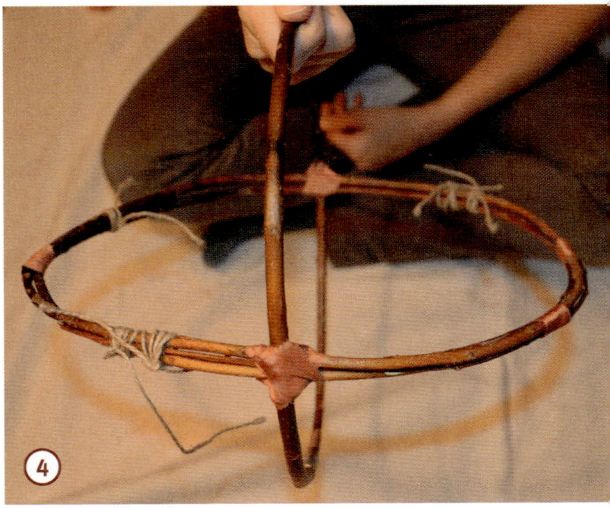

4

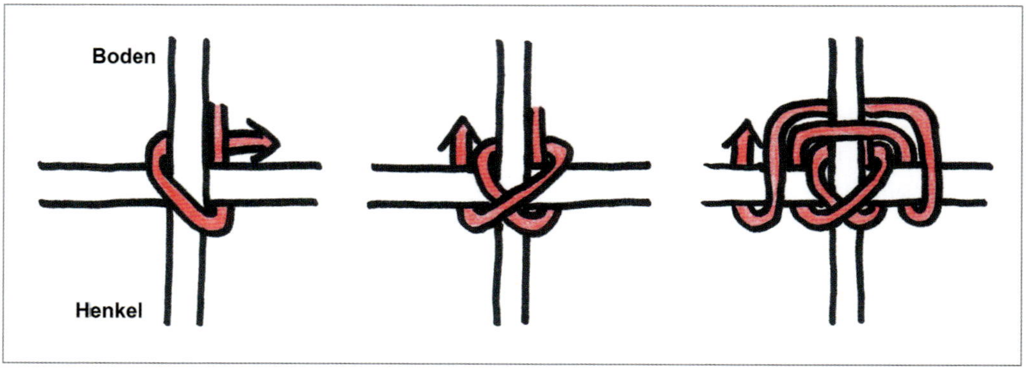

Abbildung: Das Auge

Rahmen ineinander legen und an beiden Seiten fixieren (Schritt 4). Etwas unter der Hälfte ist es optisch am schönsten.

Das Auge – Verbindung der Rahmen

Danach sechs Stück dünne Weide rund 20 cm lang **anschalmen** (Schritt 5). Mit diesen Weidenruten das **Auge** machen – Fixierung der beiden Rahmen. Den Henkel am besten zwischen den Beinen einklemmen, deshalb steht auch die Abbildung das Auge auf dem Kopf.

Für das **Auge** die beiden Rahmen mit der Weide verkreuzen (Schritt 6). Damit das Auge größer wird, zwei weitere Weiden

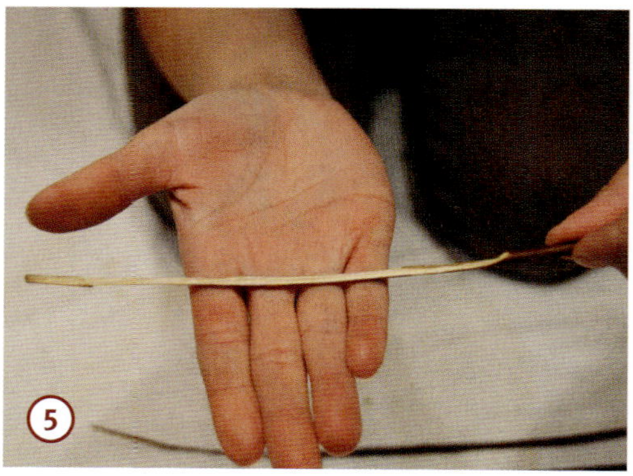

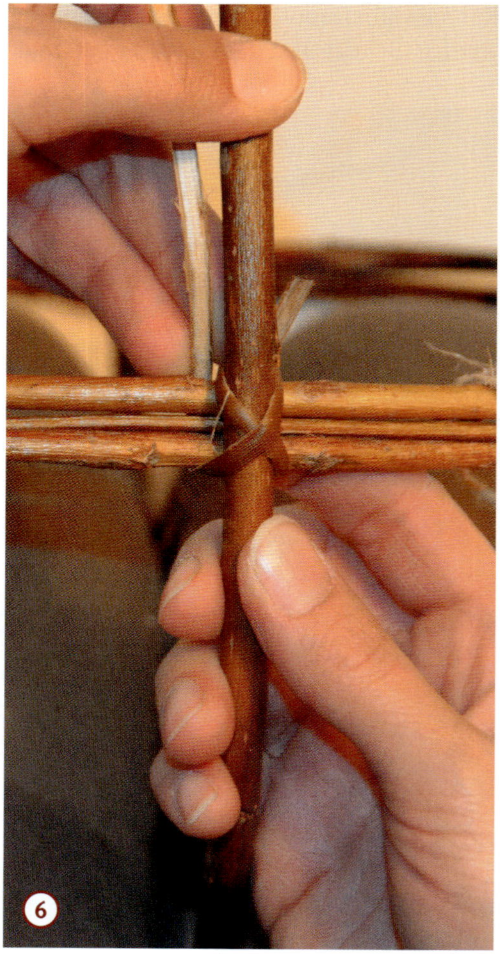

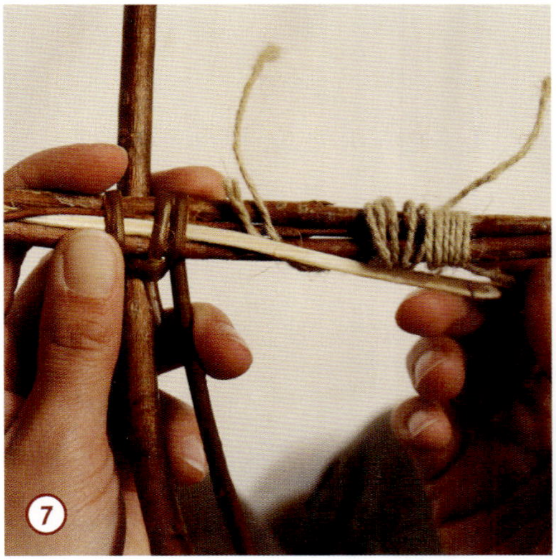

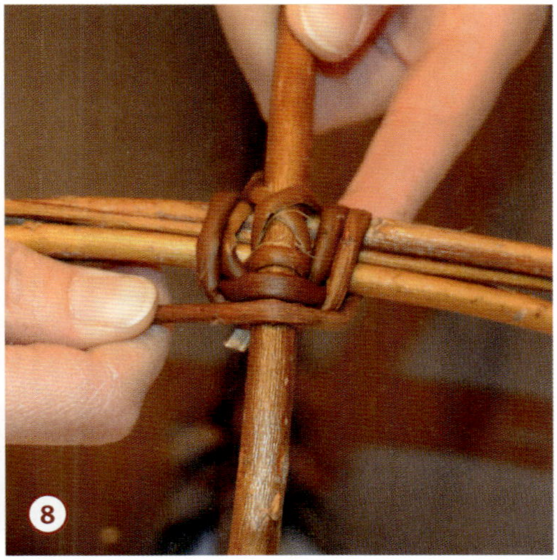

für die Verlängerung einlegen, eine Weide mit der Spitze und die zweite Weide mit dem Schalm **(Schritt 7)**. Dabei ist es egal, auf welcher Seite die beiden Weiden eingelegt werden. Nun die Weide immer von einer Seite zur anderen wickeln, wobei der Henkel immer frei bleibt **(Schritt 8)**. Wenn die erste Weide fast ausgeflochten ist, auf der Seite, wo die Weide mit der Spitze eingelegt worden ist, verlängern, indem die beiden Weiden miteinander verdreht werden und mit der neuen Weide weitergeflochten wird **(Schritt 9)**. Die alte Weide entlang des Rahmens einflechten. Das Gleiche passiert beim Verlängern des dicken Endes. Hier ist es wichtig, dass im Bereich des Schalms verlängert wird **(Schritt 10)**, wobei es oft vorkommt, dass

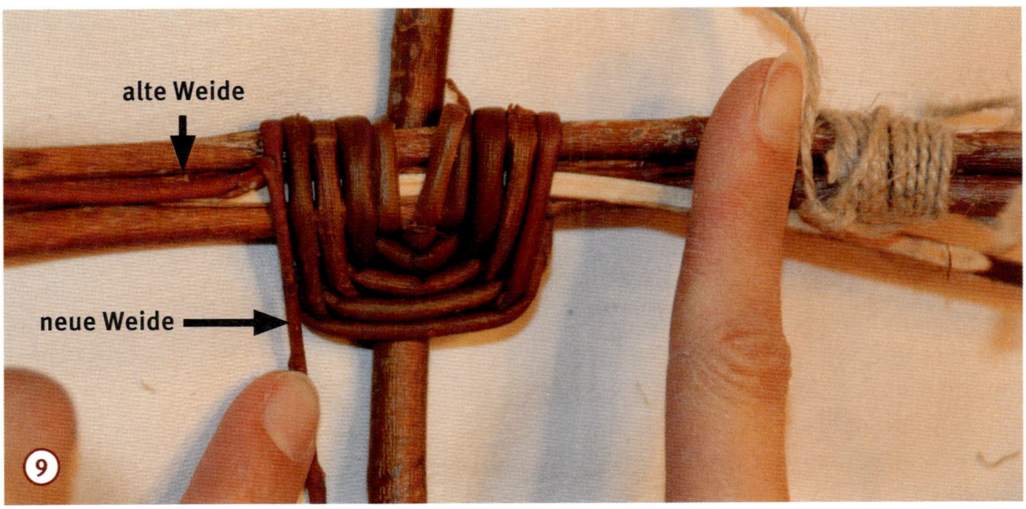

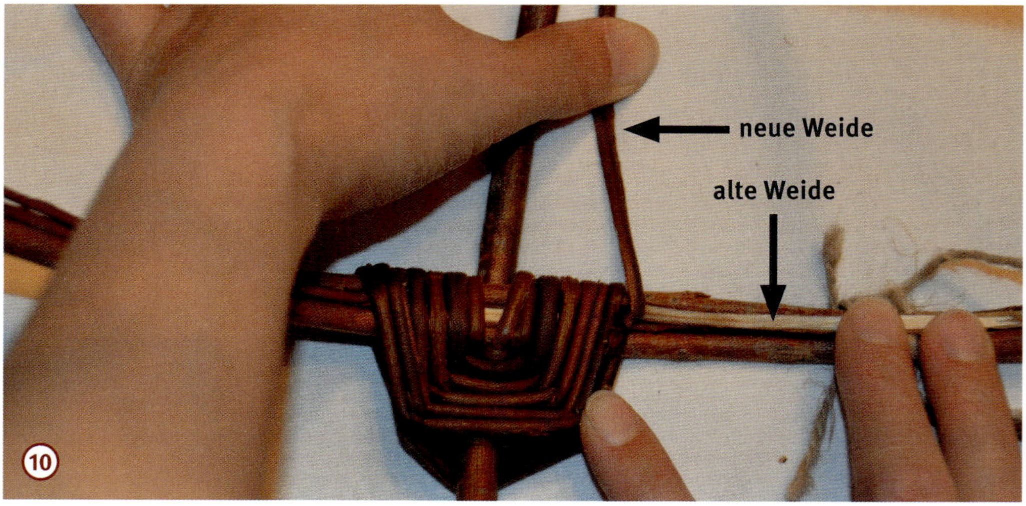

der Schalm der alten Weide während des Flechtens verlängert werden muss, damit der Übergang regelmäßig ist.

Es ist wichtig, das Auge sehr gleichmäßig zu machen, damit die Hauptspeichen dann gut eingesetzt werden können. Daher soll die Verkreuzung immer im 45°-Winkel erfolgen. Zum Schluss das dünne Ende am Rahmen fixieren. Nun den gleichen Vorgang auf der zweiten Seite wiederholen.

Das Ausflechten des Rahmens

Die vier dickeren, frischen Weiden zur Hand nehmen, um die **Hauptspeichen einzusetzen**. Sie geben dem Korb die Form bzw. sind der Teil, der am Boden steht. Pro Korbhälfte zwei Hauptspeichen so einsetzen, dass überall gleich viel Abstand und dass immer abwechselnd das dicke und dünne Ende auf einer Seite ist. Die beiden unteren Speichen etwas länger als den Rahmen am Boden lassen, weil auf diesen beiden der Korb stehen wird („Höcker").

Das dicke Ende der Weide innen und seitlich anspitzen **(Schritt 11)** und auf einer Seite reinstecken, dann auf die andere Seite vorbiegen, die Länge bestimmen, abschneiden, anspitzen und in das Auge stecken **(Schritt 12)**.

TIPP! Weiden länger belassen

Es ist besser, die Speiche etwas länger zu lassen und dann zu kürzen, da nicht sicher ist, wie tief sie sich in das Auge stecken lässt.

Die beiden seitlichen Hauptspeichen sollten etwa gleich lang oder etwas kürzer als der Außenrahmen sein. Es kommt darauf an, wie bauchig der Korb werden soll. Bei den ersten Körben am besten die Speichen mit einer Schnur fixieren **(Schritt 13)**, damit diese während des Flechtens nicht verrutschen.

Sind die Hauptspeichen eingesetzt, dann rund 5 cm auf beiden Seiten zur Fixierung

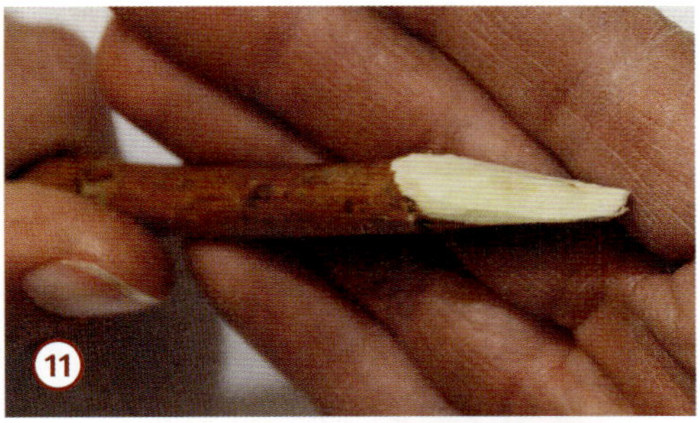

11

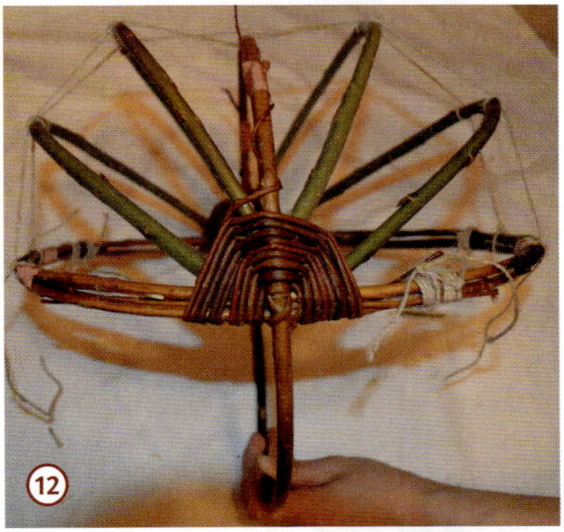

12

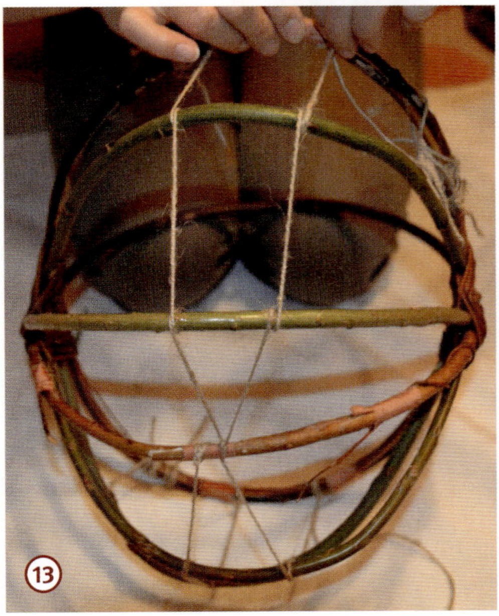

13

der Hauptspeichen flechten. Beim Rahmenkorb wird immer nur mit einer Weide „vor 1 hinter 1“ geflochten. Eine Weidenspitze dazu in der Mitte einsetzen **(Schritt 14)** und immer von einem zum anderen Außenrahmen flechten. Am Rahmen meistens eine Doppelwickelung machen, damit er nicht durch das Geflecht sichtbar ist **(Schritt 15)**.

WICHTIG! Schritte auf beiden Seiten

Jeden Arbeitsschritt, z. B. das Einflechten der Hauptspeiche, immer auf beiden Korbhälften machen, bevor man zum nächsten Schritt geht, da sich sonst der Korb verziehen kann.

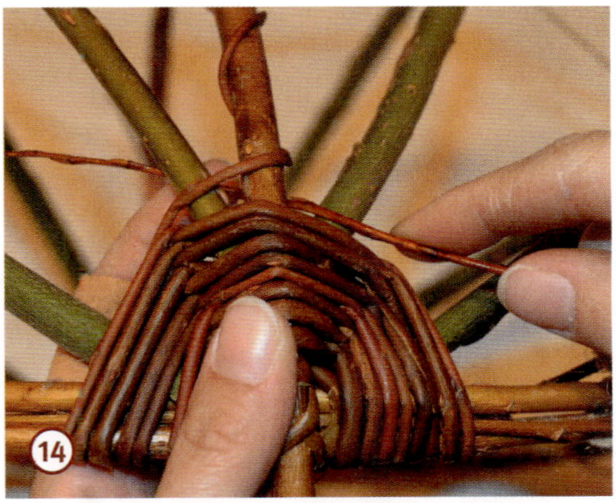

14

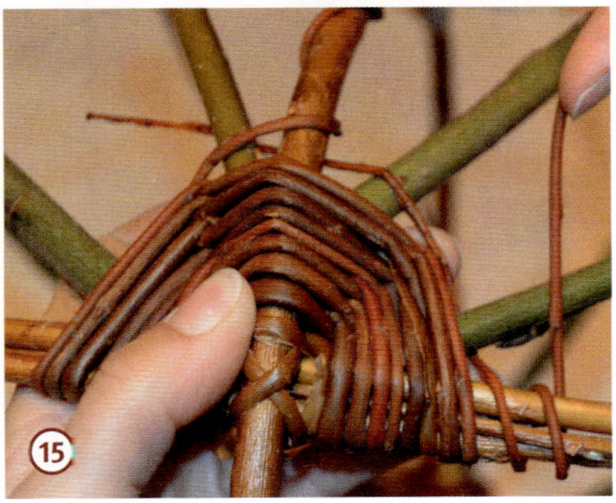

15

Wenn die Weide ausgeflochten ist, dann „dick auf dick“ und „dünn auf dünn“ verlängern, wobei alle Enden immer auf eine Seite zeigen. Bei diesem Korb zeigen sie alle nach innen. **Auf dem Außenrahmen** und der **ersten äußeren Speiche keine Verlängerungen** machen, da die Weide sonst aus dem Geflecht rutschen kann.

Bei der Verlängerung „dick auf dick“ mit der neuen Weide weiterflechten, wobei beide Enden nach innen zeigen **(Schritt 16)**. Bei der Verlängerung „dünn auf dünn“ einen Schlag mit beiden Weiden zusammenflechten **(Schritt 17)** und auch beide dünnen Enden zeigen nach innen. Immer wieder den Abstand der Speichen und auch die Höhe der „Höcker“ kontrollieren **(Schritt 18)**. In diesem Abschnitt ist es noch möglich, kleine Korrekturen an der Position der Speichen vorzunehmen.

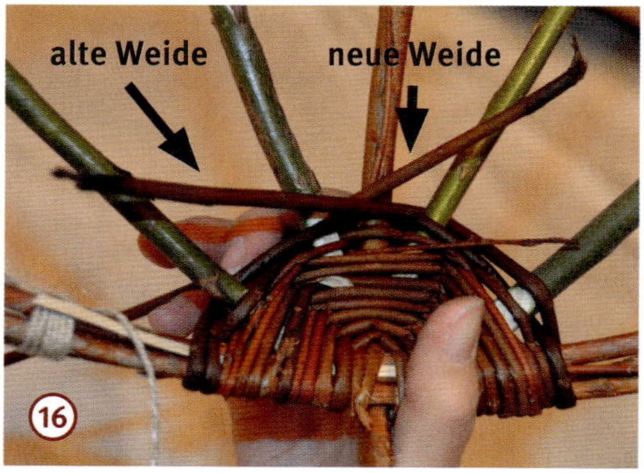

16

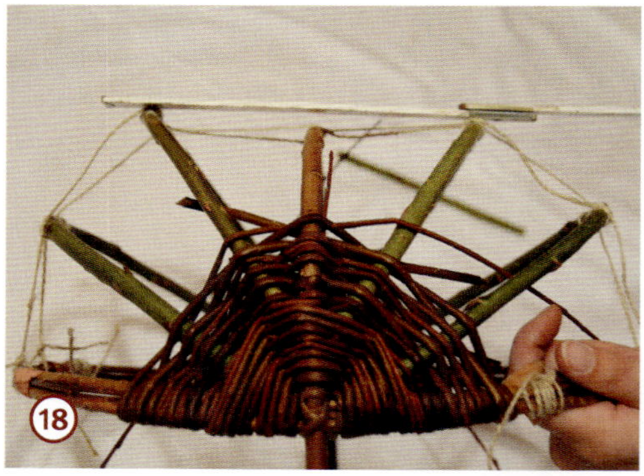
18

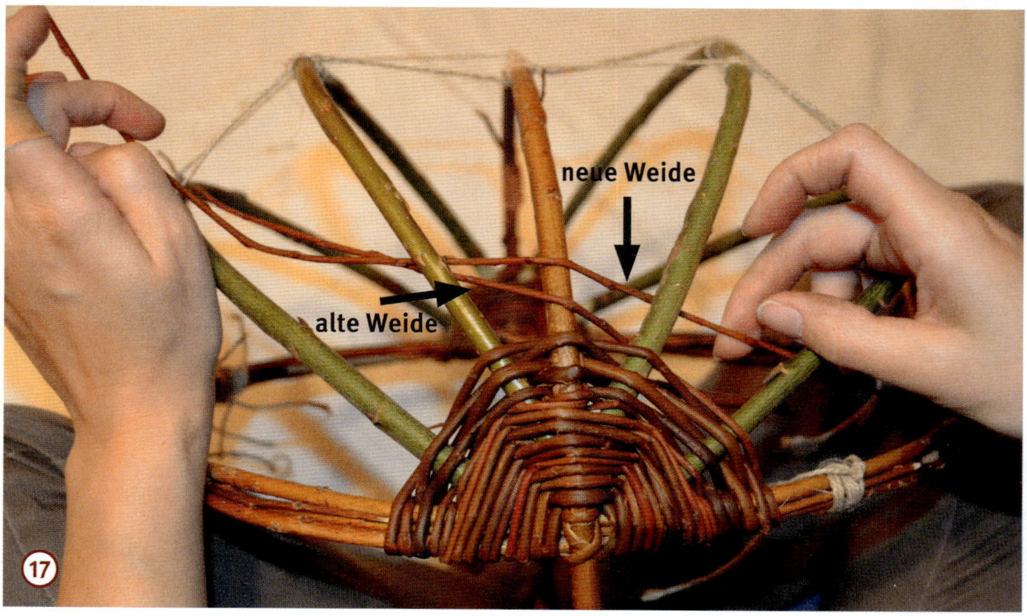

17

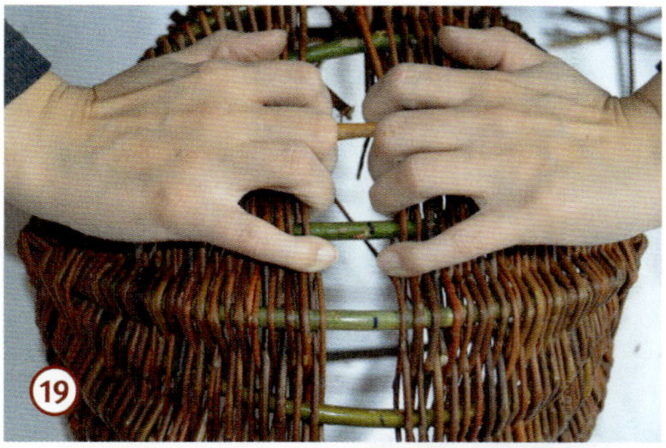

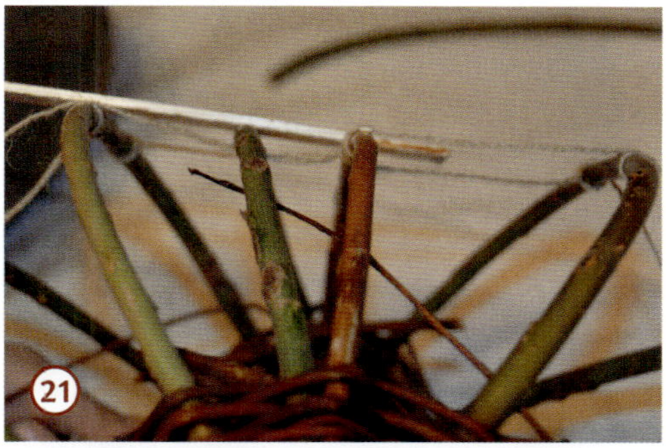

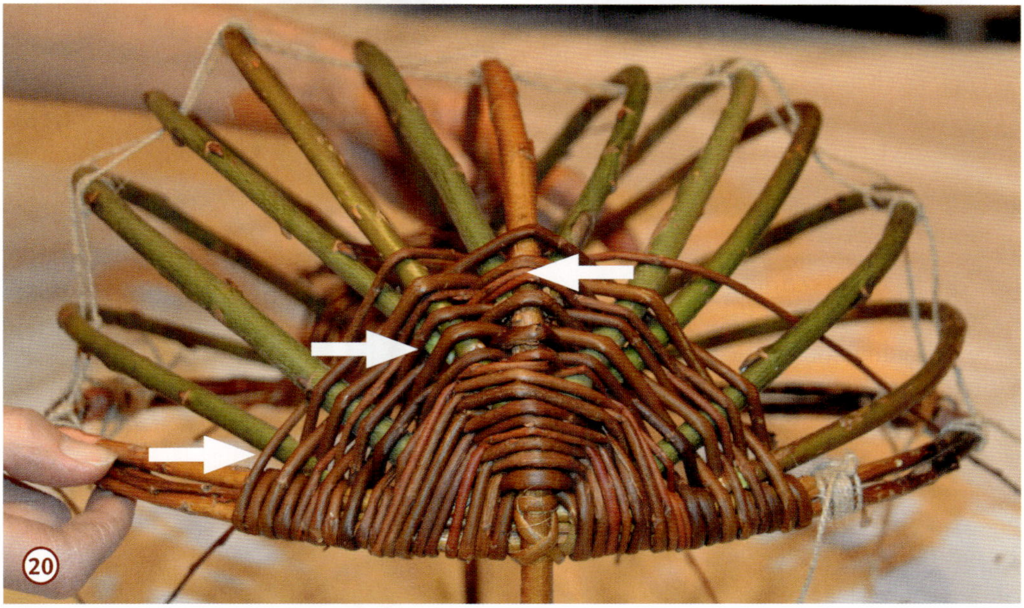

Während des gesamten Flechtens immer wieder das Geflecht zusammendrücken, damit keine Löcher entstehen **(Schritt 19)**. Nach rund 5 cm, wenn der Abstand zwischen den Speichen zu breit wird, die **Nebenspeichen einsetzen.** Das Einsetzen der Nebenspeichen funktioniert gleich wie bei den Hauptspeichen, wobei sich dickes und dünnes Ende wieder abwechseln.

Bei dieser Korbgröße setze ich auf beiden Korbhälften je drei Nebenspeichen ein: die äußeren Nebenspeichen beim Geflecht am Rahmen, die mittleren neben dem „Höcker" und die innenliegenden neben dem Bodenrahmen **(Schritt 20)**. Der Abstand zwischen den Speichen sollte gleichmäßig sein und die Nebenspeiche sollte so hoch sein, dass sie den Höhenunterschied zwischen den beiden Hauptspeichen ausgleicht **(Schritt 21)**.

Dann zwei Weiden auf beiden Seiten verflechten und die Befestigungsschnur lösen.

Nun die Mitte der beiden Außenrahmen und des Bodenrahmens ausmessen **(Schritt 22)**. Jeweils vom Außenrahmen bis zur Mitte eine Schnur bzw. ein Maßband spannen und auf jeder Speiche (Hauptspeiche und Nebenspeiche) die Mitte auf beiden Korbhälften markieren **(Schritt 23)**. Von der Mitte aus auf beiden Seiten bei 5 cm einen Strich einzeichnen **(Schritt 24)**. Daraus wird ersichtlich, dass der Abstand zwischen dem bereits Geflochtenen und dieser Markierung auf jeder Speiche unterschiedlich lang ist. Dieser Abstand wird nun ausgeglichen, sodass zum Schluss nur noch dieser eingezeichnete 10 cm große Spalt übrig bleibt, damit ein schöner, nahtloser Abschluss entsteht.

Um diese Unterschiede auszugleichen, werden bei den Speichen, die noch größere Differenzen zur 10-cm-Marke haben, **Keile gesetzt**. Beim Flechten von Keilen wird im Geflecht gewendet und nicht zur Gänze bis zur anderen Seite ausgeflochten. Es gibt unterschiedliche Keilarten (siehe Abbildung). Wichtig ist, jeden Keil zu überflechten, bevor ein neuer gesetzt wird. Dabei jedes Korbviertel, die linke und rechte Seite vom Bodenrahmen, unabhängig voneinander betrachten. Es ist normal, dass auf den Seiten unterschiedliche oder auch einseitig kein Keil gesetzt wird. Es ist von Korb zu Korb verschieden, wie viele und welche Keile gesetzt werden.

WICHTIG! Keine Verlängerung

Der Keil muss mit einer Weide durchgeflochten werden, deshalb immer vorher die Verlängerung der Weide machen.

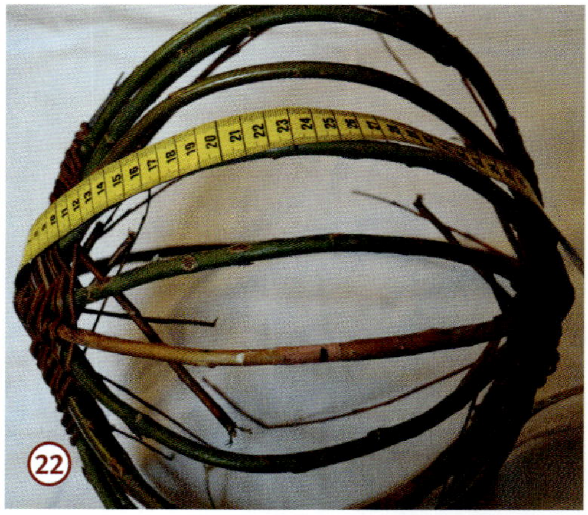

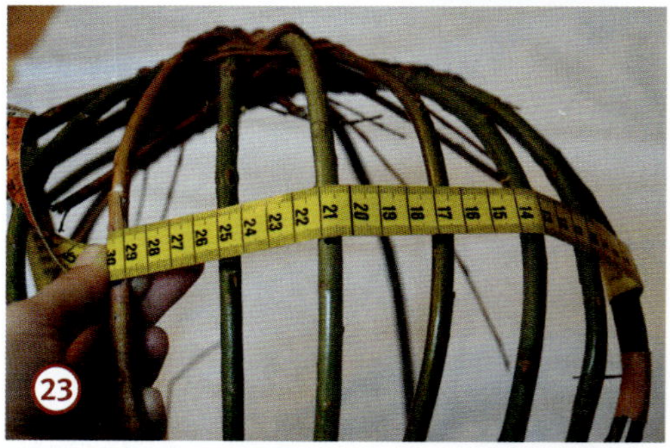

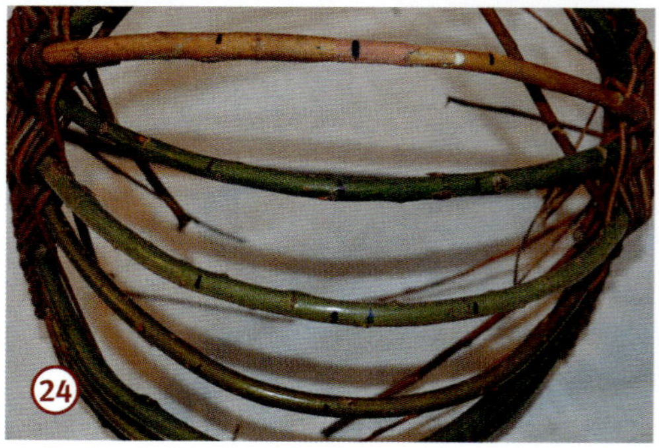

Auf beiden Seiten bis zur 10-cm-Marke flechten **(Schritt 25)**. Danach kaum noch Keile, wenn dann nur ganz schmale mit einer Umdrehung setzen. Jetzt kann es auch vorkommen, dass am Außenrahmen keine Doppelwicklung mehr nötig ist. Damit das Geflecht ganz dicht wird, immer fest aus-

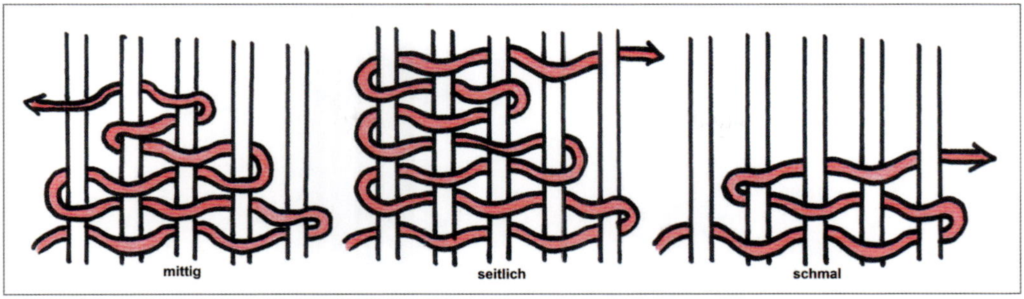

Abbildung: Verschiedene Keilarten

einanderdrücken bzw. mit einem Pfriem dehnen, um noch eine weitere Reihe einflechten zu können **(Schritt 26)**. Die letzte Weide so flechten, dass am Flechtmuster kein Übergang von der einen zur anderen Seite erkennbar ist **(Schritt 27)**.

Den Korb noch ausputzen **(Schritt 28)**, indem die Enden immer schräg über der Speiche abgeschnitten werden **(Schritt 29)**. Nicht zu kurz, sonst rutschen sie aus dem Geflecht, und auch nicht zu lang lassen, sonst brechen die überstehenden Enden beim getrockneten Korb ab und er bekommt Löcher.

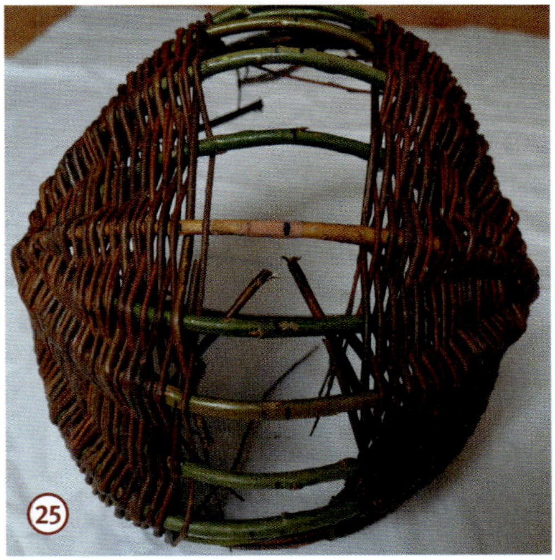
25

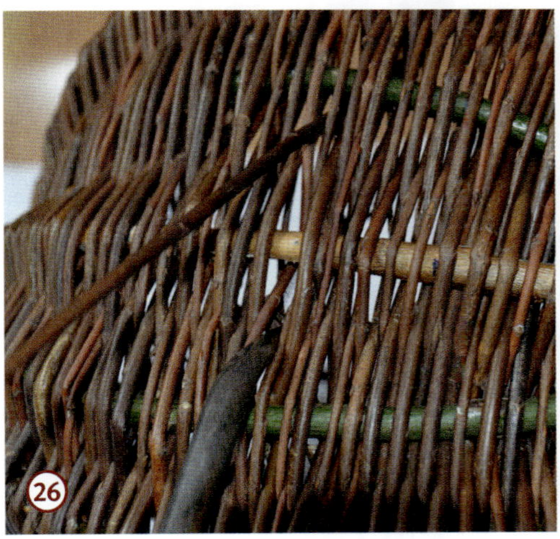
26

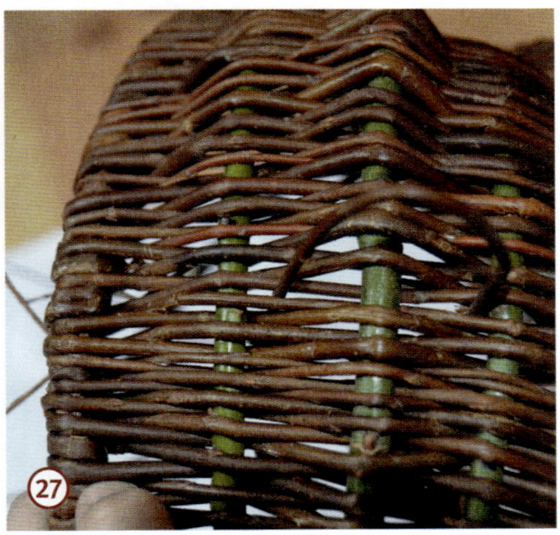
27

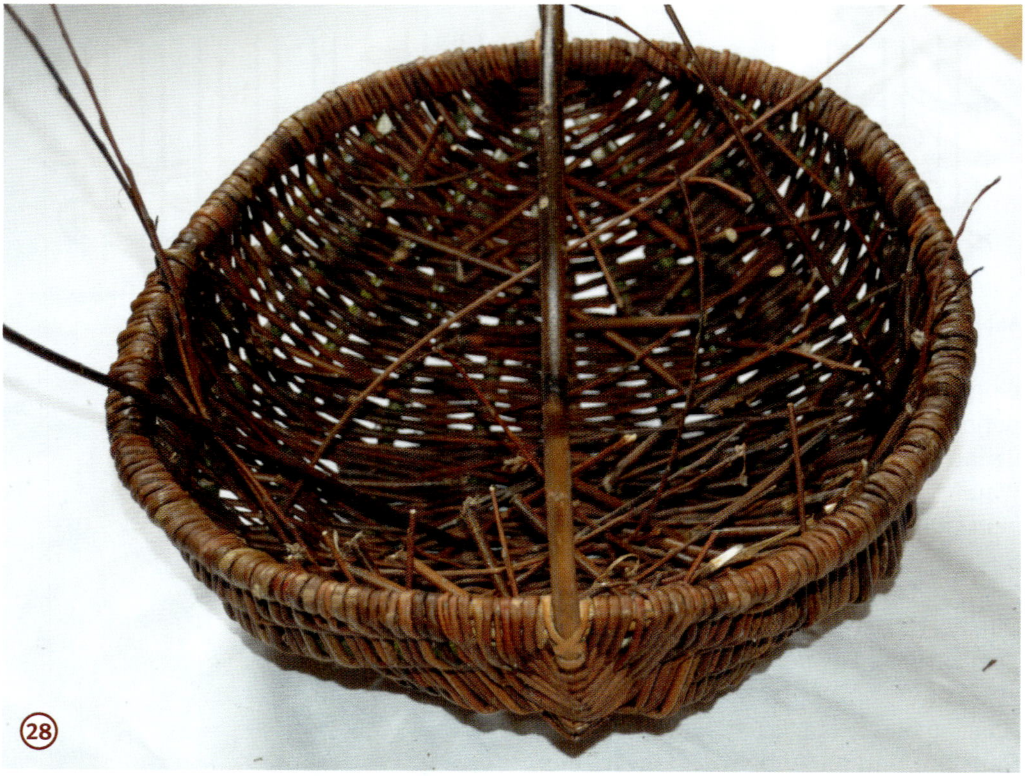

28

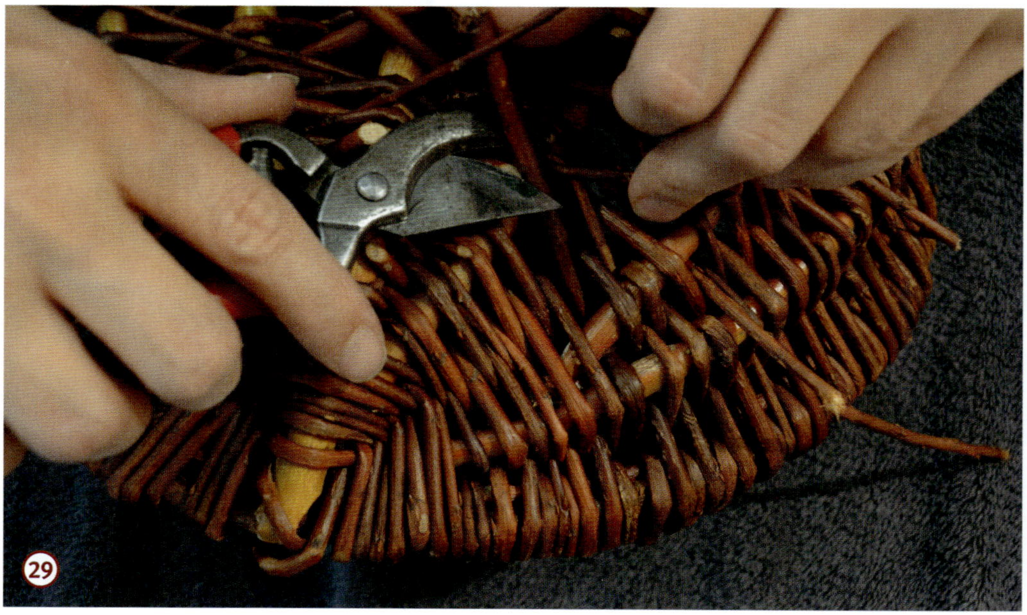

29

ZUSÄTZLICHE OPTIONEN BEIM RAHMENKORB

Die Wicklung

Es gibt die Möglichkeit, den Henkel mit Weide zu umwickeln, anstatt ihn leer zu lassen. Das eignet sich besonders gut, wenn der Rahmen aus mehreren Weiden besteht.

Für die Wicklung einige Weiden anschalmen und das dünne Ende einer Weide auf einer Seite mit Heftpflastern am Rahmen fixieren, da dieses später überflochten wird **(Schritt 1)**. Bei der Wicklung immer „dünn auf dünn" **(Schritt 2)** und „dick auf dick" mit dem Schalm **(Schritt 3)** verlängern. Einige Zentimeter vor der Verlängerung bereits die neue Weide zum Rahmen dazulegen, entweder mit dem geschalmten Weidenende oder der Weidenspitze. Die Wicklung so lange machen, dass das anschließende Auge den Ansatz überdeckt. Zum Schluss die Weide wieder mit Heftpflastern fixieren **(Schritt 4)** und mit dem Auge beginnen.

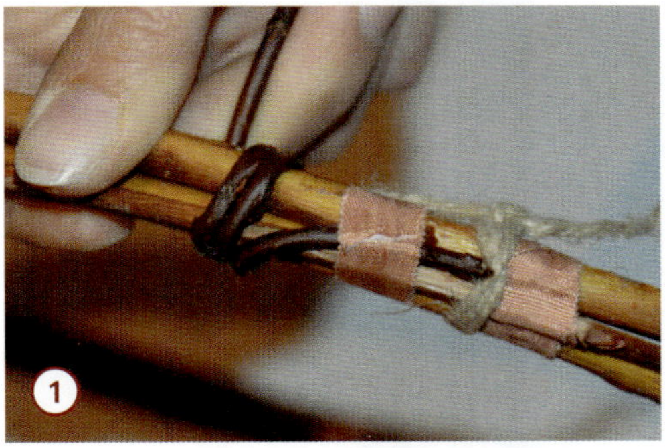

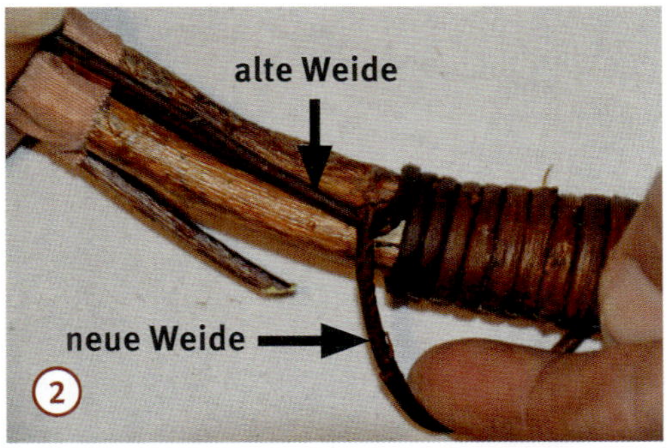

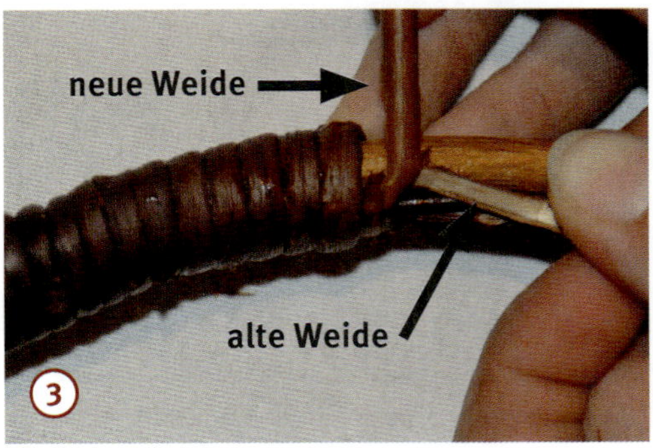

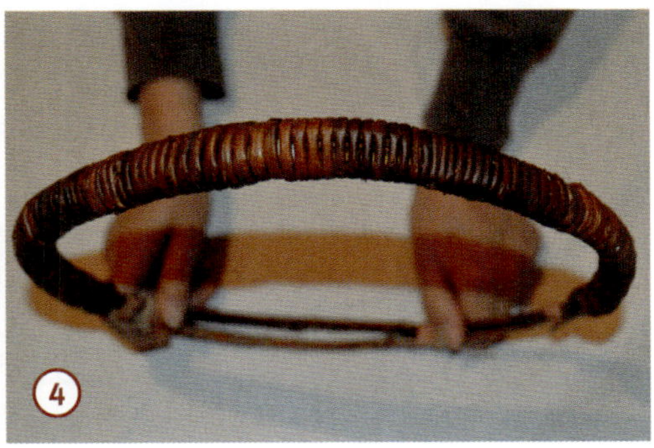

Das Gottesauge

Als Fixierung der Rahmen gibt es auch neben dem Auge das **Gottesauge**.

Einige Weiden anschalmen und laut Abbildung flechten. Das Verlängern erfolgt ebenfalls „dick auf dick" mit dem Schalm und „dünn auf dünn", indem die Weide auf der Rahmeninnenseite eingesteckt, verdreht **(Schritt 5)** und eine Länge doppelt geführt wird **(Schritt 6)**. Häufig kommt es vor, dass der Schalm für die Verlängerung während des Flechtens nachgeschnitten werden muss. Zum Schluss das Ende mit Heftpflastern am Rahmen fixieren, um es später zu überflechten **(Schritt 7)**. Danach die Hauptspeichen einsetzen, wie bereits im Hauptteil beschrieben.

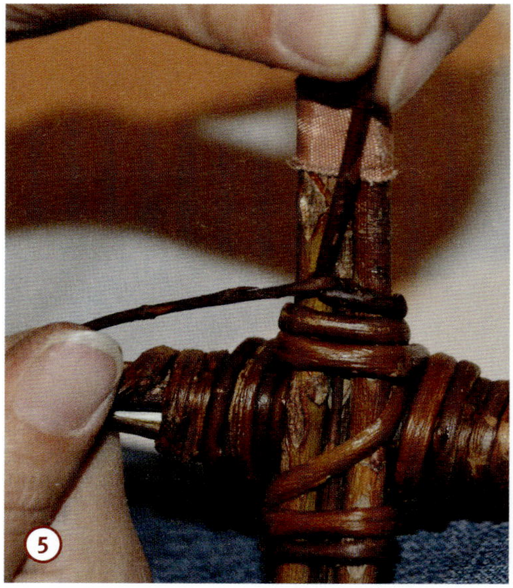

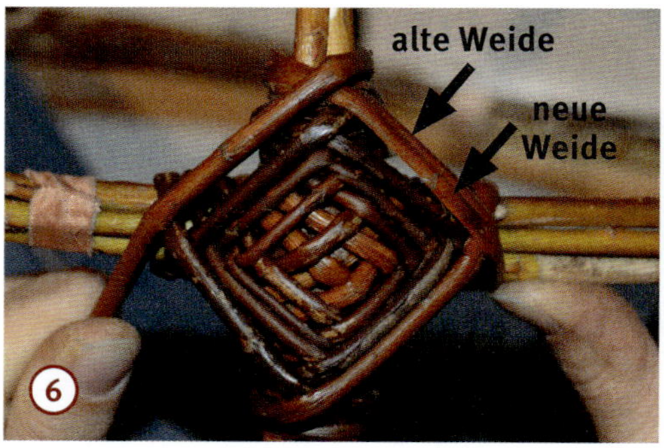

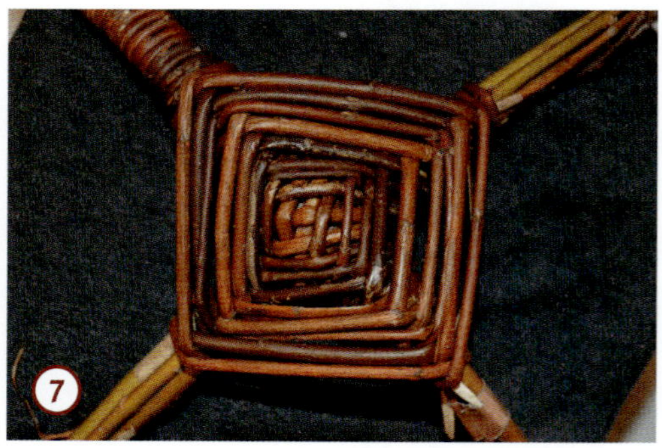

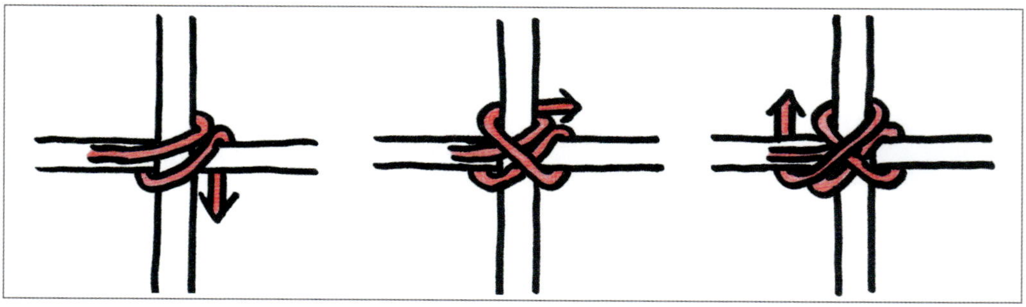

Abbildung: Das Gottesauge

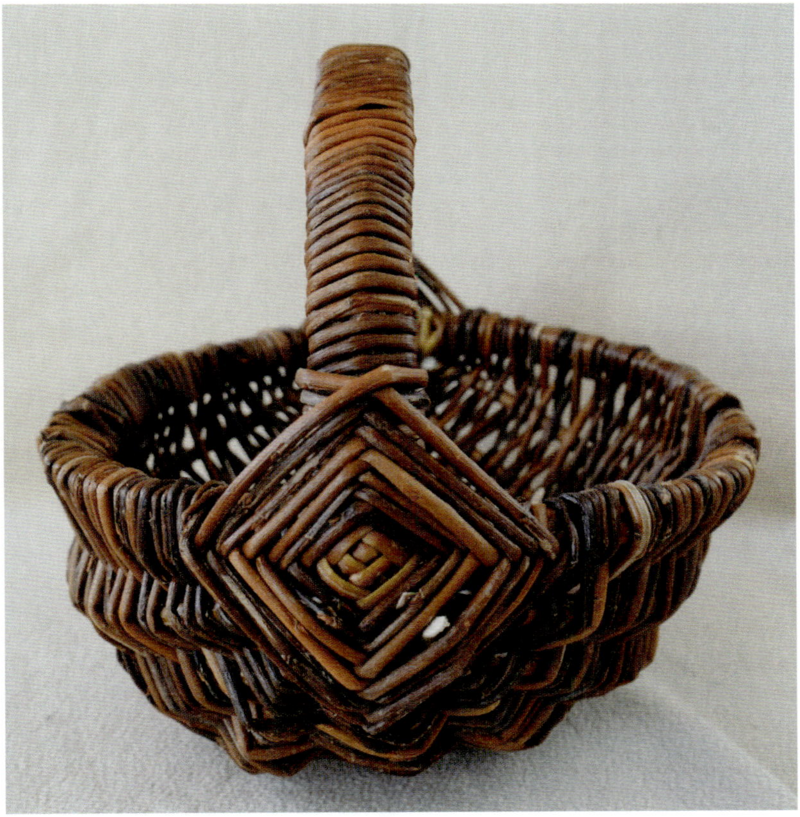

Gottesauge und Wicklung

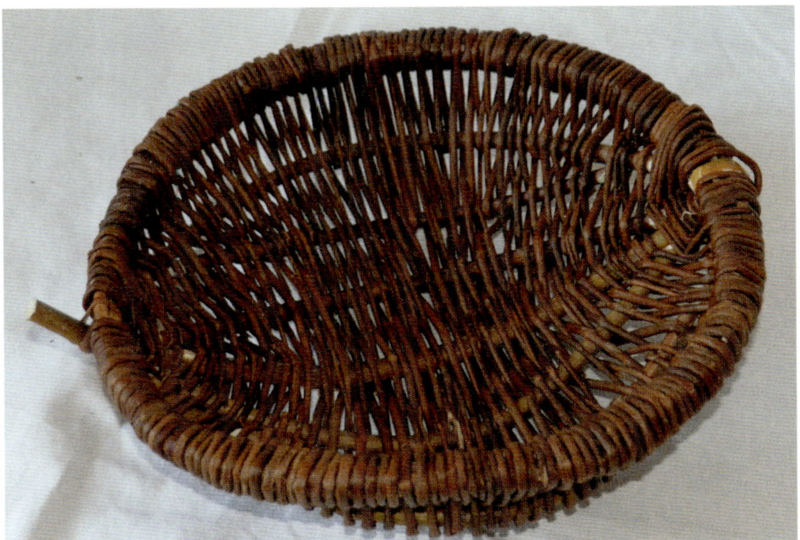

Schale (siehe Anleitung auf der nächsten Seite)

Die Schale – Rahmenkörbe ohne Henkel

Bei einer Schale gibt es den senkrechten Rahmen nicht, sondern nur einen Bodenrahmen. Entweder zeigen die Enden des Bodenrahmens seitlich heraus (Variante A) oder sie umwickeln den Außenrahmen (Variante B).

Bei **Variante A** die Weide für den Boden an der Stelle anschnitzen, wo sie sich mit dem Rahmen verbindet **(Schritt 8)**. Zur Fixierung ein Auge machen, wie bereits beschrieben.

Bei **Variante B** das dicke Ende der Weide mindestens 20 cm anschalmen **(Schritt 9)**, eng um den Rahmen wickeln und mit Nägeln und Heftpflastern fixieren **(Schritt 10)**. Dann die Weide für den Boden zur anderen Seite vorbiegen, abschneiden (länger lassen, da ein Teil um den Rahmen gewickelt wird), anschalmen und fixieren. Nun kommt wieder das Auge.

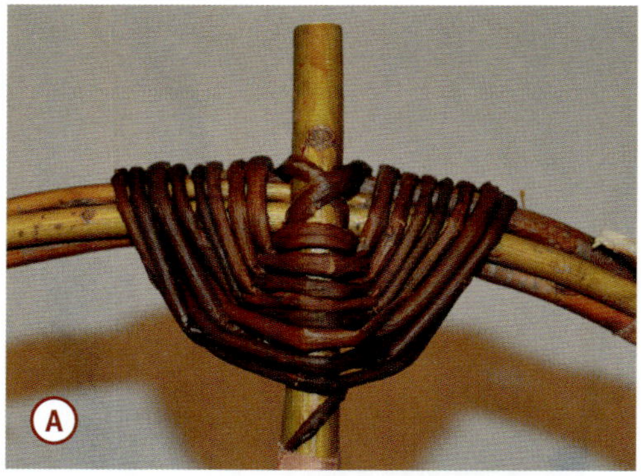
A

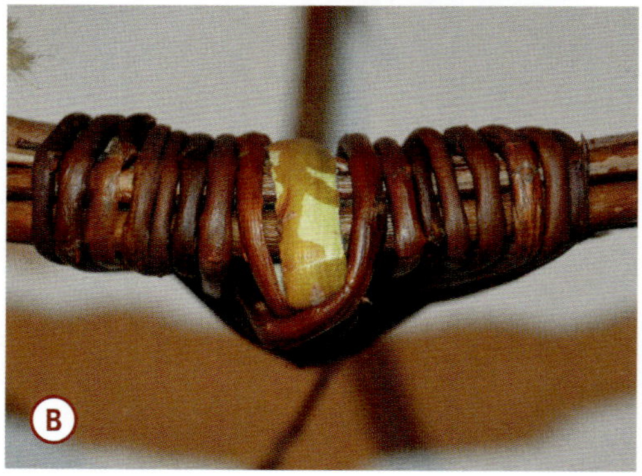
B

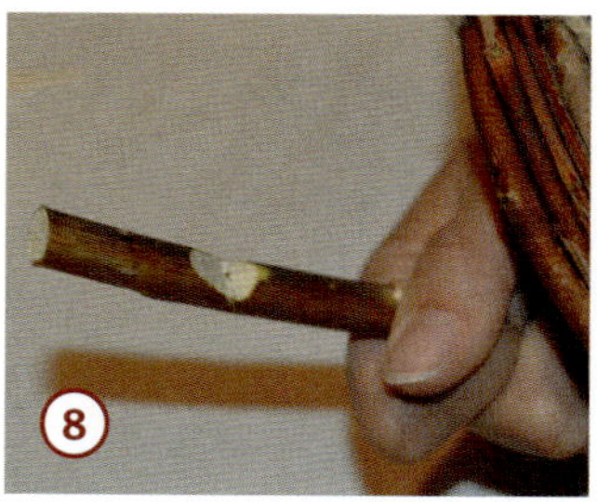
8

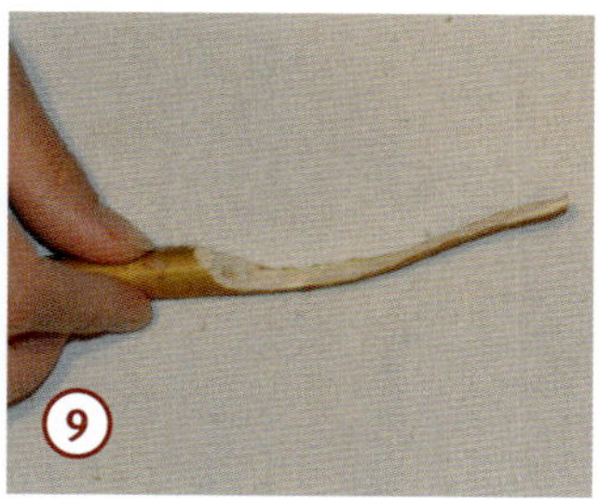
9

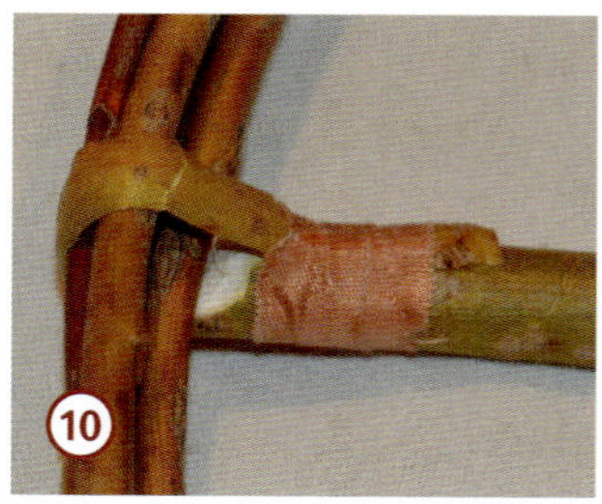
10

DER RUNDE KORB

Der runde Korb hat viele Variationen – groß oder klein, mit oder ohne Griffe. Genauso wie sein Äußeres sind auch seine Verwendungsmöglichkeiten vielfältig. Er eignet sich zum Sammeln von Früchten und Gemüse, als Aufbewahrungskorb für Brot und Obst oder einfach nur als Dekorationselement.

Der runde Korb eignet sich auch für Anfängerinnen und Anfänger und ist zum Einstieg ins Korbflechten ideal. Bevor fortgeschrittene Techniken, wie ein ovaler oder eckiger Korb, geflochten werden, ist es empfehlenswert, zuvor zumindest ein paar runde Körbe zu flechten.

Das erste Werkstück in der Rundflechttechnik sollte nicht zu schwer sein, um das Material Weide kennenzulernen. Nachfolgend befindet sich die Beschreibung für einen kleinen runden Korb mit Grifflöchern. Dieser eignet sich hervorragend als Einstiegsmodell in das Rundflechten.

MATERIAL

Folgendes Material ist für einen Korb mit 20 cm Höhe und einem Durchmesser von 25 cm notwendig:

- 6 Bodenlagen – 25 bis 30 cm lang, Ø 0,5 bis 1 cm
- 80 Stück 1,40er Weiden:
  - 24 Stück dickere Ruten als Staken
  - 10 Stück dünnere Ruten für die Bodenkimme
  - 36 Stück mittlere Ruten für die untere und obere Kimme
  - 4 Stück dünnere Ruten für die letzte Runde beim Boden
- 40 Stück 1,20er Weiden:
  - 24 Stück mittlere Ruten für das Wandgeflecht
  - 10 Stück dünnere Ruten für den Boden

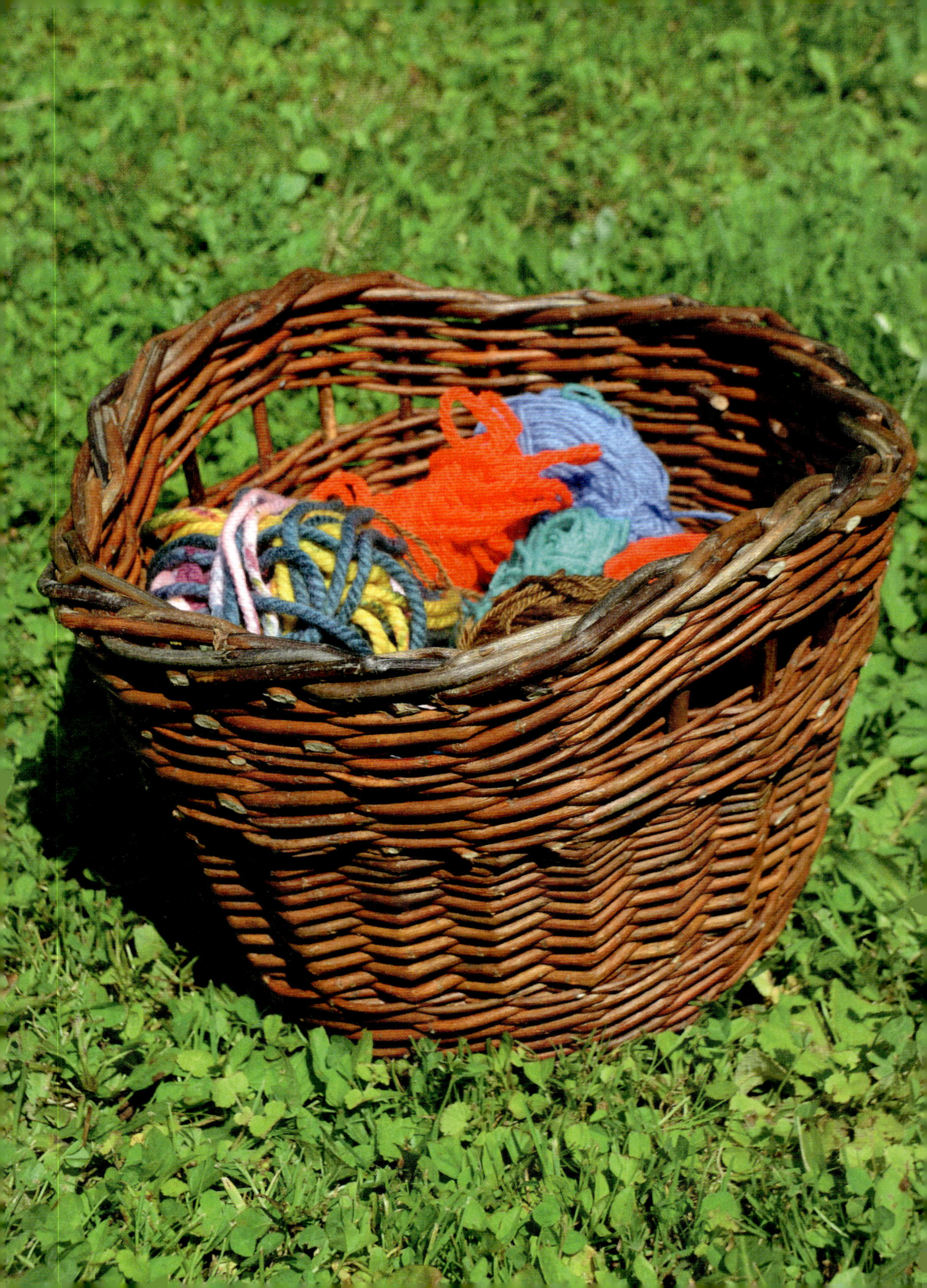

ANLEITUNG

Der Boden

Zu Beginn eines jeden Korbes wird der Boden gemacht. Dafür von den sechs Bodenlagen die drei dickeren aussuchen und mit einem Messer in der Mitte etwas aufschlitzen **(Schritt 1)**. Die anderen drei Bodenlagen am dünnen Ende anspitzen **(Schritt 2)** und durch die drei angeschnittenen Weiden stecken **(Schritt 3)**. Dabei werden immer dünnes und dickes Ende abgewechselt. Am besten mit einem Pfriem die Weiden aufspalten, um die angespitzten Weiden einstecken zu können. Diese entstandene Konstruktion wird als **Bodenkreuz** bezeichnet **(Schritt 4)**.

TIPP! Arbeitsweise

Das Bodenkreuz wird in weiterer Folge mit der linken Hand gehalten, während die rechte Hand arbeitet. Linkshänder können die einzelnen Arbeitsschritte natürlich auch seitenverkehrt ausführen.

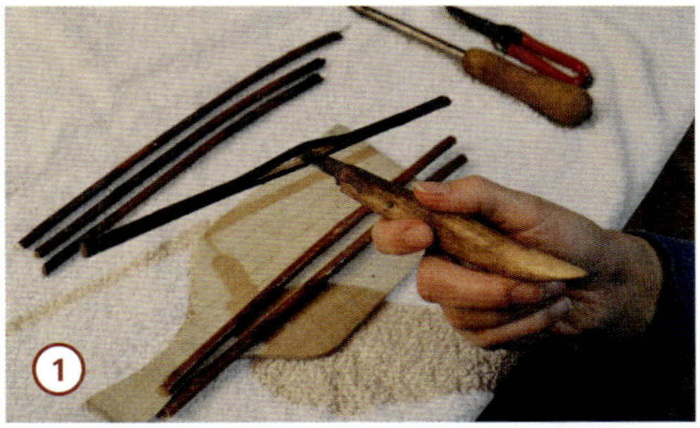

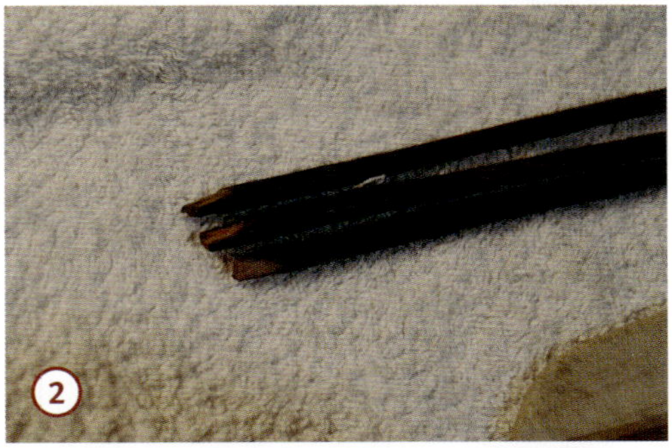

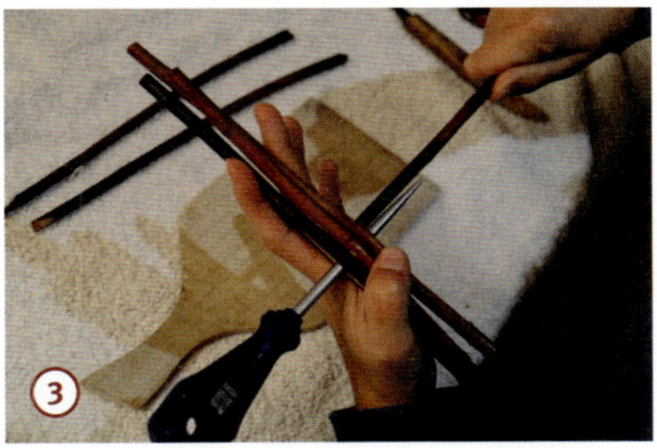

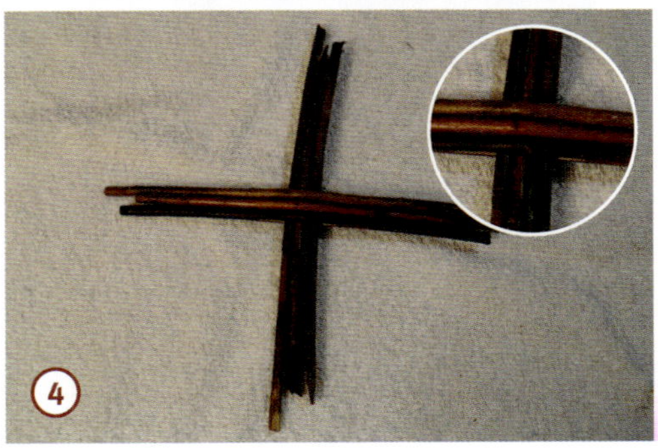

Um die Bodenlagen zu fixieren und danach aufzubrechen, wird die Flechttechnik **Fitzen** verwendet. Dabei werden bei jedem Schlag zwei Weidenruten miteinander verkreuzt bzw. verschlungen (Abbildung Fitze, siehe S. 48).

Im Detail sieht dies folgendermaßen aus: Zunächst werden zwei dünne 1,20er Weiden mit der Spitze in die Unterseite des Bodenkreuzes gesteckt und miteinander verdreht **(Schritt 5)**. Anschließend wird das Bodenkreuz auf die Oberseite, ist auch die Korbinnenseite, gedreht. Danach wird die linke Weide über alle drei Bodenlagen und in den Abstand nach hinten gelegt. Die

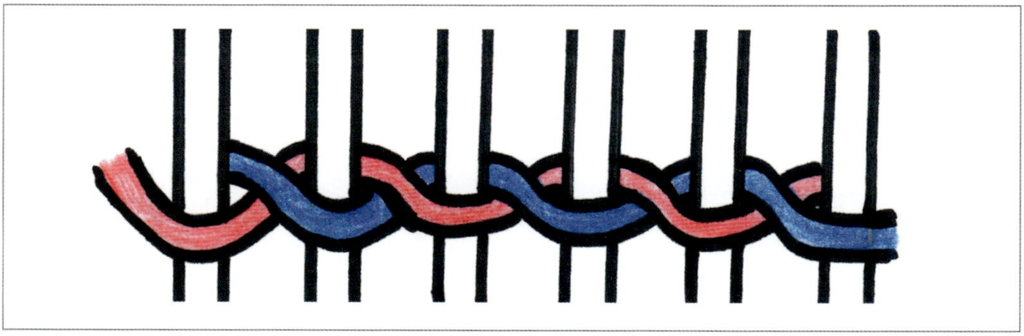

Abbildung: Fitze

andere Weide wird zum Fixieren der ersten Weide nun bei diesem Abstand nach vor über die erste Weide und über die nächsten drei Bodenlagen nach hinten geflochten (Schritt 6). Nun wieder die erste Weide nehmen, von hinten über die zweite Weide und die nächsten drei Bodenlagen in den nächsten Abstand legen. Diesen Vorgang so oft wiederholen, bis die Bodenlagen zwei Mal überflochten sind (Schritt 7).

Das **„Aufbrechen des Bodenkreuzes"** bedeutet, dass alle Bodenlagen auseinandergebogen werden, sodass sie gleichmäßig abstehen. Die ersten zwei seitlichen Bodenlagen (die dritte des nach oben

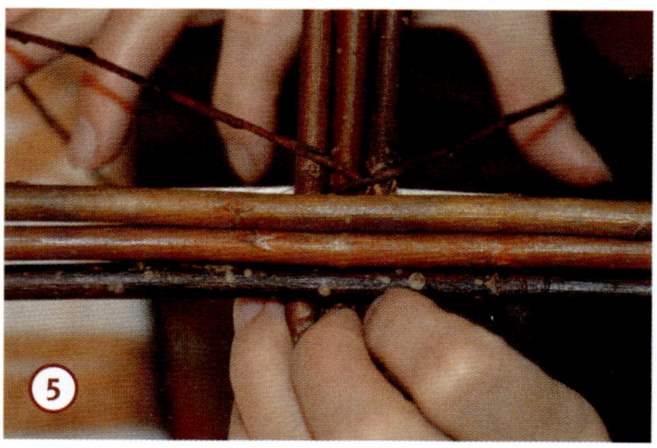

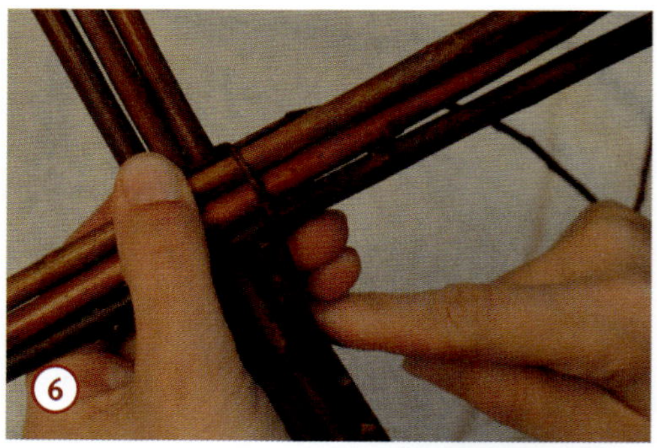

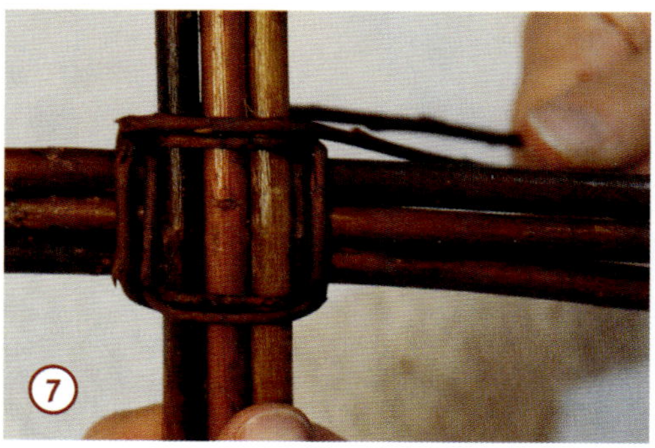

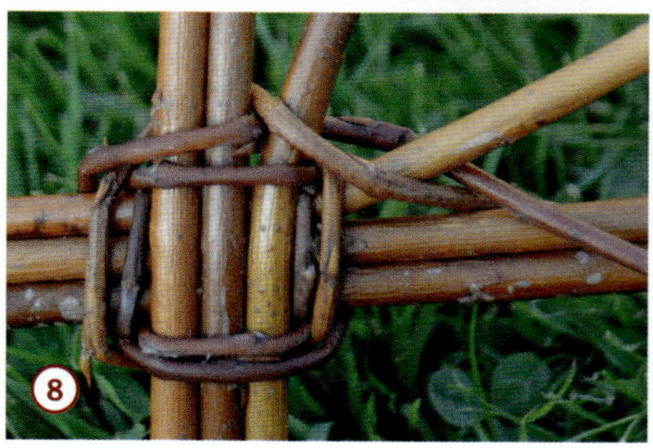

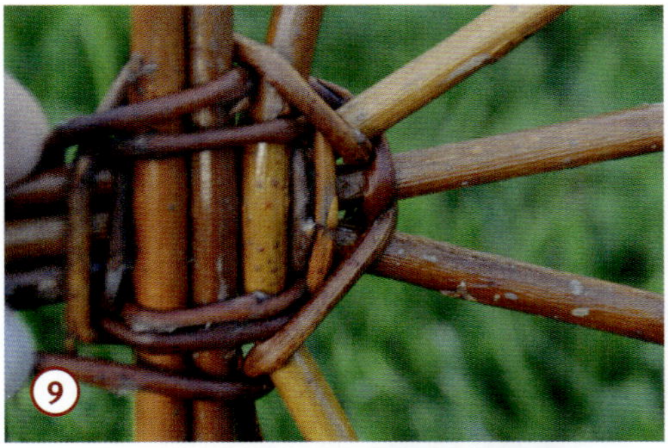

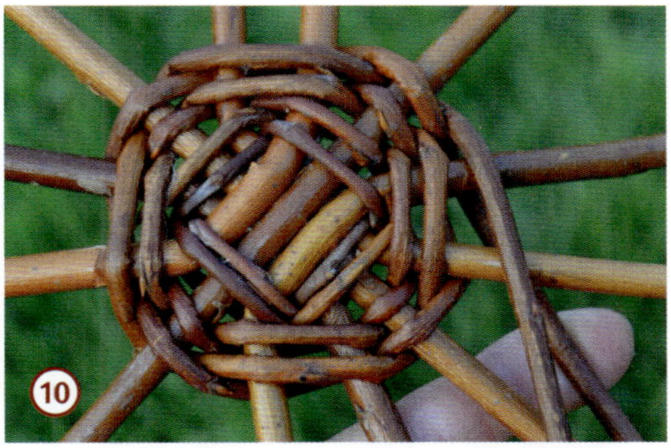

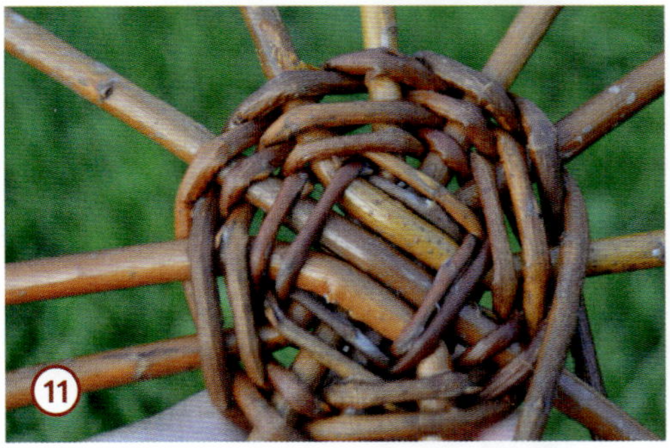

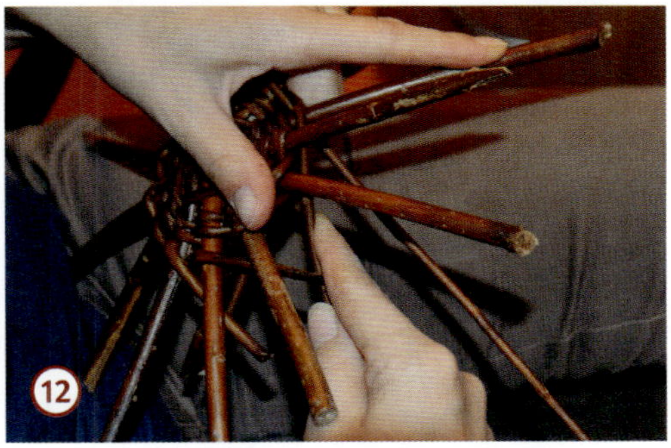

zeigenden und die erste des nach rechts zeigenden Teils des Bodenkreuzes) jeweils zueinander biegen und über beide fitzen **(Schritt 8)**. Dann über die mittlere Bodenlage und wieder über die nächsten zwei seitlich zueinander gebogenen Bodenlagen fitzen **(Schritt 9)**. Diesen Schritt so lange machen, bis die Bodenlagen weitere zwei Male überflochten wurden **(Schritt 10)**. Nun über jede einzelne Bodenlage fitzen **(Schritt 11)**. Damit der Boden eine Wölbung nach oben bekommt und die Abstände regelmäßig sind, stets die Bodenlagen bei jedem Schlag zurechtbiegen **(Schritt 12)**. Damit eine Wölbung entsteht, kann der Boden auch über das Knie gebogen oder gegen den Bauch gedrückt werden.

Wenn die Weiden ausgeflochten sind, immer **„dick auf dick“** und **„dünn auf dünn“** verlängern. Die Enden der Verlängerung zeigen immer auf die Unterseite. Normalerweise würde die linke Weide nach vorne und wieder nach hinten gelegt werden, aber da sie zu kurz ist, wird bei der Verlängerung „dick auf dick“ die neue Weide eingelegt und wie die Verlängerung der alten Weide vor und zurück geflochten **(Schritt 13)**.

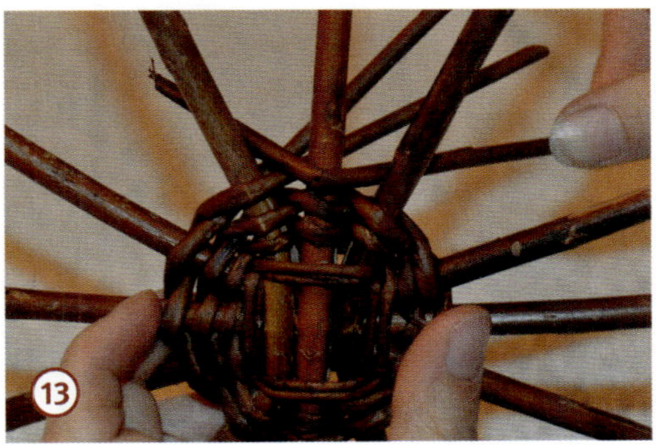

Mit der zweiten Weide wird der Vorgang wiederholt und es gibt wieder zwei Flechtruten **(Schritt 14)**.

Bei der Verlängerung „dünn auf dünn" ca. 10 cm der Weidenspitze stehen lassen und die beiden neuen Weiden mit der Spitze dazulegen **(Schritt 15)**. Zwei Schläge mit alter und neuer Weide gemeinsam flechten und danach nur mehr mit der neuen Weide weiterflechten **(Schritt 16)**. So lange flechten und verlängern, bis die gewünschte Korbgröße erreicht ist.

Bei diesem Korb beträgt der Durchmesser rund 15 cm. Wenn die 1,20er Weiden zu kurz werden, um eine ganze Runde zu fitzen, dann auf 1,40er Weiden umsteigen. Auf jeden Fall bei der letzten Runde die längeren Weiden verwenden, damit die letzte Verlängerung überflochten wird.

Das Flechten eines Arbeitsschrittes endet stets mit der Weidenspitze. Dabei die Weide im Geflecht für zwei Schläge vernähen, indem mit der Weide unter die vorige Reihe geflochten wird **(Schritt 17)**.

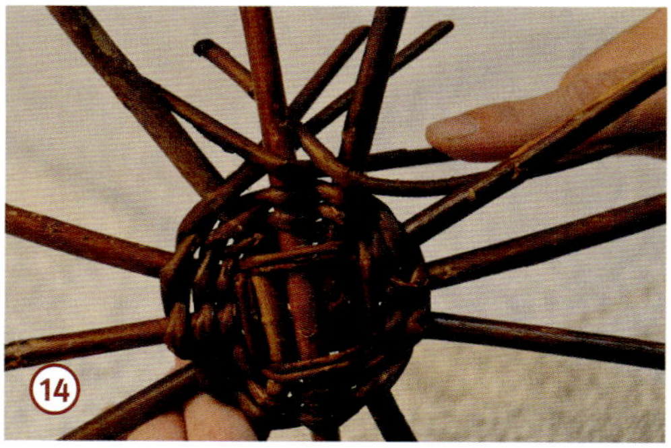

14

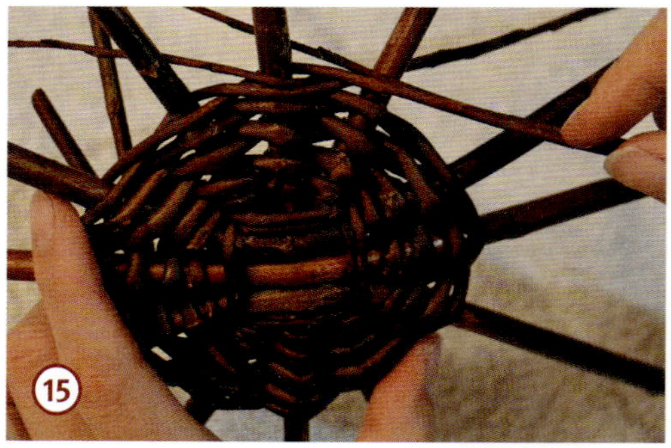

15

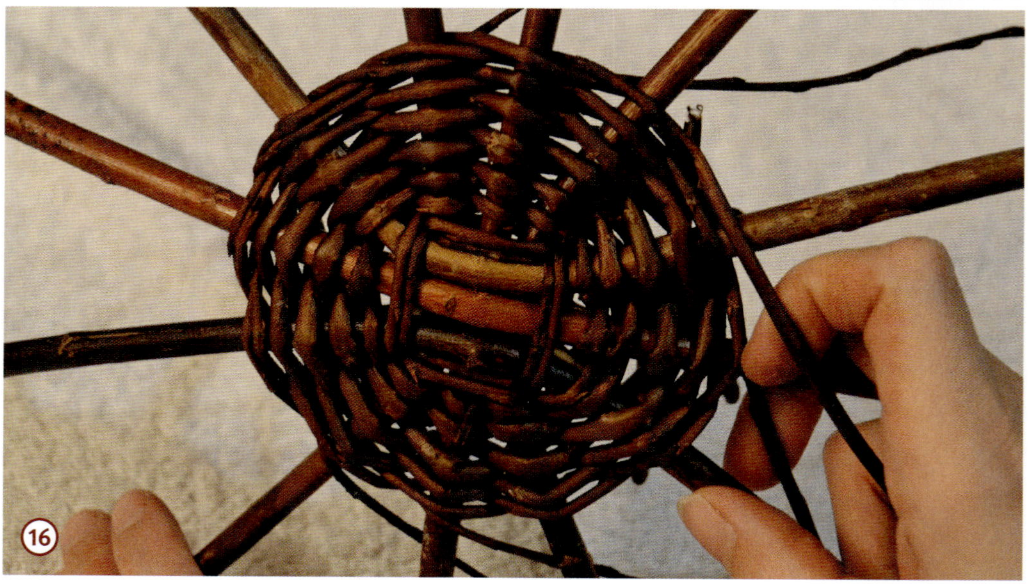

16

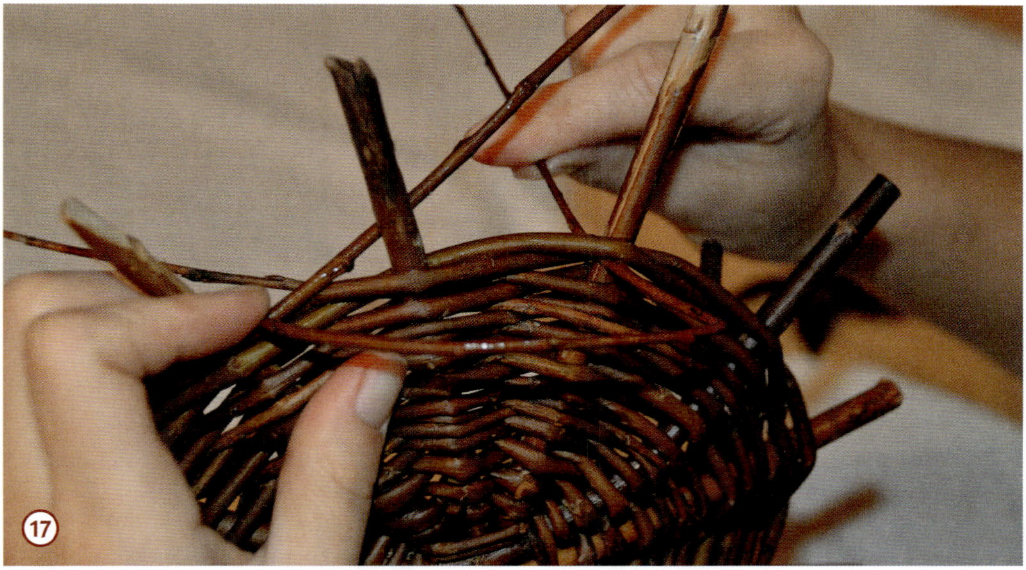

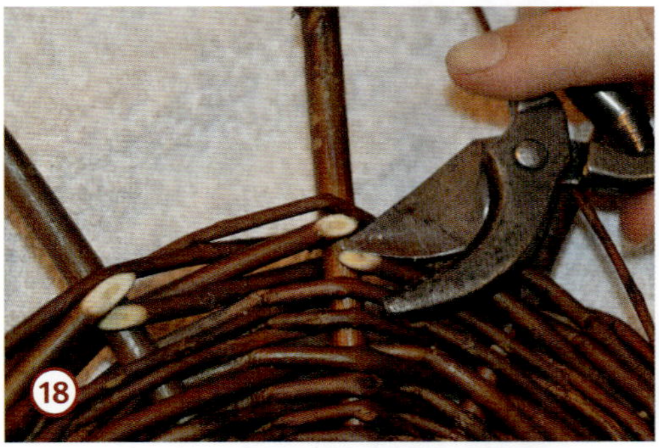

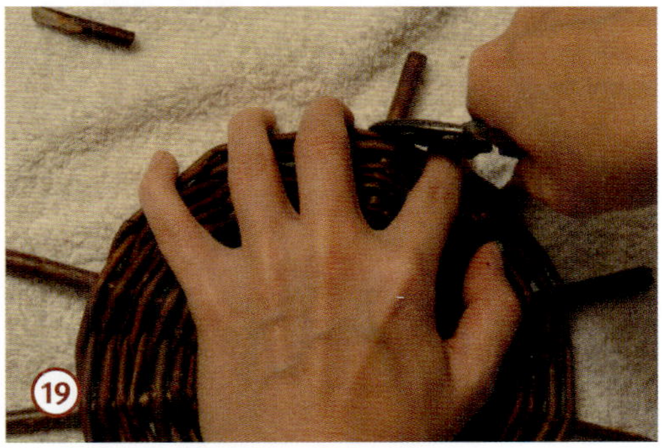

Zum Schluss den Boden **ausputzen**. Das bedeutet, dass alle Enden auf der Bodenunterseite über der Bodenlage schräg abgeschnitten werden **(Schritt 18)**. Die Enden sollten nicht zu kurz, da sie sonst aus dem Geflecht rutschen, aber auch nicht zu lang abgeschnitten werden, da die überstehenden Enden sonst hängen bleiben und abbrechen.

Als Nächstes die 24 dickeren 1,40er Weiden auf gleiche Dicke zuschneiden und abschrägen. Damit der natürliche Bug der Weide beim Aufstaken genutzt wird, werden zwölf Stück links und zwölf Stück rechts vom Bug am dicken Ende abgeschrägt. Den Boden nun mit der Korbunterseite, dass ist die Seite mit den Verlängerungen, auf den Boden legen und die überstehenden Bodenlagen ganz nahe am Geflecht abschneiden **(Schritt 19)**. Dabei ist es empfehlenswert, das Geflecht zusammenzudrücken.

Beim **Aufstaken** werden die angespitzten Staken links und rechts von der Bodenlage eingesteckt, sodass der natürliche Bug nach oben und die abgeschrägte Seite zur Bodenlage zeigt **(Schritt 20)**. Am besten einen Pfriem zum Weiten des Geflechts benützen, bevor die Weide hineingesteckt wird **(Schritt 21)**. Diesen Schritt bei allen Bodenlagen machen **(Schritt 22)**.

Den aufgestakten Boden umdrehen. Im nächsten Schritt wird die **Bodenkimme** gemacht. Dazu werden die Weidenenden von zehn dünnen 1,40er Weiden auf gleiche Dicke zugeschnitten. Bei fünf der zehn Weiden wird die Weidenspitze etwas länger als die halbe Rundung des Bodens abgeschnitten **(Schritt 23)**. Dann die dünnen Enden anspitzen und links von fünf nebeneinanderliegenden Staken einstecken **(Schritt 24)**. Wenn notwendig den Pfriem beim Vorstechen zu Hilfe nehmen. Die fünf Weiden hinter der Stake vorbeiführen und nach vorne in die Mitte legen **(Schritt 25)**. Bei jeder Weide, bis auf die erste linke, einen Platzhalter rechts dazulegen, damit der Abschluss leichter wird **(Schritt 26)**.

Bei einer 5er-Kimme immer die linke Weide „vor 4 hinter 1“ flechten, sodass diese Weide beim nächsten Abstand herauskommt **(Schritt 27)**, dabei die Weide immer straff halten. Gestartet wird mit der linken Weide, welche „vor 4 Staken hinter 1 Stake“ beim nächsten Abstand nach der rechten Weide wieder in die Mitte zeigt. Danach wird mit der nächsten linken Weide (die zweite eingesteckte Weide) der gleiche Schritt gemacht usw. Es wird mit diesen fünf Weiden bis etwas über die Hälfte der Rundung geflochten. Danach die Verlängerung „dick auf dick“ machen, indem die

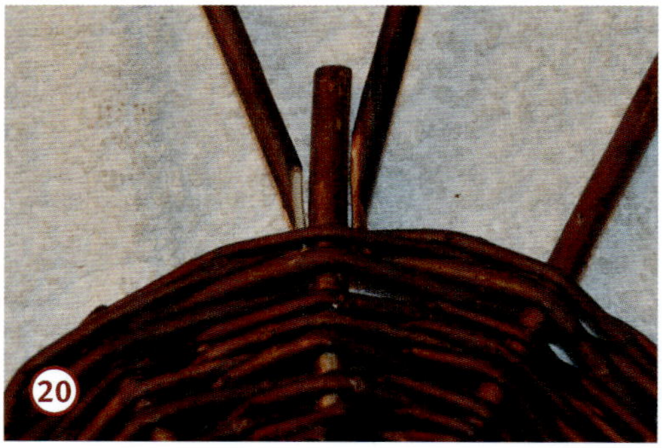
20

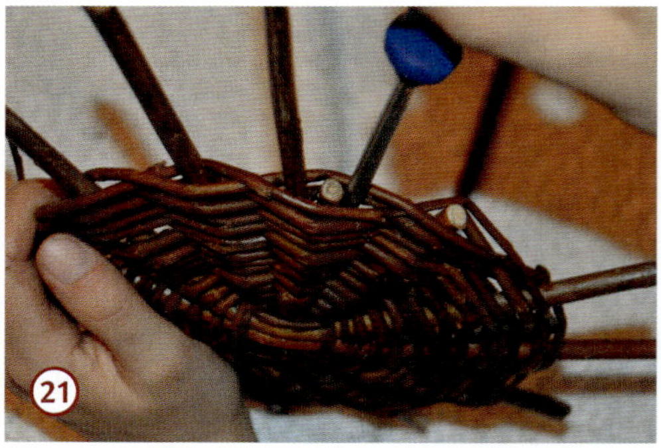
21

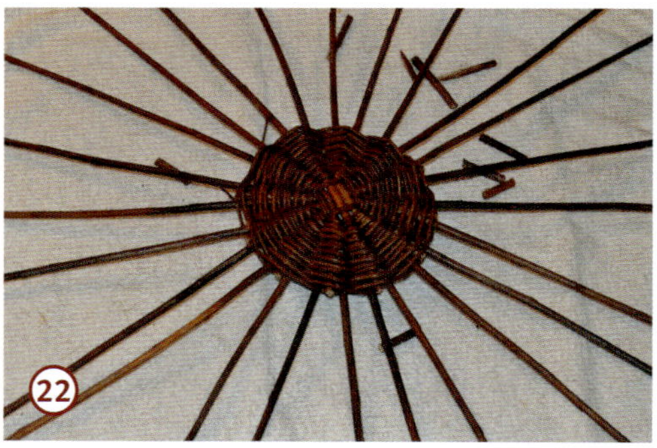
22

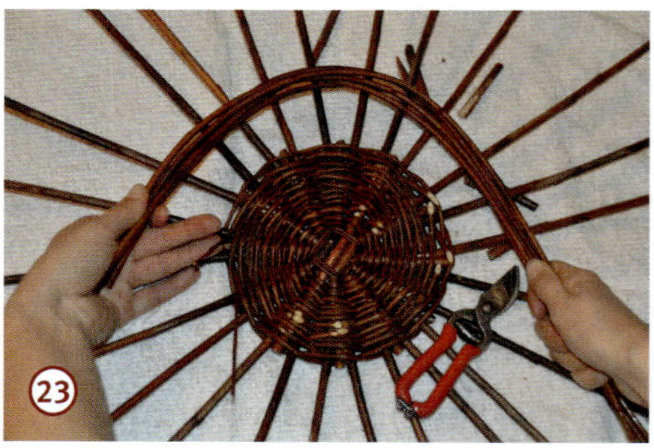
23

anderen fünf Weiden mit dem Weidenende rechts neben den anderen Weiden eingelegt werden **(Schritt 28)**. Mit den „neuen“ Weiden wie gehabt „vor 4 hinter 1“ bis zum Anfang der Kimme flechten. Als Abschluss die Weiden dem Muster nach verflechten.

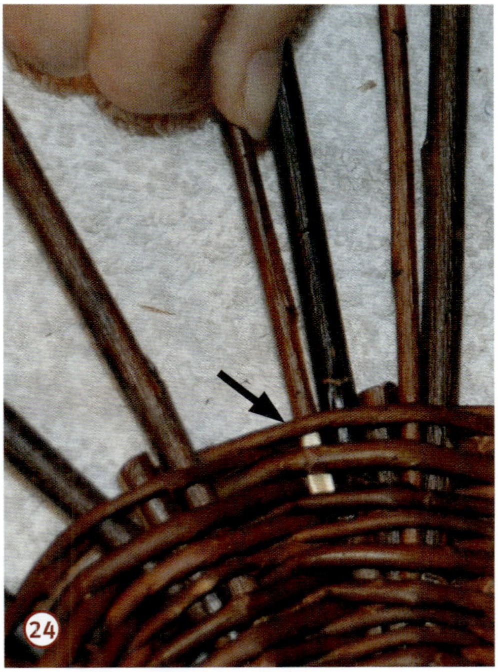

Bei der ersten eingesteckten Weide nur eine Weide dazulegen, da diese noch überflochten wird **(Schritt 29)**. Die restlichen Weiden an der Stelle verflechten, wo bisher die vier Platzhalter, die am Anfang dazugelegt worden sind, waren, dabei weiterhin den Flechtschlag „vor 4 hinter 1“ beibehalten. Danach alles festziehen und die Verlängerung über der Bodenlage abschneiden **(Schritt 30)**. Die dünnen Enden durch größere Abstände im Boden durchziehen, da sie erst nach der ersten Kimme abgeschnitten werden **(Schritt 31)**.

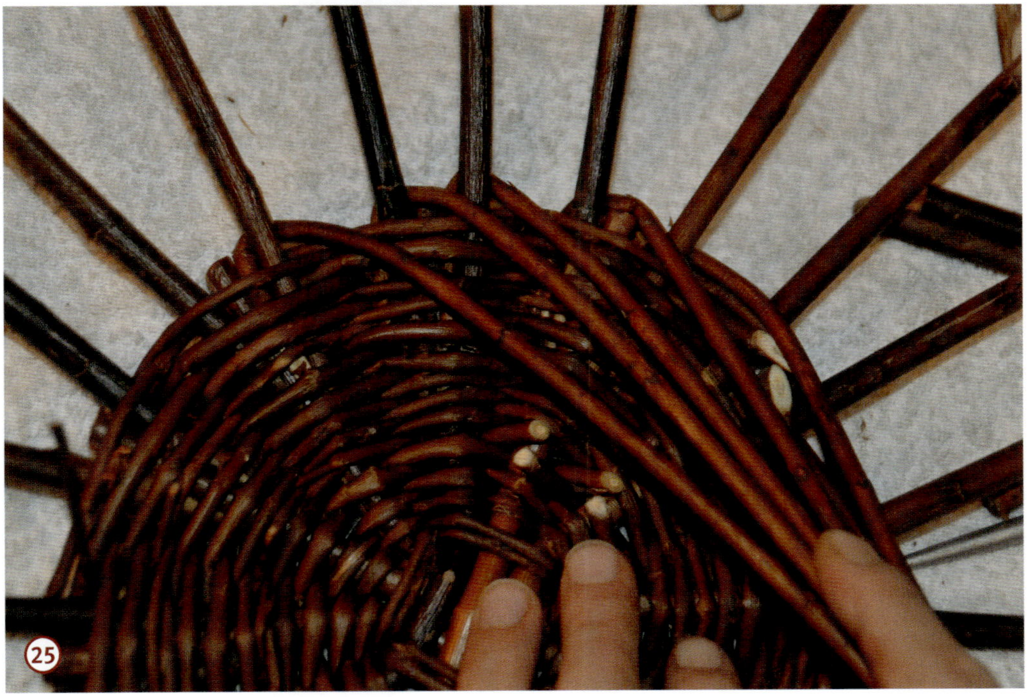

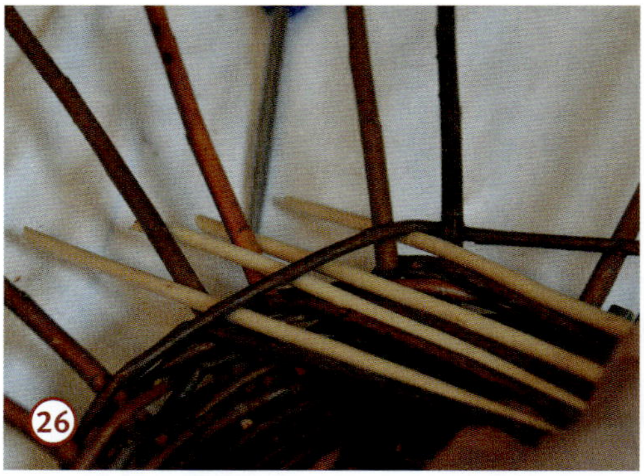
26

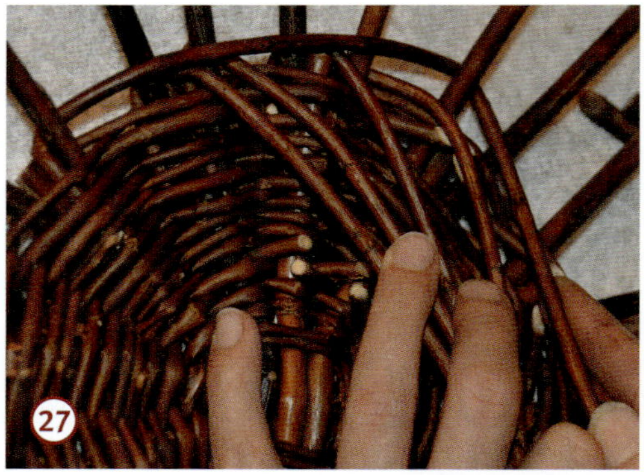
27

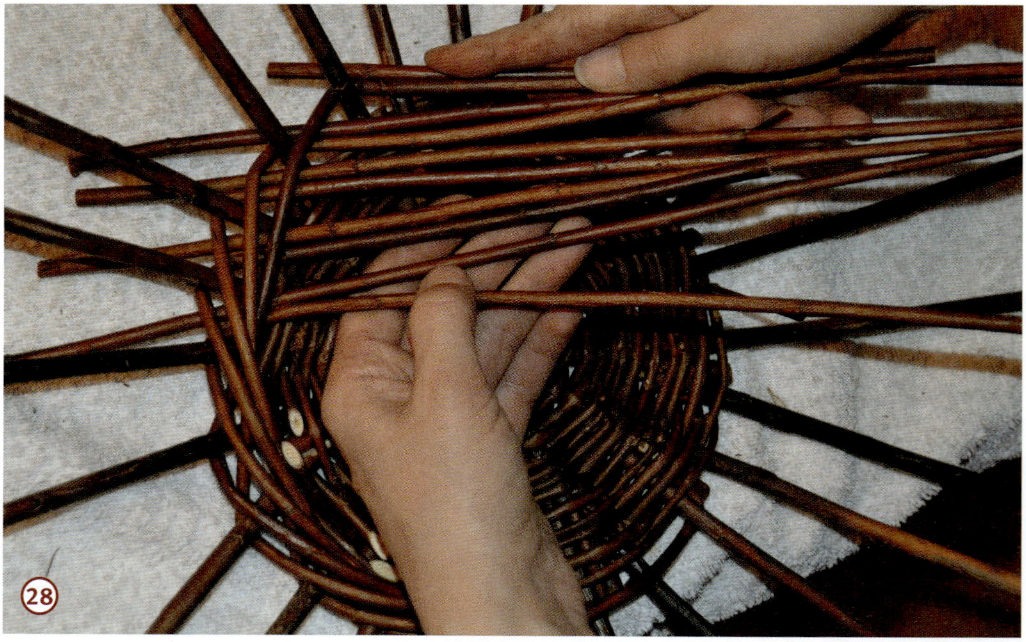
28

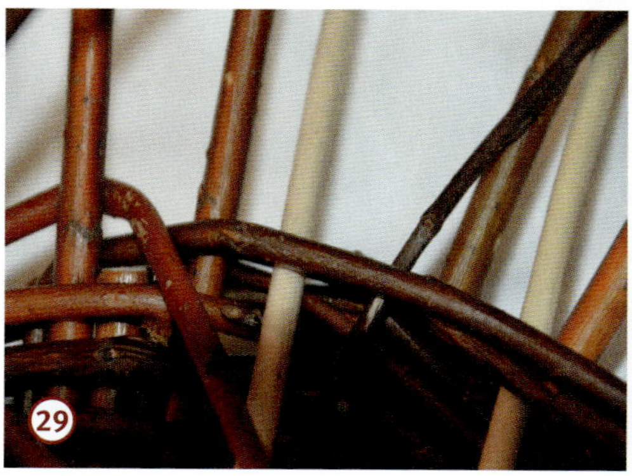
29

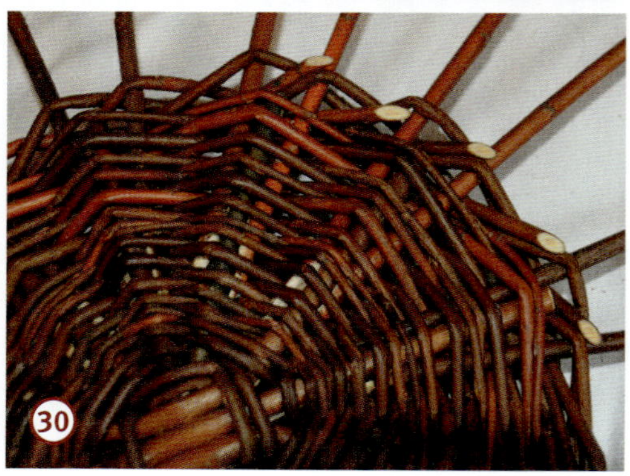
30

Dieser Arbeitsschritt kann mit zunehmender Übung weggelassen werden.

Den Boden wieder umdrehen, sodass er auf der Kimme steht, und alle Staken mithilfe des Pfriems nach oben biegen, dabei die Bodenkimme zum Geflecht drücken **(Schritt 32)**. Die Staken oben mit einem Schuhband festbinden. Den Korb auf die Seite legen und die Staken fest in den Boden schlagen **(Schritt 33)**. Danach den Korb wieder aufstellen, ein Gewicht auf den Korbboden legen und die Staken neu zusammenbinden **(Schritt 34)**.

TIPP! Knoten überprüfen

Während des Flechtens immer wieder kontrollieren, ob der Knoten mittig sitzt, da sonst der Korb unförmig werden kann.

Die Wand

Jede Korbwand beginnt und endet mit einer **Kimme** (Abbildung Kimme, nächste Seite). Sie gibt dem Korb die Form. Das bedeutet, dass bei jedem Schlag die Stake einzurichten ist, damit erstens der Korb rund wird und zweitens ein gleichmäßiger Stakenab-

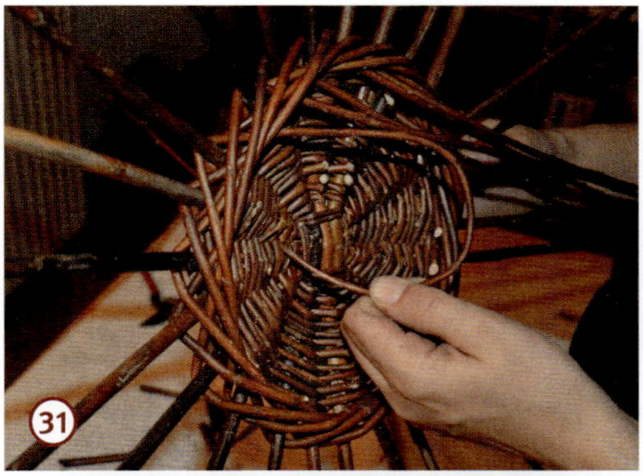
31

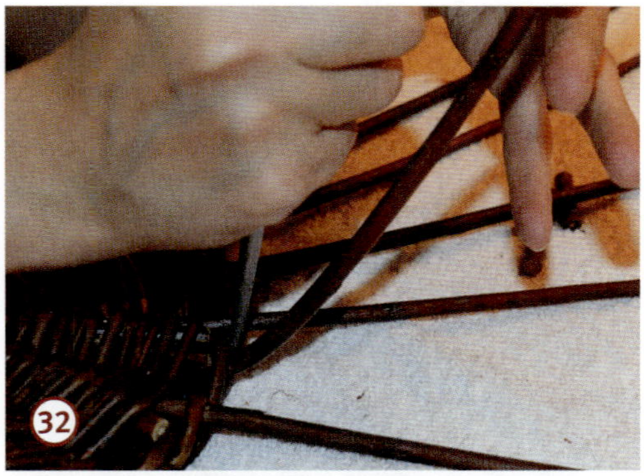
32

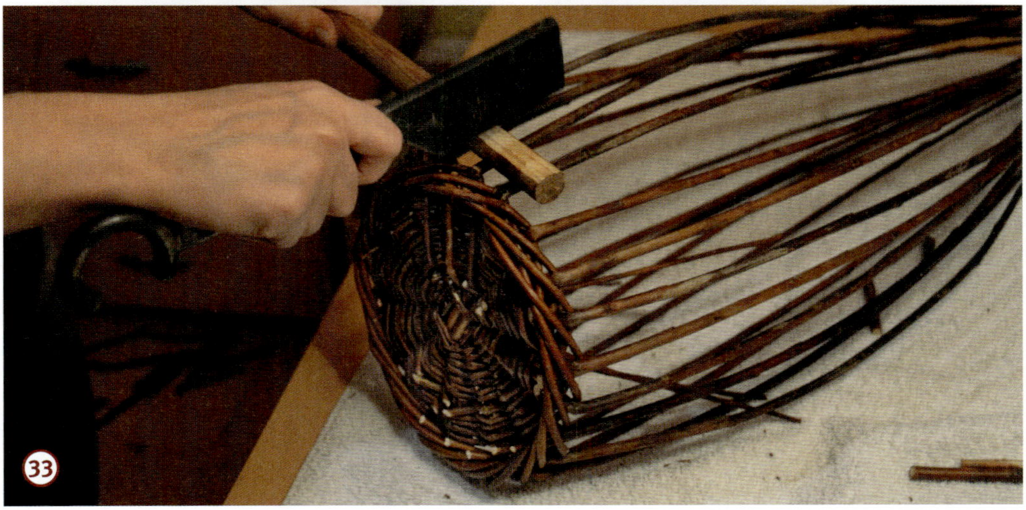
33

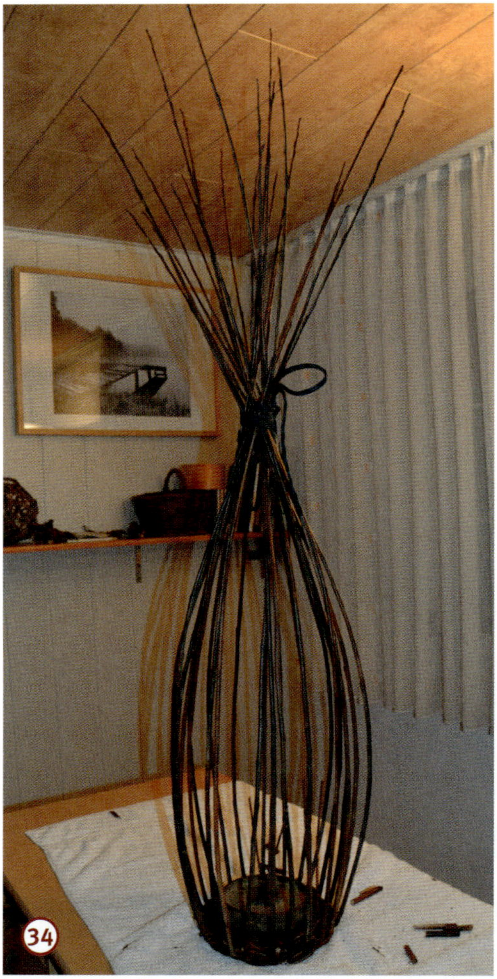

stand entsteht. Die Arbeitsweise ist gleich wie bei der Fitze: Die rechte Hand arbeitet und die linke Hand richtet die Stake ein.

Für die 3er-Kimme zwölf Stück 1,40er Weiden nehmen und davon drei mit der Spitze nebeneinander einlegen **(Schritt 35)**. Dieser Vorgang ist der Gleiche wie bei der Bodenkimme, nur bei drei Weiden wird „vor 2 hinter 1" geflochten. Die linke Weide nehmen und „vor 2 und hinter 1" flechten, sodass sie beim nächsten Abstand herauskommt. Bei der Hälfte der Rundung werden weitere drei Weiden mit der Spitze eingelegt **(Schritt 36)**. Es werden somit zwei 3er-Kimmen zugleich geflochten, die sich

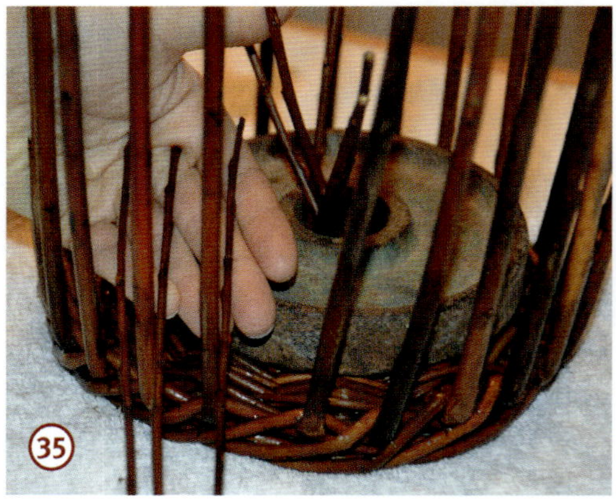

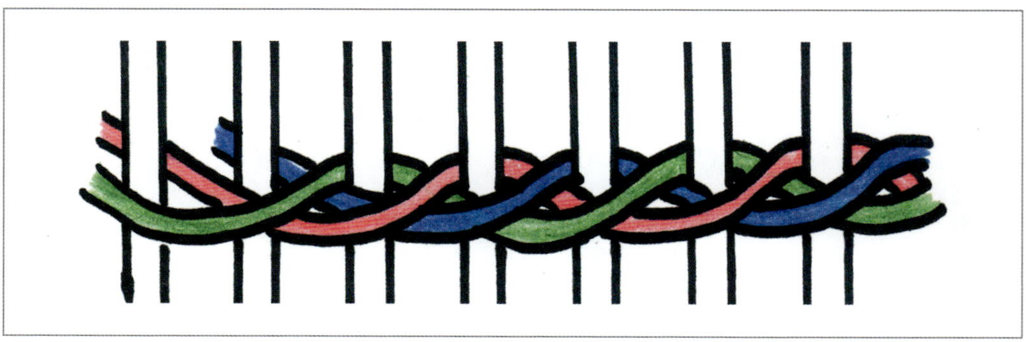

Abbildung: Kimme

nicht überholen, sondern nebeneinander verlaufen. Das bedeutet, dass mit den neu eingelegten Weiden bis auf die Höhe der anderen Kimme geflochten wird. Danach wird mit der anderen Kimme wieder weitergeflochten usw. Beide Kimmen bis zum dicken Ende ausflechten und dann „dick auf dick" verlängern wie bei der Bodenkimme. Das bedeutet, dass eine neue Weide mit dem dicken Ende rechts im selben Abstand dazugelegt **(Schritt 37)** und mit den „neuen" Weiden weitergeflochten wird **(Schritt 38)**. Bei der Verlängerung zeigt ein Ende nach innen und eines nach außen. Danach bis zur Weidenspitze ausflechten und den Korb **abschlagen (Schritt 39)**. Das Abschlagen des Korbes wird nach jedem Arbeitsschritt gemacht. Sollten die Weiden

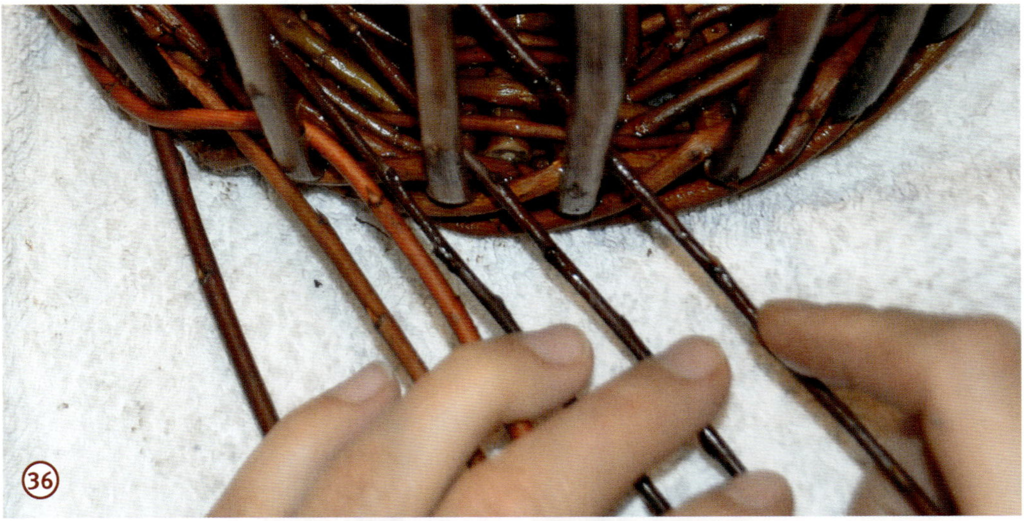

36

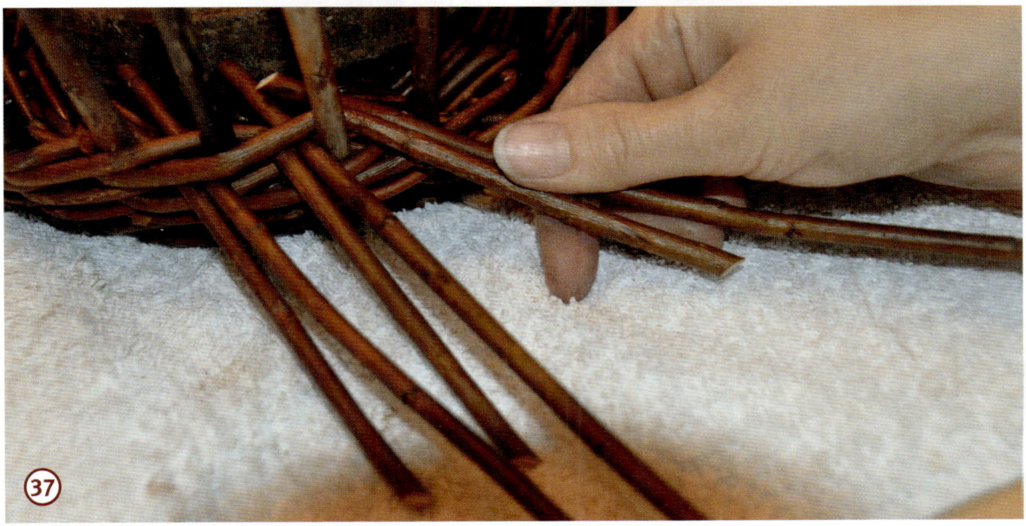

37

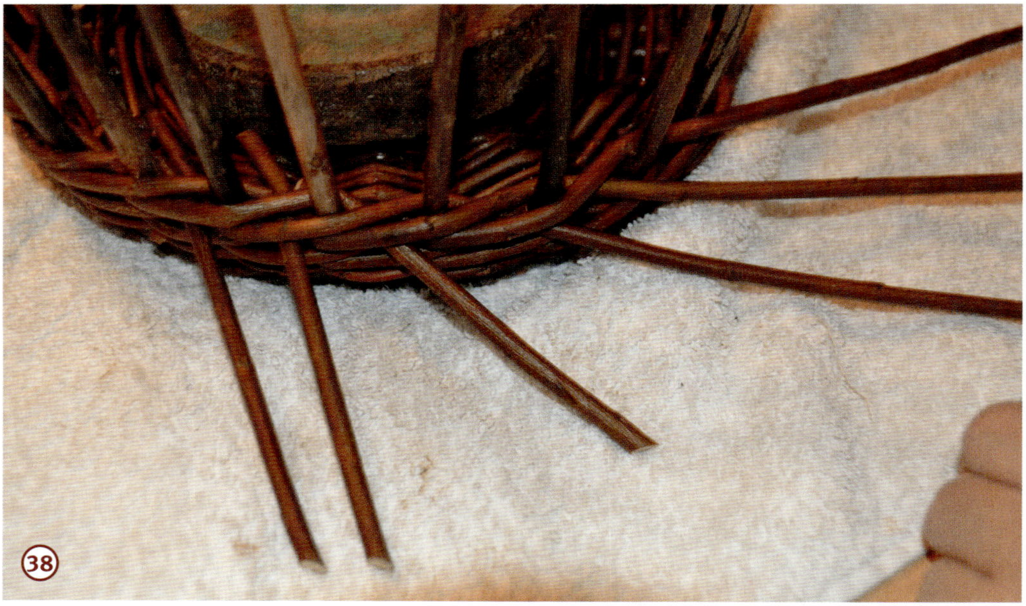

38

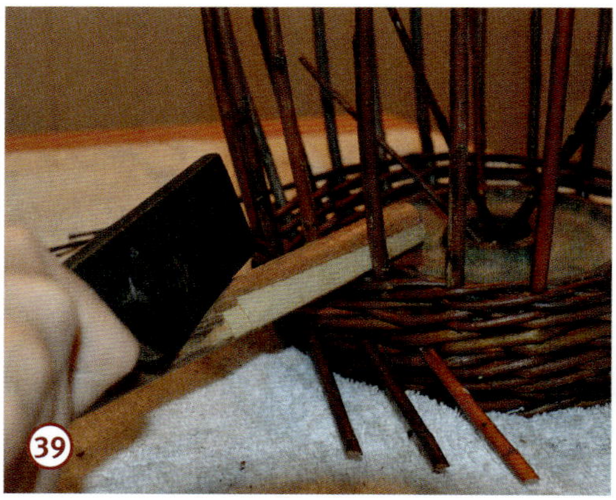

39

etwas dicker sein, kann auch während des Arbeitsschritts zusätzlich abgeschlagen werden.

Nach der Kimme sollten die Staken gleichmäßig eingerichtet sein bzw. der Korb die gewünschte Form haben. Das ist wichtig, da der Korb beim **Schichtgeflecht** kaum mehr formbar ist. Beim Schichtgeflecht wird bei jedem Abstand eine 1,20er Weide mit dem dicken Ende eingelegt sowie jeweils gleich einen Schlag „vor 1 hin-

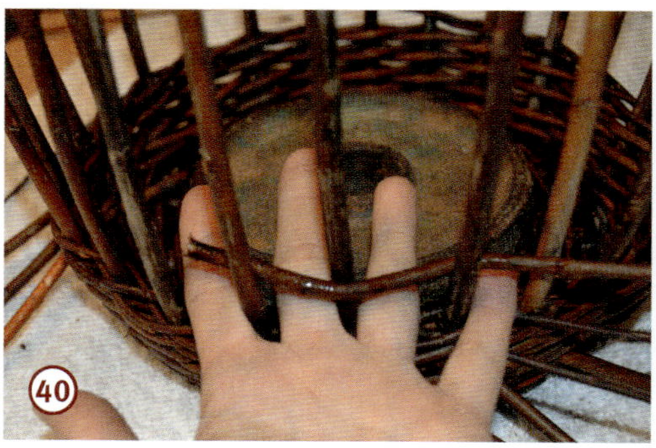

40

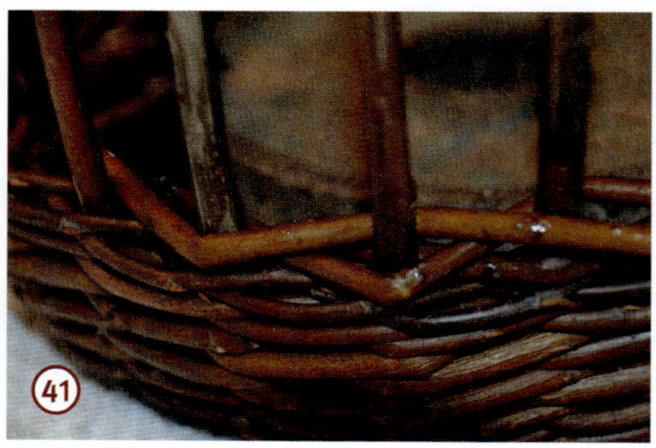

41

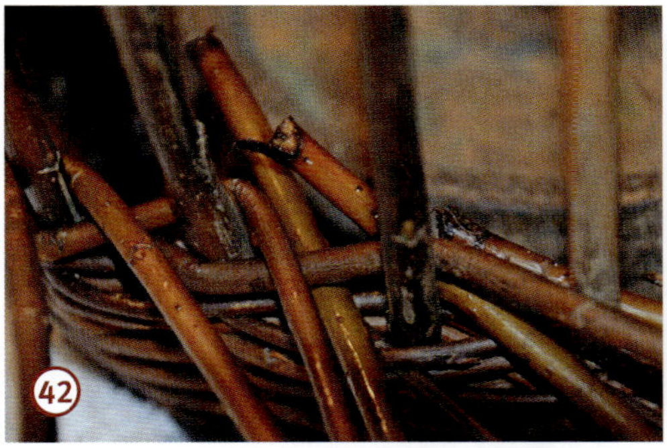

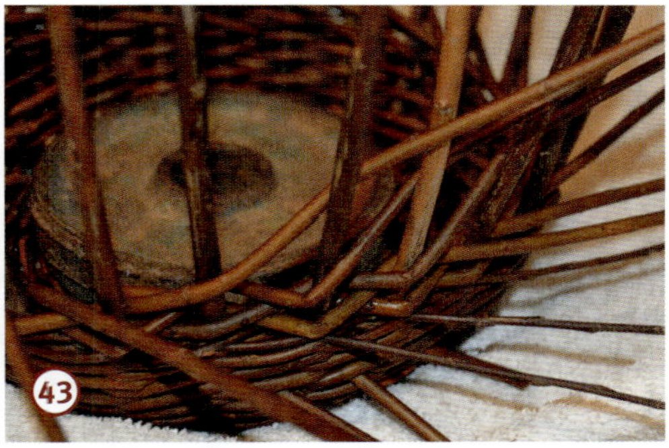

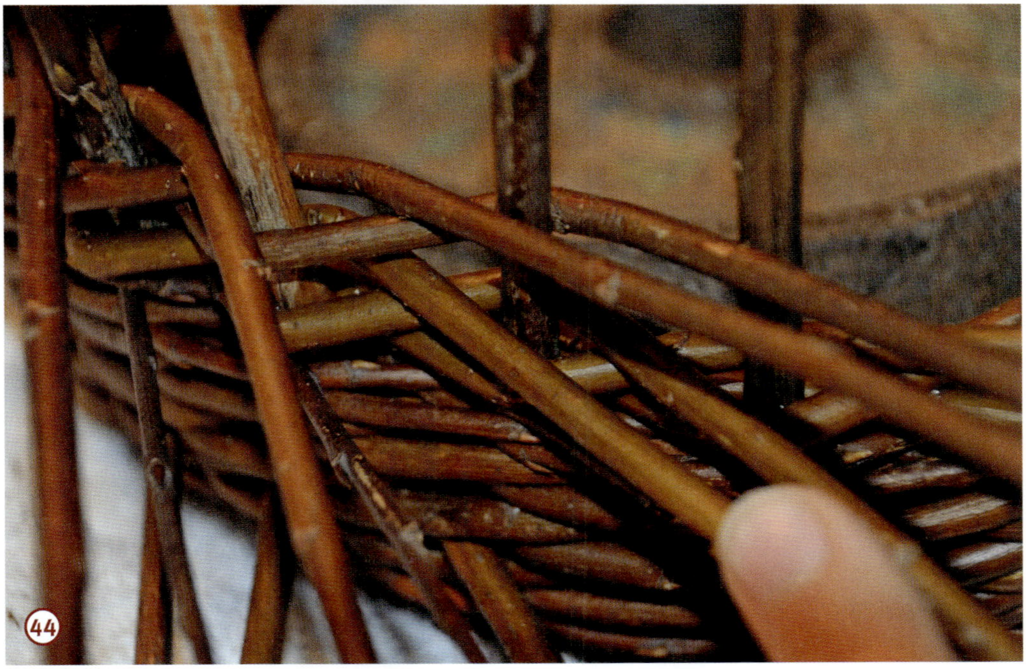

ter 1“ geflochten **(Schritt 40)**. Die Weiden linksherum einlegen **(Schritt 41)** und zum Schluss ist darauf zu achten, dass die Weide nicht über, sondern unter der ersten eingelegt wird **(Schritt 42)**.

Beim Schichtgeflecht gibt es zwei Flechtvarianten zur Auswahl. Bei der ersten Variante wird **Runde für Runde einzeln** gemacht, dabei mit jeder Weide linksherum „vor 1 hinter 1“ flechten **(Schritt 43)**. Zum Schluss der Runde, beim Abstand mit den zwei Weiden, mit der unteren Weide flechten **(Schritt 44)**, sodass am Ende in jedem Abstand eine Weide ist.

Bei der zweiten Variante werden **„Pärchen“ gebildet**, um mehrere Runden gleichzeitig in einer Runde zu flechten. „Pärchen“ bedeutet, dass in mehreren Abständen zwei Weiden sind.

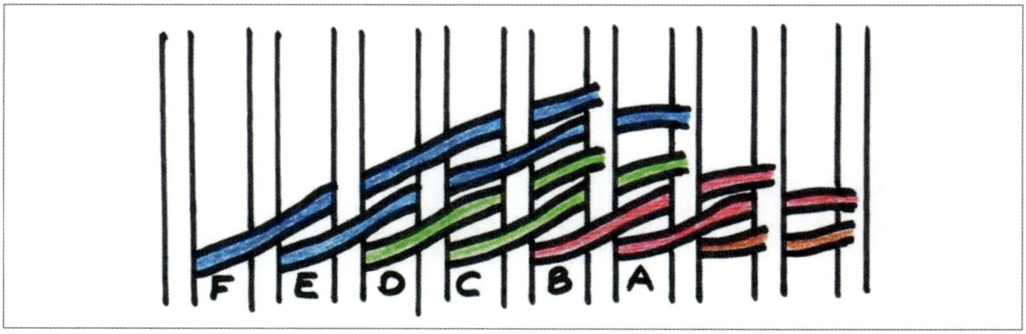

Abbildung: Pärchen bilden

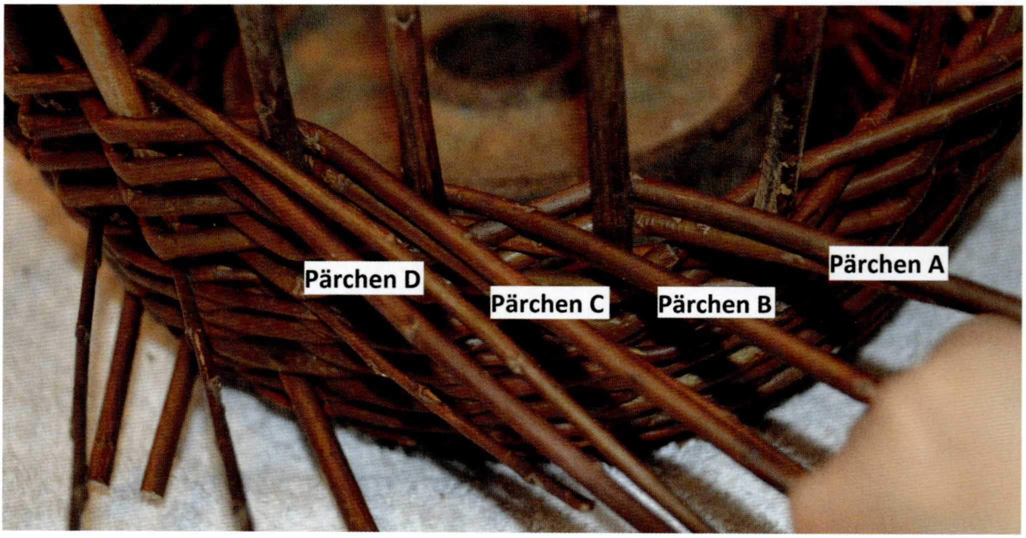

Pärchen auflösen

Nun folgt eine Beschreibung über das **Flechten mit vier Pärchen:** A und B einen Schlag (vor 1 hinter 1). Es sind nun zwei Weiden in einem Abstand. C und D einen Schlag, E und F zwei Schläge (vor 1 hinter 1 vor 1 hinter 1). Diese sind nun im selben Abstand wie C und D (Abb. Pärchen bilden). Mit den restlichen Weiden (also G, H, I etc.) immer zwei Schläge machen. Zum Schluss müssen die vier Pärchen wieder aufgelöst werden, sodass in jedem Abstand eine Weide liegt. Beim Auflösen der Pärchen werden bei den Pärchen A und B jeweils zwei Schläge mit der unteren Weide gemacht. Mit den beiden anderen Weiden von Pärchen A und B einen Schlag flechten. Bei Pärchen C und D jeweils einen Schlag mit der unteren Weide machen **(Pärchen auflösen)**. Jetzt liegt in jedem Abstand eine Weide. Danach werden wieder neue Pärchen gebildet und ausgeflochten, bis die gewünschte Höhe erreicht ist **(Schritt 45)**.

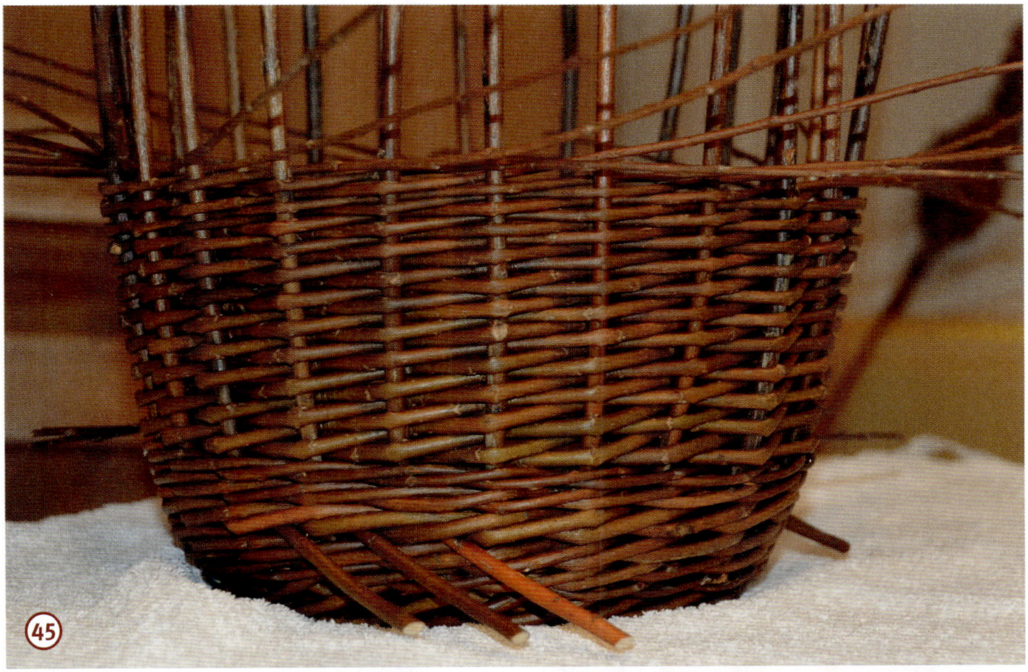

45

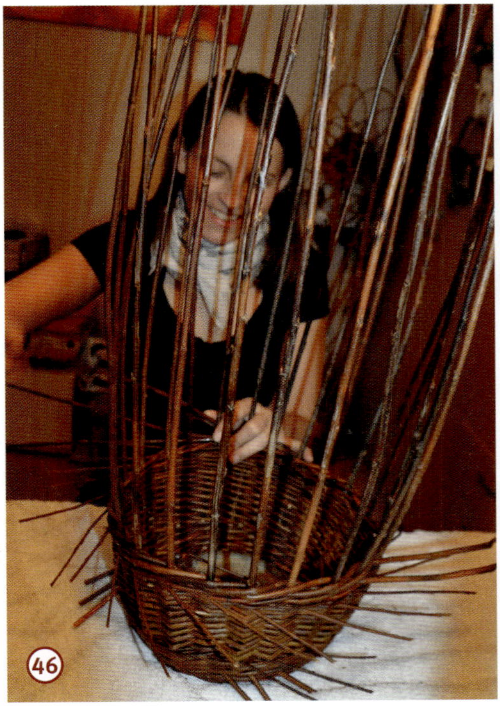

46

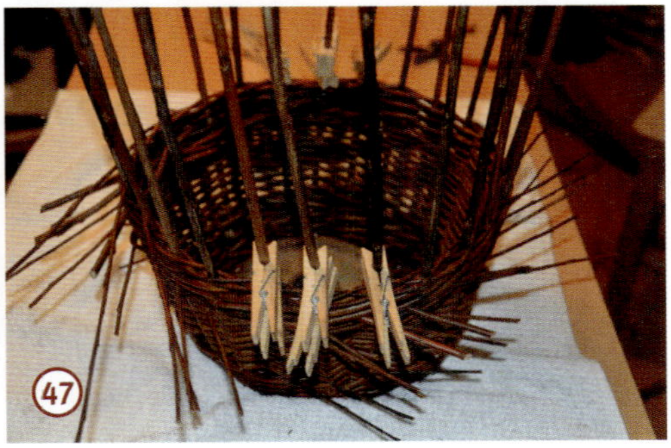

47

Danach den Korb wieder abschlagen.

Im Anschluss folgt wieder eine **3er-Kimme** mit zwölf Weiden wie am Beginn der Wand **(Schritt 46)**. Dabei werden die Staken wieder gleichmäßig eingerichtet und danach der Korb abgeschlagen.

Nun werden die **Grifflöcher** mit Wäscheklammern festgelegt **(Schritt 47)** und wie

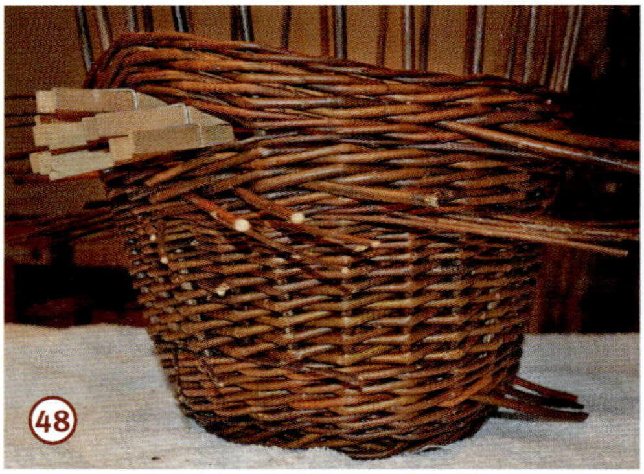

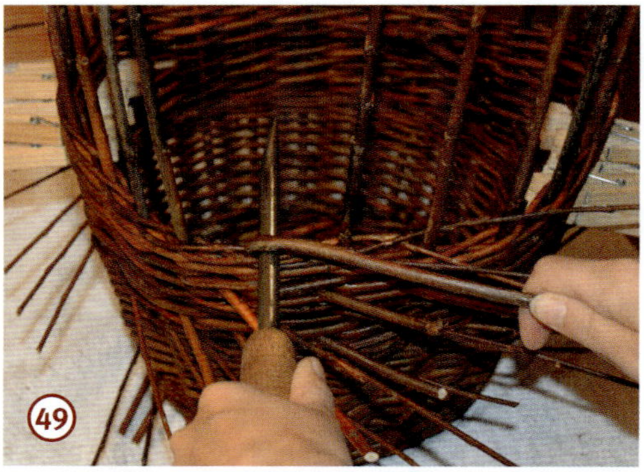

im Kapitel „Das Griffloch“ auf Seite 79 beschrieben, geflochten. Die Kimme über die Grifflöcher mit zwölf 1,40er Weiden flechten und danach abermals abschlagen **(Schritt 48)**.

Der Zuschlag

Nun ist der Korb so gut wie fertig, denn es fehlt nur mehr der letzte Schritt und das ist der **Zuschlag**. Bei diesem Korb ist der Zuschlag „hinter 1 vor 2 hinter 1“ vorgesehen. Am Anfang drei Staken über den Pfriem vorbiegen, damit zum Schluss genügend Platz zum Verflechten der Weiden bleibt **(Schritt 49)**. Danach die drei umgebogenen Staken jeweils „hinter 1“ legen, wobei mit der linken Stake begonnen wird **(Schritt 50)**. Mit der linken liegenden Stake „vor 2 hinter 1“ flechten und die erste stehende Stake rechts dazulegen **(Schritt 51)**. Beim Zuschlag werden immer zwei Schritte

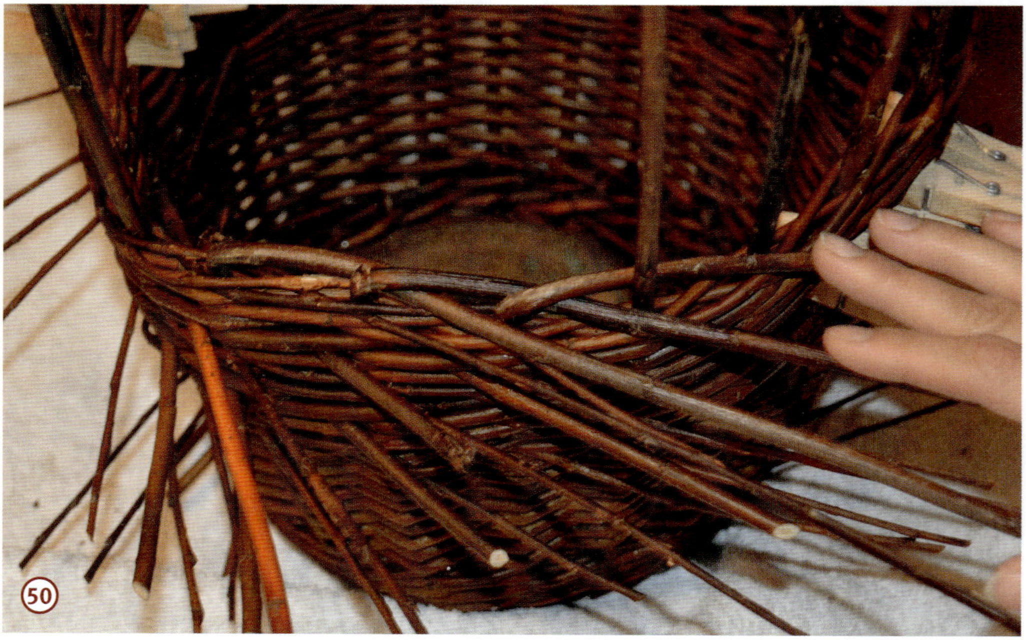

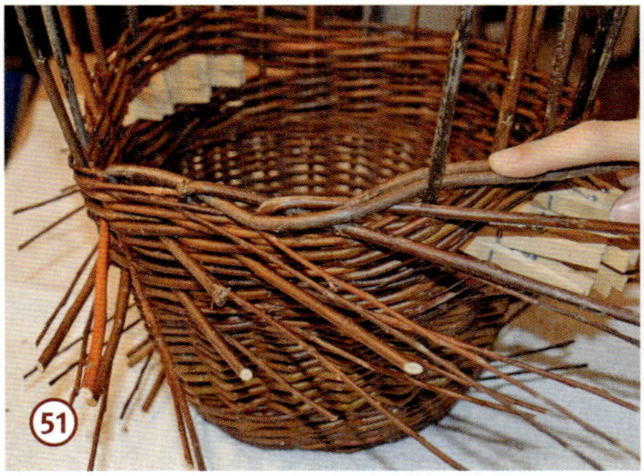

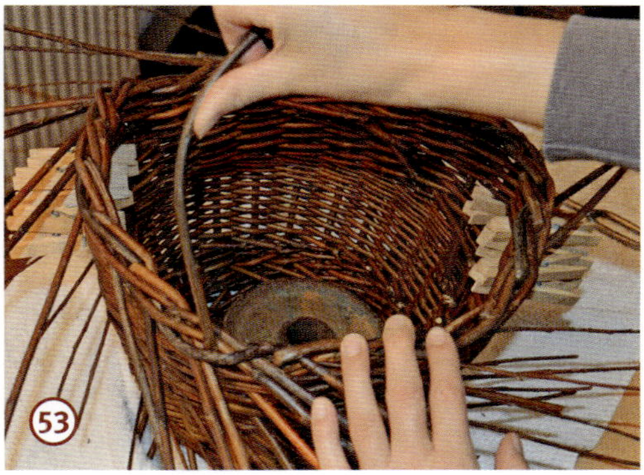

gleichzeitig gemacht. Zuerst wird mit der liegenden Stake der Schritt „vor 2 hinter 1“ und mit der stehenden Stake der Schritt „hinter 1“ gemacht. Diesen Vorgang weiter flechten, wobei zu beachten ist, dass immer die rechte liegende Stake genommen wird, da mit dieser erst der erste Teil geflochten wurde, während die linke Stake bereits fertig ist **(Schritt 52)**.

Zum Schluss müssen die Staken dem Muster entsprechend verflochten werden. Damit die letzten Weiden beim Einfädeln nicht brechen, ist es empfehlenswert, das Geflecht mit einem Pfriem zu weiten und die Weide vorzubiegen. Dabei wird die Weide von dick auf dünn über den Daumen gestreift **(Schritt 53)**. Die liegende Stake und die letzte stehende Stake werden wie

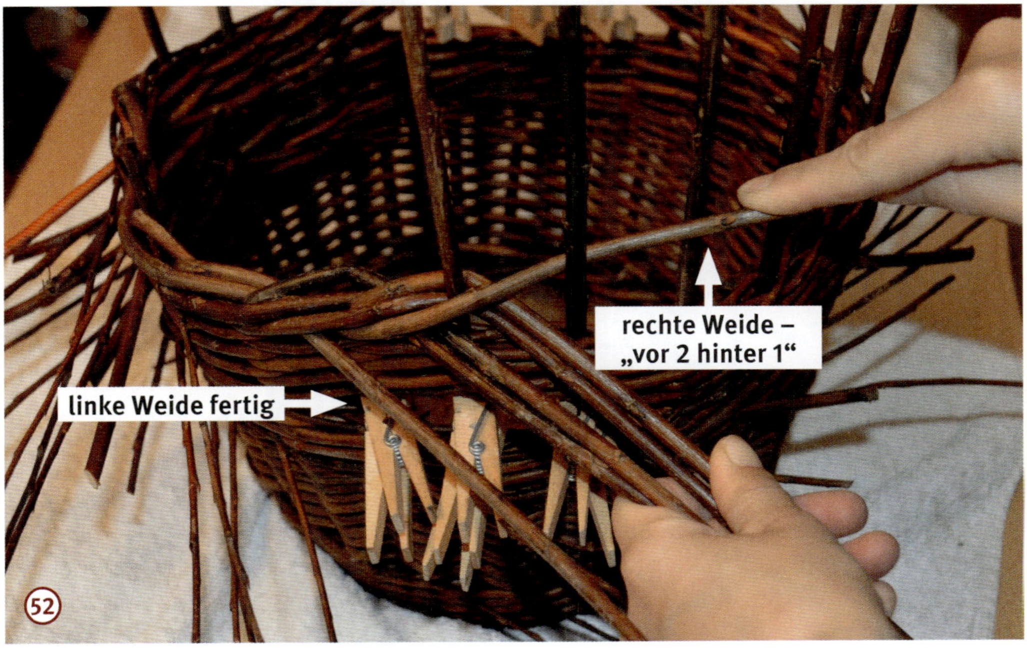

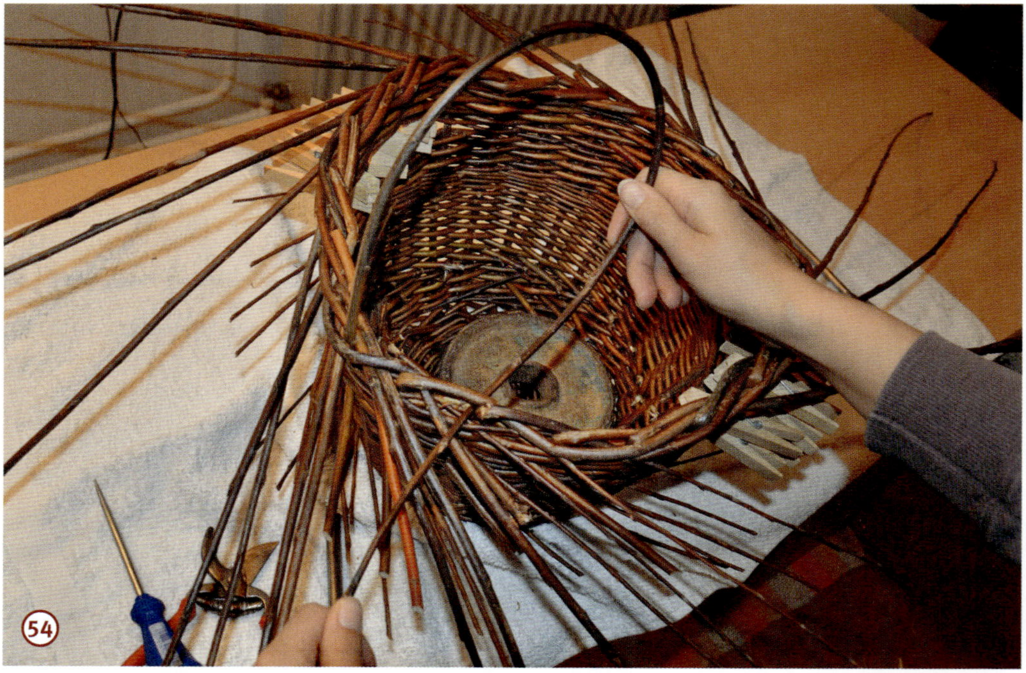

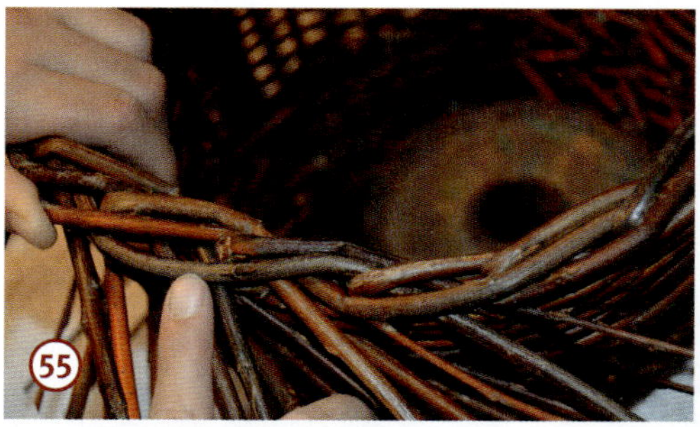

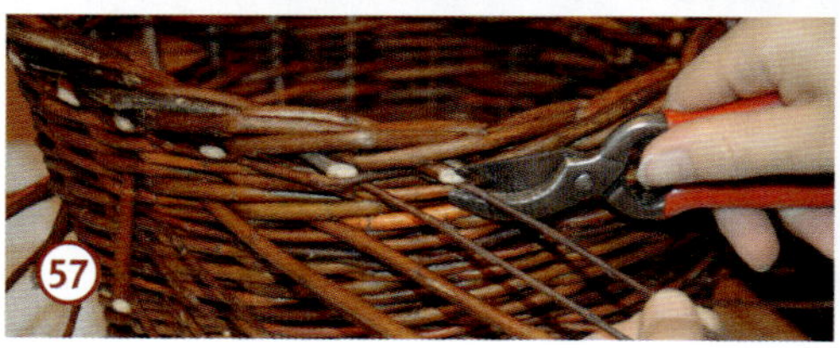

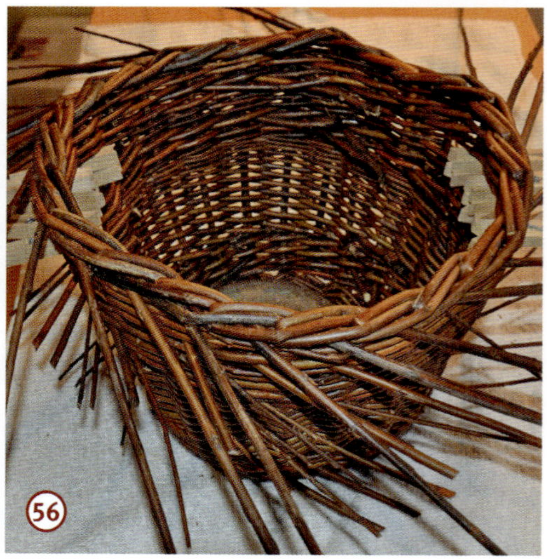

gehabt verflochten, nur diesmal unter der Stake **(Schritt 54)**. Die letzten liegenden Staken ebenfalls vor zwei Staken und unter der nächsten Stake flechten **(Schritt 55)**, sodass zum Schluss bei jedem Abstand eine Stake ist **(Schritt 56)**. Zum Abschluss die Wäscheklammern noch entfernen und den Korb ausputzen, dabei stets über der Stake schräg abschneiden **(Schritt 57)**.

ALLGEMEINE HINWEISE UND TIPPS ZUM KORBFLECHTEN

Korb in Teilabschnitten flechten

Es ist kein Problem **einen Korb in Teilabschnitten zu flechten**. Wichtig dabei ist, dass der Teilabschnitt immer beendet wird, also z. B. nach dem Abschließen des Schichtgeflechts samt Abschlagen des Korbes. Bevor wieder weiter geflochten wird, sollte der Korb noch einmal abgeschlagen werden. Damit die Weide nicht austrocknet, sollte der Korb an einem kühlen Ort, z. B. im Keller, gelagert und mit einem nassen Leintuch umwickelt werden. Im Winter bzw. bei Regen kann der Korb auch im Freien stehen, sofern kein Wind weht, weil dieser die Weide sehr schnell austrocknen lässt. Es empfiehlt sich nicht, den Korb mehr als zwei Tage stehen zu lassen, da die Weide trotz nassem Tuch trocknet und dann beim Zuschlag bricht.

Korbböden können unabhängig vom restlichen Korb im Voraus gemacht werden. Bevor der Boden aufgestakt wird, muss er ungefähr eine Woche ins Wasser gelegt werden, damit das Geflecht bei den weiteren Arbeiten nicht bricht.

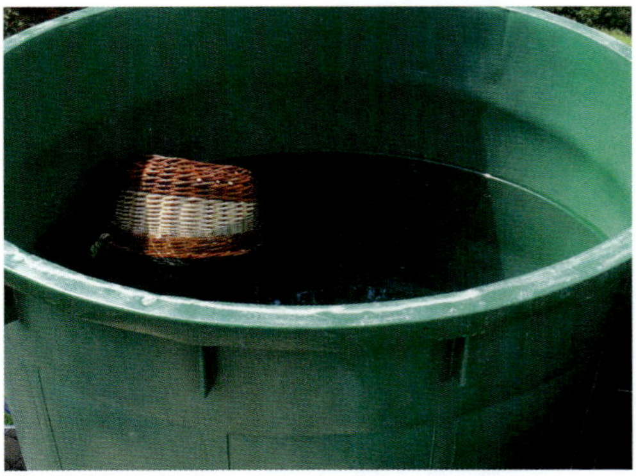

Korb vor dem Weiterflechten einweichen

Die zum Flechten vorbereitete Weide kann auch einige Tage im nassen Tuch samt Plane liegen, sofern sie sehr gut eingewickelt ist. Diese sollte ebenfalls an einem kühlen Ort gelagert werden.

HINWEIS! Weiterflechten am nächsten Tag

Das Weiterflechten am nächsten Tag ist nur bei kühlen Temperaturen möglich. Im Sommer ist es besser, den Korb in einem Stück zu flechten. Diese Empfehlungen gelten nicht für das Flechten mit geschälter Weide.

Flechten mit geschälter Weide

Beim Flechten mit geschälter Weide ist zu beachten, dass die Weide viel schneller austrocknet als ungeschälte Weide. Deshalb muss die Weide regelmäßig mit Wasser besprüht werden. Der Vorteil bei geschälter Weide ist, dass sie gegenüber ungeschälter Weide nur sehr kurz im Wasser liegen muss und Projekte dadurch keine lange Vorbereitungszeit benötigen. Des Weiteren müssen diese Körbe nicht in einem Stück geflochten werden. Während des Flechtens der Wand können die Staken auch trocken sein, da sie keine Biegungen machen. Bevor der Zuschlag gemacht wird, müssen die Staken und der obere Teil des Korbes für etwa zwei Stunden ins Wasser gelegt werden, damit die Staken wieder biegsam werden. Für diesen Vorgang eignet sich sehr gut eine Regentonne.

Wenn die Weide bricht ...

Wenn die Weide beim Aufstaken bricht, wird sie aus dem Geflecht gezogen und

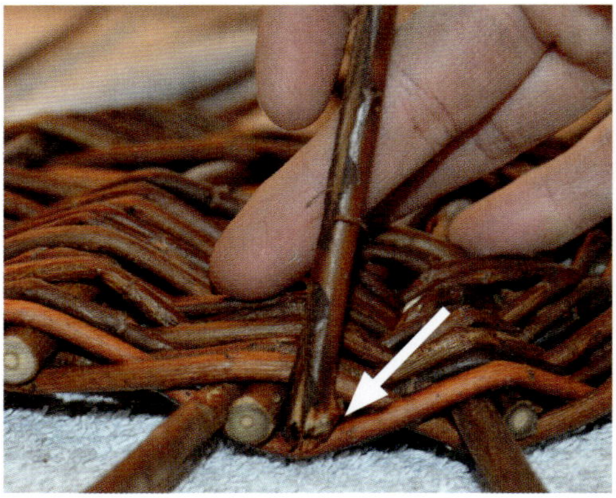
Weidenbruch beim Aufstaken

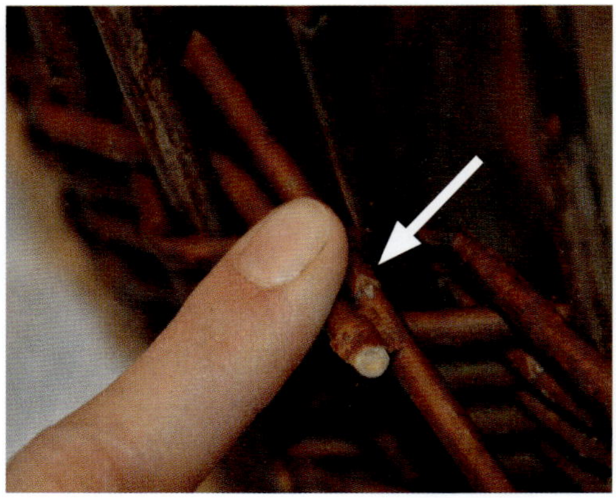
Einflechten der Weide im Schichtgeflecht

an der Bruchstelle abgeschnitten. Danach wird sie wieder abgeschrägt und an derselben Stelle in das Geflecht gesteckt. Abschließend wird sie wieder mithilfe des Pfriems hochgebogen. Sollte die Weide weiterhin brechen, dann ist es besser die Weide ganz auszutauschen, da es wahrscheinlich ist, dass sie auch bei weiteren Flechtschritten Probleme bereiten kann, z. B. beim Zuschlag.

Bei einem Weidenbruch im Schichtgeflecht oder in der Kimme kommt es darauf

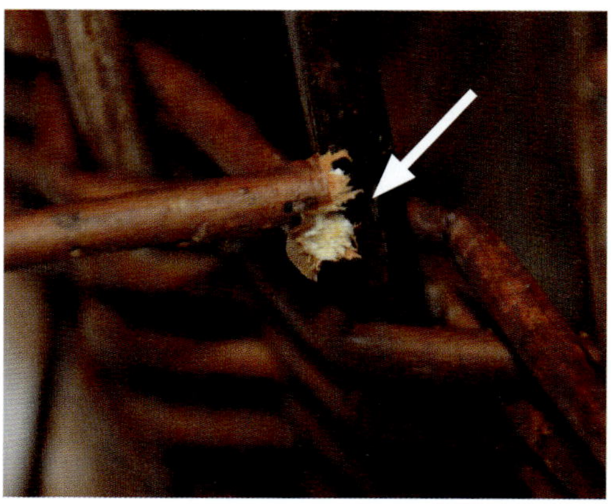
Weidenbruch im Schichtgeflecht

an, wie weit bereits geflochten wurde. Wurde erst mit dem Arbeitsschritt begonnen, ist es zum Teil empfehlenswert, die Weide auszutauschen. Bricht die Weide in der Mitte vom Arbeitsschritt, wird sie bei der Bruchstelle abgeschnitten. Ist die restliche Weide in Ordnung, kann mit diesem Teil weitergeflochten werden. Weist sie aber weitere Schwachstellen auf, dann ist es empfehlenswert, eine neue Weide zu nehmen und auf die Länge der anderen Weiden zu kürzen. Beim Weiterflechten wird die Weide, wie bei der Verlängerung der Kimme, rechts in denselben Abstand dazugelegt und weiter geflochten.

Bricht eine Stake beim Zuschlag bzw. bricht die Rinde beim Umbiegen der Stake, wird sie ganz nahe am Geflecht abgeschnitten **(Schritt A)** und nach der Bruchstelle wieder angespitzt. Mithilfe eines Pfriems wird das Geflecht links von dieser Stake geweitet **(Schritt B)** und die angespitzte Stake eingesteckt **(Schritt C)**. Sollte die Stake weitere Bruchstellen aufweisen, ist es besser eine neue Weide zu nehmen und auf die passende Länge zu kürzen.

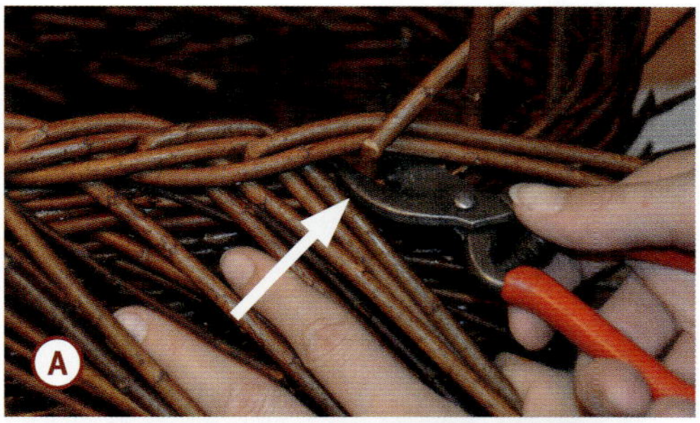
A

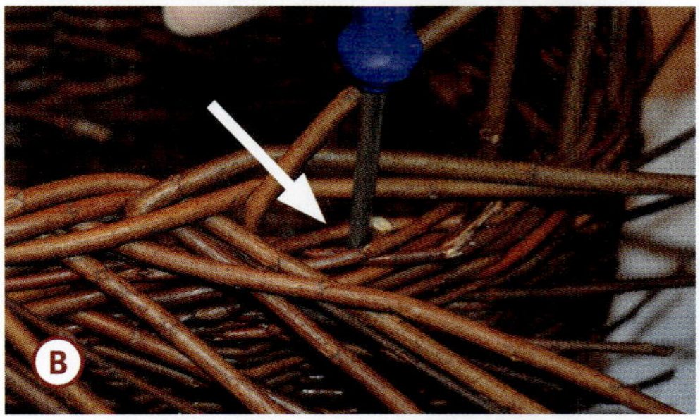
B

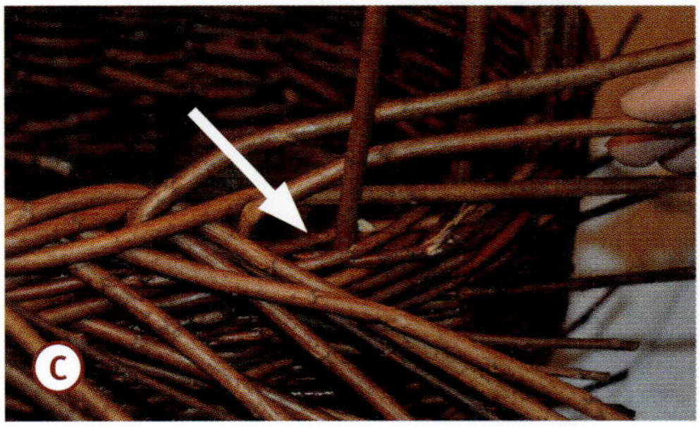
C

Boden und Bodenkimme

Eine nach der Anleitung in diesem Buch hergestellte **Bodenkimme (oder Fuß) kann ausgewechselt werden**, wenn eine Abnutzung vorliegt **(Schritt 1)**. Bei vielen Körben wird die Bodenkimme mit den Staken geflochten und kann deshalb nicht erneuert werden.

Um die neue Bodenkimme bzw. den Fuß einzusetzen, wird die/der alte aus dem Boden entfernt **(Schritt 2)**. Danach wird der Korbboden für ein paar Tage ins Wasser gestellt, damit beim Einflechten das Geflecht nicht bricht. Die Bodenkimme bzw. der Fuß wird anschließend wie gehabt auf den Korbboden geflochten **(Schritt 3)**.

Damit sich der **Boden** leichter wölben lässt, ist schon beim Anschneiden der Bodenlagen auf die natürliche Biegung zu achten bzw. sollte das Bodenkreuz während des Flechtens immer gebogen werden. Bei meiner Ausbildung in Tirol habe ich gelernt, dass zu Beginn des Bodens zwei angeschalmte dicke Weidenenden eingelegt werden sollen. Da dies am Anfang schwie-

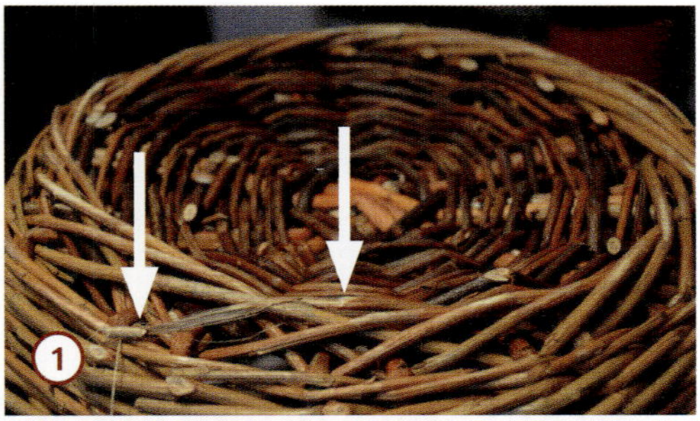
1

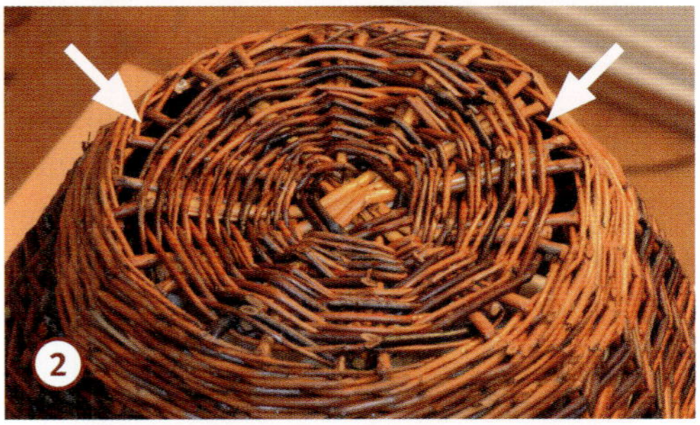
2

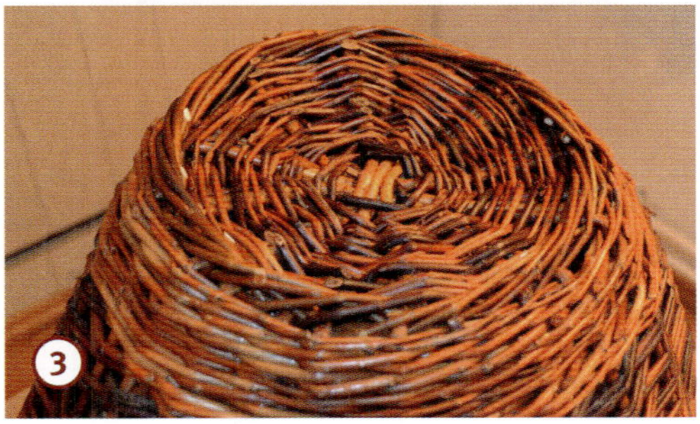
3

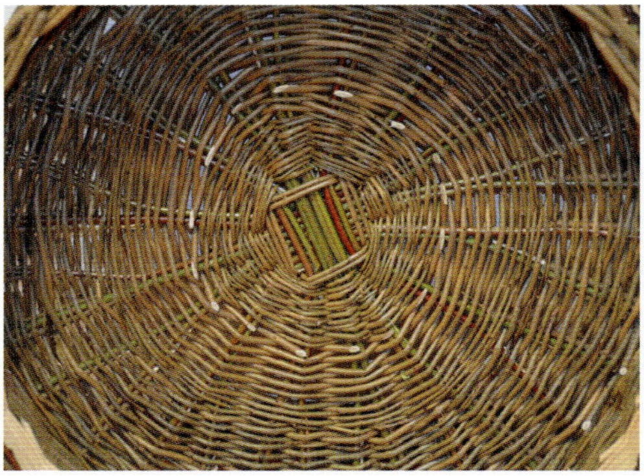

Großer Boden mit zusätzlichen Bodenlagen

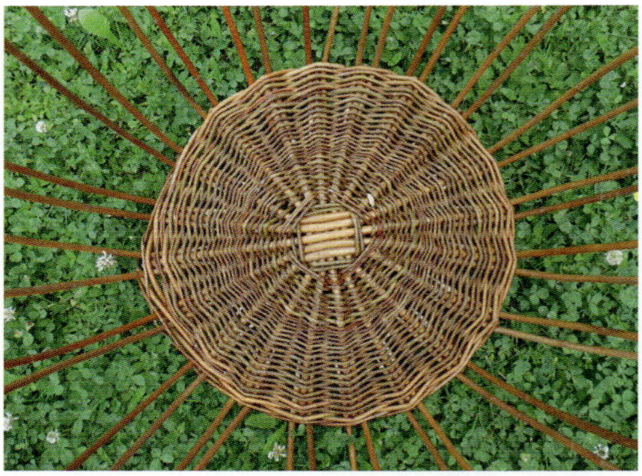

Boden mit Schichtgeflecht

rig ist bzw. da es mit Spitzen zum Teil auch schöner wirkt, wird in der Beschreibung mit den Weidenspitzen gestartet. Des Weiteren ist es bei größeren Körben möglich, zusätzliche Bodenlagen beizeiten dazuzustecken oder erst nach einiger Zeit aufzubrechen. Ebenso ist es möglich, beim Boden ein Schichtgeflecht zu machen, anstatt ihn zur Gänze zu fitzen. Beim Schichtgeflecht am Boden werden die Weidenspitzen in das Geflecht gesteckt und es wird „auf dick“ (dickes Weidenende) ausgeflochten. Im Anschluss wird wieder gefitzt, bevor der Boden aufgestakt wird.

WEITERE PROJEKTE UND INSPIRATION

Verschiedene Zuschläge

Der Zuschlag hat die wichtige Aufgabe den Korb abzuschließen. Beim kleinen runden Korb wurde der gängige Zuschlag „hinter 1 vor 2 hinter 1“ geflochten. Damit die verschiedenen Varianten eines Zuschlags verständlicher sind, gibt es vorab eine genaue **Erklärung der Teilabschnitte.**

Beim **ersten Teil** wird die Weide umgebogen und hinter der anderen Stake nach vorne gelegt. Am häufigsten wird „hin-

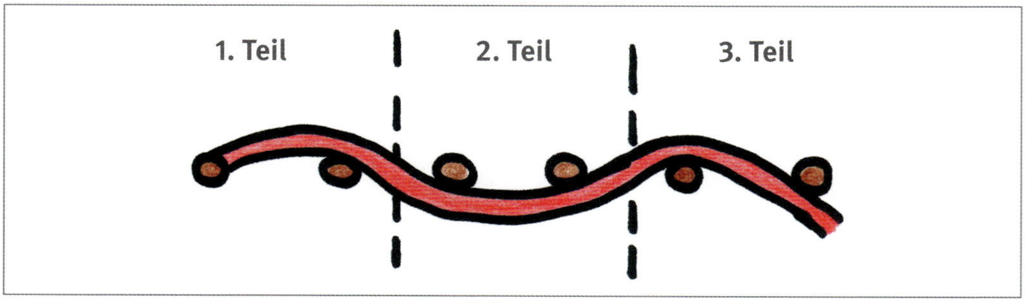

Abbildung: Zuschlag „hinter 1 vor 2 hinter 1“

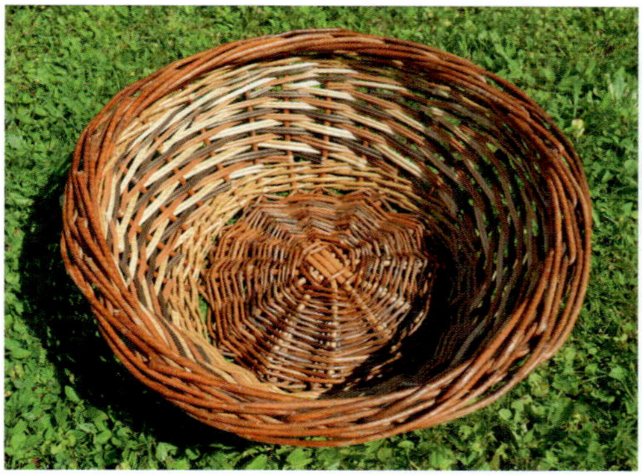

Breiter Zuschlag

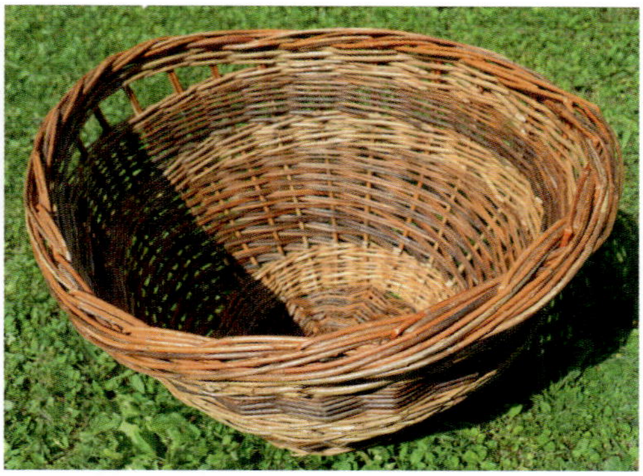

Zuschlag mit zusätzlichen Weiden

ter 1" geflochten. Das bedeutet, dass die umgebogene Weide hinter einer bzw. der nächsten Stake nach vorne gelegt wird. Würde die umgebogene Weide hinter zwei oder drei Staken gelegt werden, würde der Rand umso breiter nach innen sein.

Beim **zweiten Teil** „vor 2" wird die Weide vor zwei Staken nach innen gelegt. Dieser Teil bestimmt die Breite des Randes nach außen. Es ist auch möglich, vor drei oder vier Weiden zu legen, dadurch bekommt der Korb einen breiteren Rand nach außen.

Beim **dritten Teil** „hinter 1" wird die Weide hinter einer Stake nach vorne gelegt. Das ist für die Fixierung der Weide wichtig, sodass sie nicht aus dem Geflecht rutscht.

Der **dünnste Zuschlag** ist „hinter 1 vor 1 hinter 1". Dieser Zuschlag ist gleich dick wie die Wand. Ein schöner, **breiter Zuschlag** ist „hinter 2 vor 3 hinter 1", da er sowohl nach innen als auch nach außen verbreitert ist. Eine weitere Art eines breiten Zuschlags entsteht, wenn zu jeder Stake eine zusätzliche Weide gesteckt wird und statt einer Weide immer mit zwei Weiden gleichzeitig geflochten wird. Es ist auch möglich, einen **Zuschlag, der nach innen endet**, zu machen, wie z. B. „vor 1 hinter 2 vor 1". Das ist z. B. wichtig, damit der Korb beim Deckel mit Innenrand nicht abgenützt wird oder aus optischen Gründen, wenn die abgeschnittenen Weiden nicht nach außen hin sichtbar sein sollen.

Der Zopfrand

Ein weiterer Zuschlag, der etwas schwieriger zu flechten ist, ist der **Zopfrand**. Da der Beginn und das Ende am schwierigsten sind, werden schon am Anfang einige

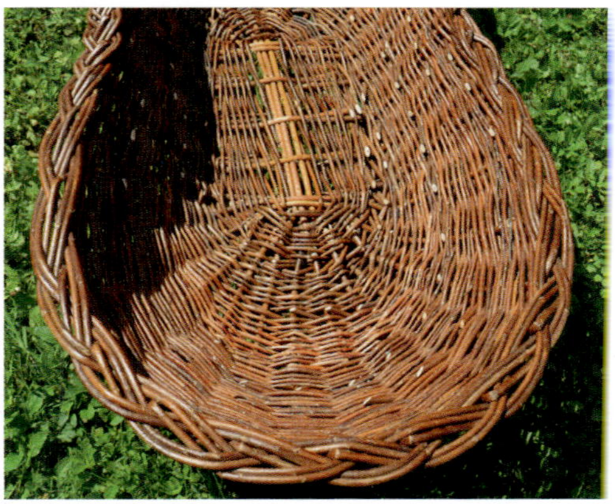

Zopfrand

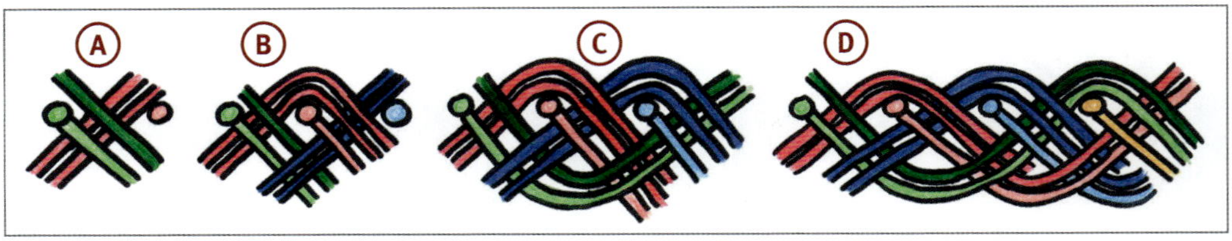

Abbildung: Beginn des Zopfrandes

„Scheinweiden" als Platzhalter dazugelegt. Außerdem sind sie wichtig, damit genügend Platz für die letzten Weiden bleibt.

Bei einem Zopfrand wird folgendermaßen begonnen: Stake hellgrün umbiegen und Scheinweide dunkelgrün dazulegen, zwei Scheinweiden dunkelrot unter GRÜN nach innen legen **(A)**. Zwei Scheinweiden dunkelblau über GRÜN nach der Stake hellrot nach innen legen, Stake hellrot umbiegen und Scheinweiden rot dazulegen **(B)**. Die rechte Scheinweide rot ist nun fertig. Stake und Scheinweide grün nach der Stake hellblau nach innen legen, Stake hellblau umbiegen und Scheinweiden dunkelblau dazulegen **(C)**. Stake und die linke Scheinweide rot nach Stake hellbraun nach innen legen sowie Stake hellgrün und Scheinweide dunkelgrün zu Stake hellbraun dazulegen. Die Scheinweide dunkelgrün ist fertig **(D)**.

Jeder Schritt besteht immer aus folgenden Schritten: zwei Weiden nach innen legen und die Stake umbiegen sowie zwei Weiden in demselben Abstand nach vorne legen. Dabei ist immer die rechte Weide und nicht wie bei den anderen Zuschlägen die linke Weide mit diesem Vorgang fertig und kann zum Schluss abgeschnitten werden. Abschließend werden die Weiden nach dem Muster verflochten, wobei vorab immer die dazugehörige Scheinweide entfernt wird.

Verschiedene Schichtgeflechte

Das einfachste und das am häufigsten geflochtene Schichtgeflecht ist das **einfache französische Schichtgeflecht „vor 1 hinter 1"**, welches beim runden Korb beschrieben ist. Es gibt auch noch viele andere Varianten.

Eine schöne Alternative ist das **doppelte französische Schichtgeflecht**. Dabei werden statt einer Weide immer zwei Weiden eingelegt. Die Flechttechnik ist die gleiche wie beim einfachen. Bei dieser Technik ist es wichtig, dass die Staken gut dimensioniert sind bzw. auch gut gehalten werden, da sich der Korb sonst leicht verformen kann.

Sowohl das einfache als auch das doppelte französische Seitengeflecht ist als **Zickzackgeflecht** machbar. Dabei wird bei jeder Stake umgedreht. Dafür sind sehr biegsame Weiden notwendig, da sie um die Stake gewickelt werden müssen. Bei dieser Schichtart müssen die Staken gut dimensioniert sein, da sich der Korb sonst verformen kann.

Eine weitere Variante, die sowohl mit dem einfachen als auch mit dem doppelten französischen Geflecht möglich ist, ist das

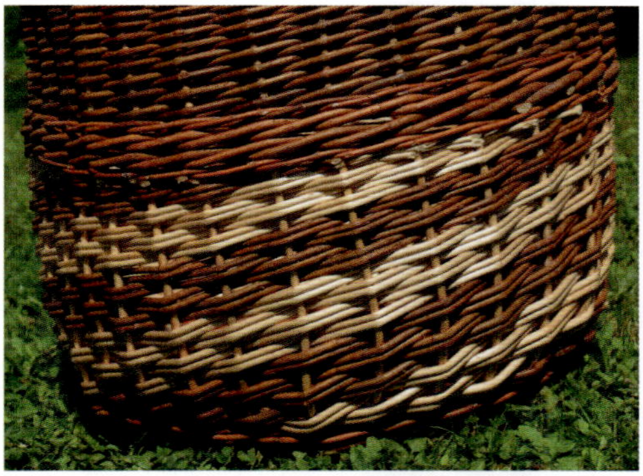

Doppeltes französisches Schichtgeflecht

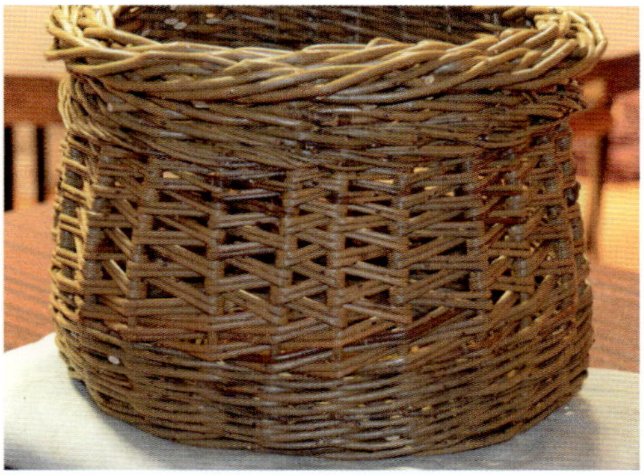

Zickzackgeflecht

Kimmgeflecht. Dabei wird nicht wie gewohnt „vor 1 hinter 1“ geflochten, sondern „vor 2 hinter 1“.

Ebenso können mit **Abständen** schöne Wandakzente gesetzt werden. Um einen gleichmäßigen Abstand bei einem Korb zu bekommen, ist beim Abschlagen Vorsicht geboten. Als Hilfsmittel, damit sich der Abstand nicht verändert, können Wäscheklammern oder ein Stück Holz genommen werden. Die Abstände können freigelassen oder mit einem Band gestaltet werden. Des Weiteren können die Staken verkreuzt werden. Flechttechnisch ist bei den Abständen zu beachten, dass die Kimmen vor und nach dem Abstand vernäht werden müssen. Beispielfotos befinden sich auf Seite 100.

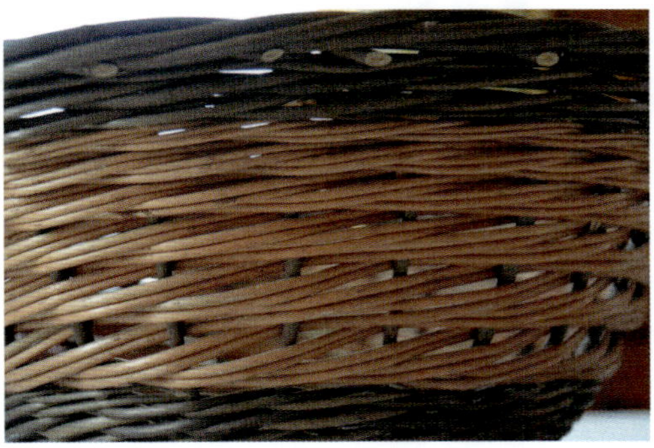

Doppeltes Kimmgeflecht

Des Weiteren können **Farbakzente** gesetzt werden, indem mit Weiden unterschiedlicher Rindenfarbe bzw. mit geschälter und ungeschälter Weide geflochten wird.

Es ist auch möglich, ein **kleines Schichtgeflecht** zu machen, dabei werden nicht bei jedem Abstand Weiden eingelegt, sondern nur die Hälfte oder zwei Drittel der Weiden. Wichtig ist, dass das Muster beibehalten wird und nicht zwei Weiden hintereinander den gleichen Schlag machen.

Verschiedene Korbformen

Damit ein Korb eine spezielle Form erhält, z. B. ein bauchiger Blumenkorb, wird der Korb **durchgehend gekimmt** ohne Schichtgeflecht dazwischen. Das bedeutet, dass eine Kimme über der nächsten Kimme geflochten wird und bei jedem Schlag die Staken nach außen oder nach innen gedrückt werden. Wichtig ist, dass die nächste Kimme an einer anderen Stelle begonnen wird als die vorherige, da sonst der Korb ungleichmäßig hoch wird.

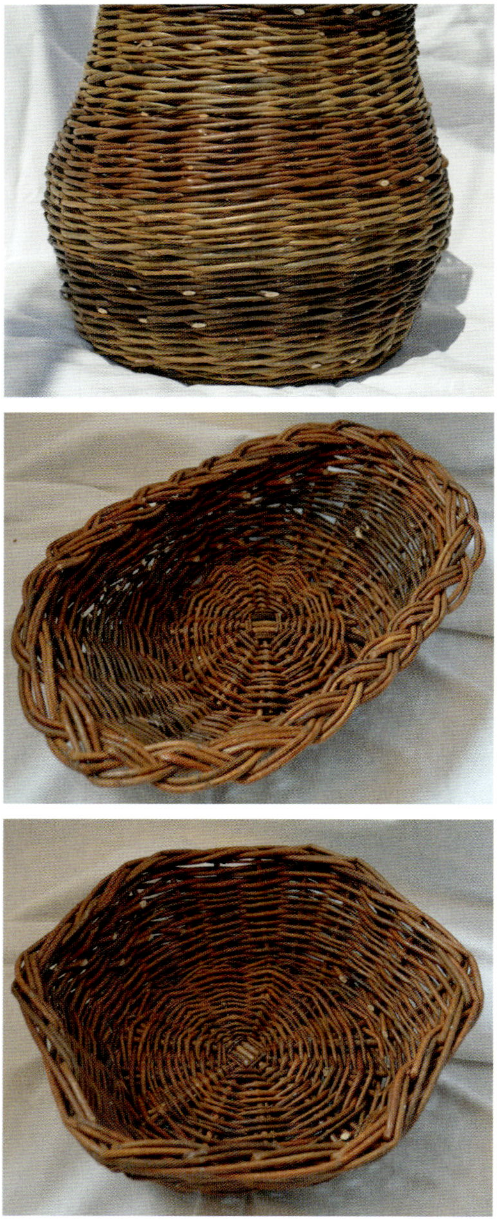

Verschiedene Korbformen

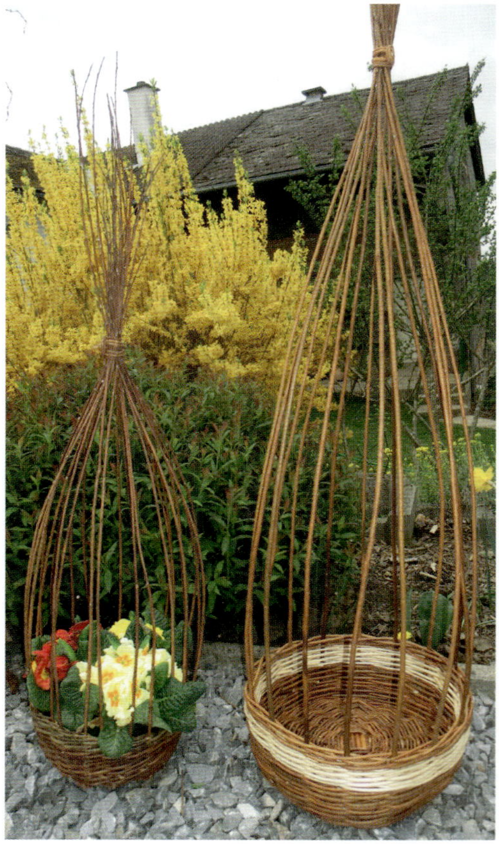

Des Weiteren ist es möglich, einen **ovalen oder eckigen Korb auf Basis eines runden Bodens** zu machen. Dabei wird der Grundstein für die Form bei der ersten Kimme gelegt. Damit der obere Teil des Korbes oval bzw. eckig wird, müssen erstens die Staken der Form entsprechend zusammengebunden und zweitens die Staken bei jedem Schlag in die gewünschte Richtung gedrückt werden. Dieser Korb eignet sich sehr gut als Obst- bzw. Brotkorb.

Eine wunderschöne Variante für einen runden Korb ist der **Blumenkorb**. Dabei wird wie bei einem normalen Korb bis zur letzten Kimme vor dem Zuschlag geflochten. Bei der letzten Kimme werden die Weidenspitzen im Geflecht vernäht

(Schritt 1). Danach werden die Staken mit dem **Japanischen Auge** an der Spitze zusammengebunden. Dafür wird eine 1,40er Weide mit dem Daumen vorgebogen und ein Platzhalter zu den Staken dazugelegt **(Schritt 2)**. Die vorgebogene Weide durch die Weiden mit dem dicken Ende nach vorne stecken **(Schritt 3)**. Die Weide einmal rechts **(Schritt 4)** und einmal links fest um dieses Weidenende flechten **(Schritt 5)**. Dabei darf sich die Weide auf der Rückseite nicht überkreuzen. Damit das Japanische Auge gut hält, sollten mindestens drei Runden geflochten werden **(Schritt 6)**. Abschließend, wenn die Weidenspitze nur mehr 10 cm lang ist, den Platzhalter entfernen und die Weidenspitze an dieser Stelle durch das Geflecht ziehen **(Schritt 7)**. Wenn der Korb etwas getrocknet ist, kann das dicke Ende des Japanischen Auges am Geflecht abgeschnitten werden.

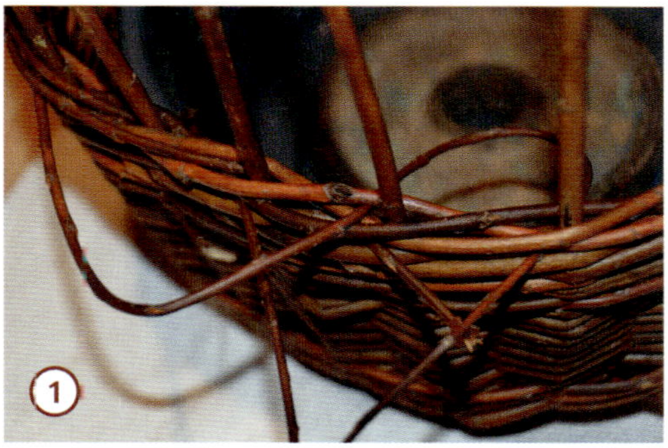

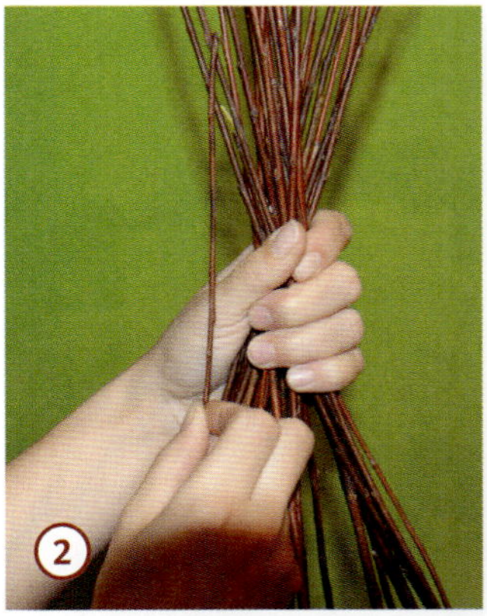

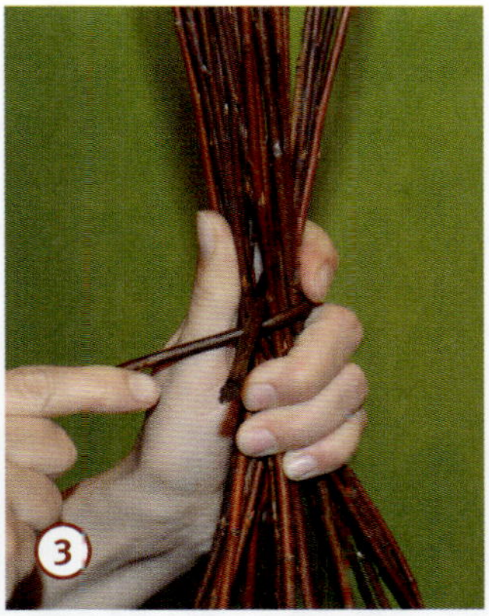

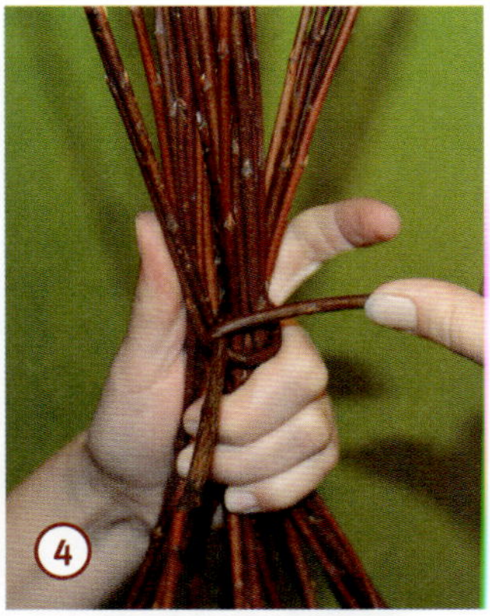

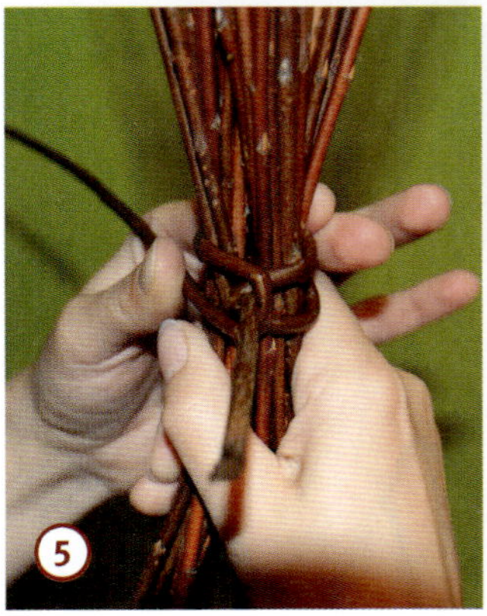

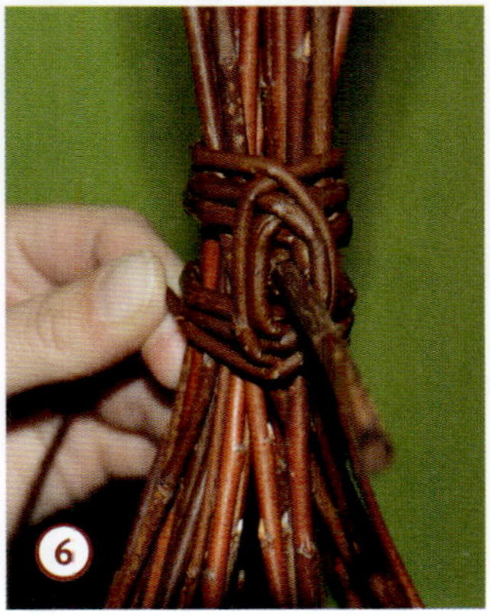

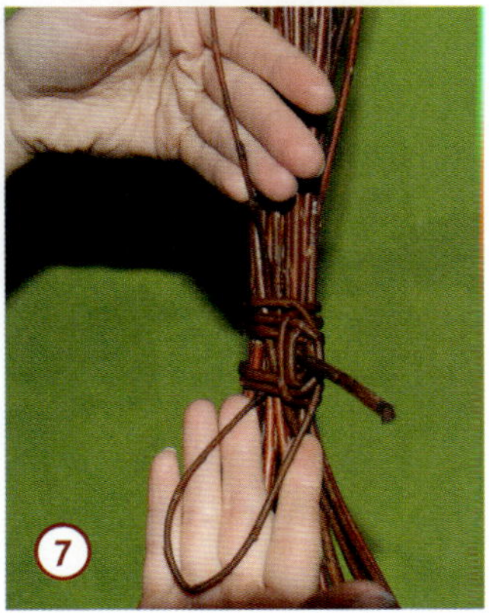

ABDECKUNGEN UND HALTEMÖGLICHKEITEN

Wie sprichwörtlich jeder Topf seinen Deckel hat, gibt es auch für jeden Korb eine passende Abdeckung bzw. einen passenden Griff. In diesem Kapitel beschreibe ich einige Varianten von Abdeckungen und Haltemöglichkeiten von Körben. Diese dienen einerseits der Optik und andererseits der Nutzungsmöglichkeit im Alltag. Schließlich sind Körbe nicht nur dazu da, um herumzustehen, sondern auch um genutzt zu werden. Beispielsweise um Dinge zu transportieren oder Haushaltsarbeiten zu verrichten (Wäschekorb, Einkaufskorb).

Bei den Abdeckungen werden zwei Varianten erklärt, die sowohl für runde als auch für ovale Körbe möglich sind. Deckel können einerseits mit einem Innenrand und andererseits mit einem Außenrand geflochten werden.

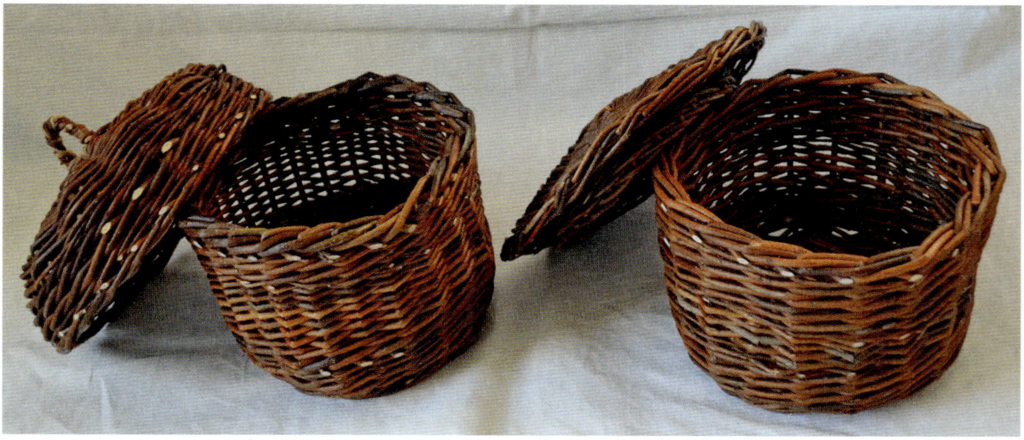

Deckel für runde Körbe

DER DECKEL MIT INNENRAND

MATERIAL

Für einen Deckel mit einem Durchmesser von rund 25 cm wird folgendes Material benötigt:

- 6 Bodenlagen mit 30 cm
- 20 Stück 1,20er Weiden
- 4 Stück 1,40er Weiden für die letzte Runde des Deckels
- abgeschnittene Staken des Korbes für den Zuschlag vom Innenrand bzw. für den seitlichen Zuschlag, ansonsten zusätzlich 24 Stück 1er bzw. 1,20er Weiden

Der Deckel wird **wie ein runder Boden** gemacht. Dazu ein Bodenkreuz aus sechs Bodenlagen herstellen und so lange fitzen, bis noch rund 1 cm bis zum Korbinnenrand bleibt **(Schritt 1)**. Den Deckel nun auf der Unterseite, links und rechts von der Bodenlage, aufstaken **(Schritt 2)**. Am besten eignen sich hierfür die abgeschnittenen Staken des Korbes, da sie nicht allzu lang und dick sein müssen. Anschließend eine Kimme aus sechs Weiden flechten **(Schritt 3)**. Dabei die Staken ein bisschen nach innen drücken, da sonst der Deckel zu klein wird.

Bei größeren Körben weitere Kimmen flechten, bis die gewünschte Höhe erreicht ist. Bei dieser Korbgröße wird gleich der Zuschlag „vor 1 hinter 1 vor 1“ gemacht **(Schritt 4)**. Dieser schmale Zuschlag wird

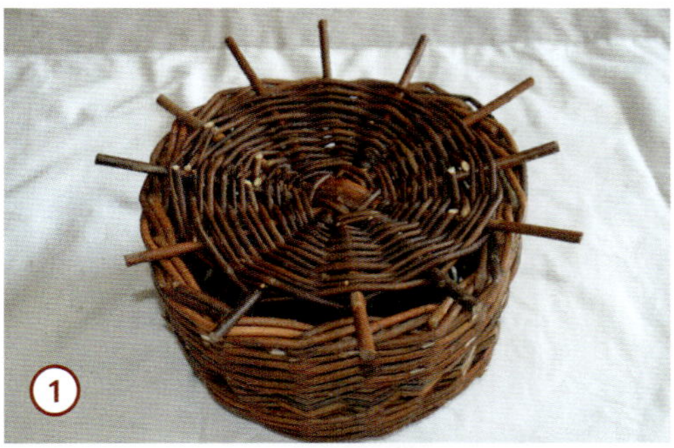

1

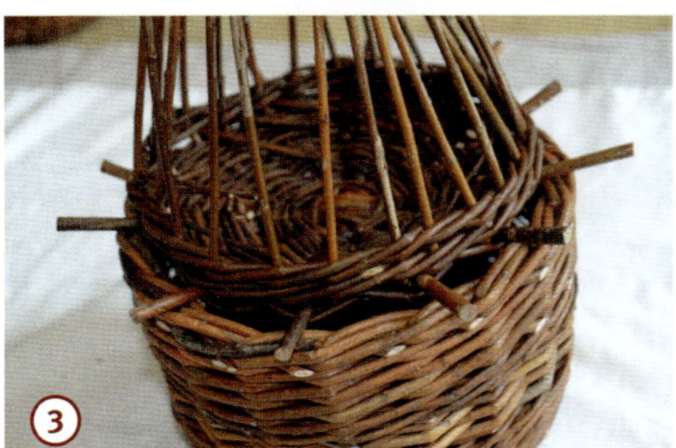

3

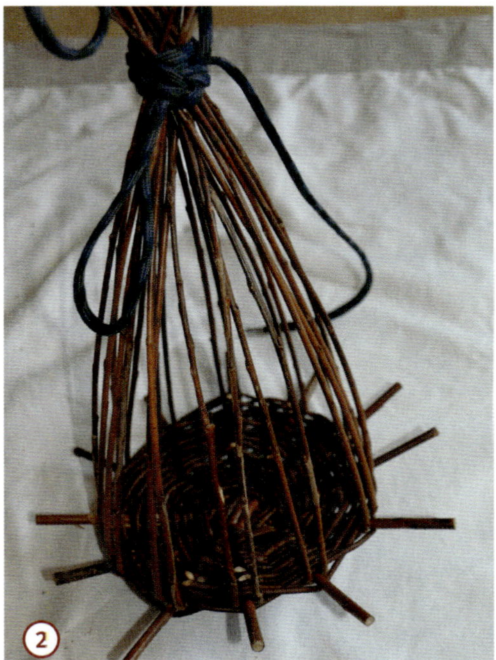

2

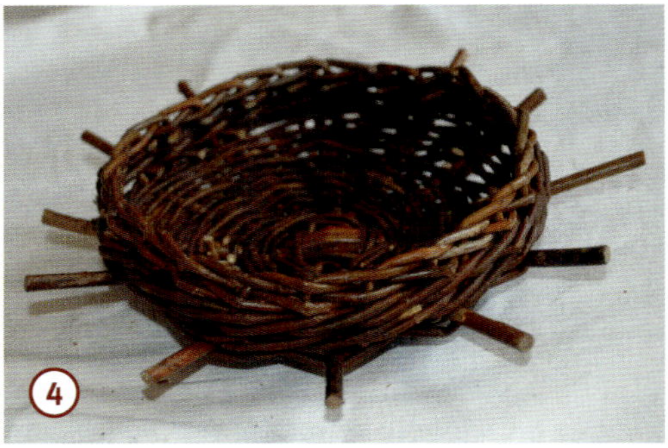

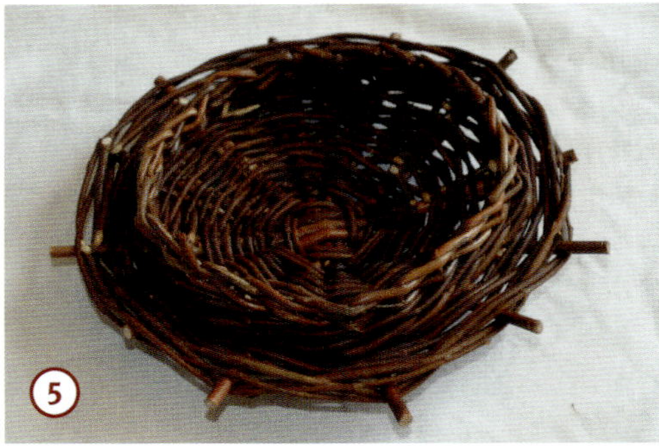

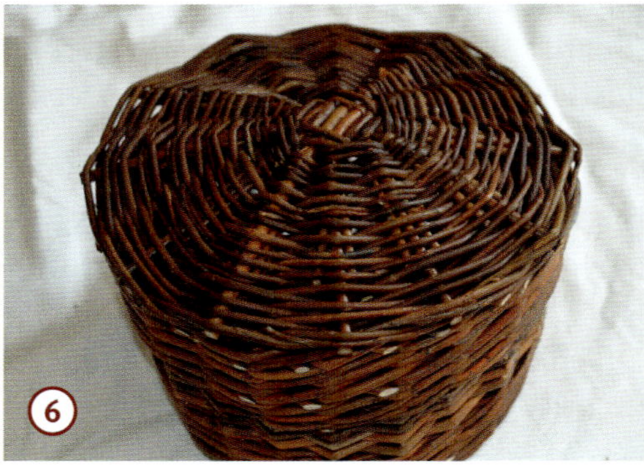

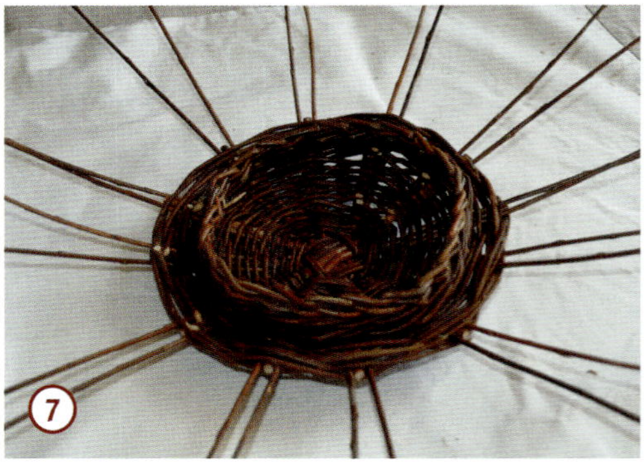

nach innen gemacht, damit die abgeschnittenen Staken nicht auf der Korbinnenseite scheuern. Daher ist der erste Schlag auch „vor 1“ und nicht wie gewohnt „hinter 1“. Den Deckel ausputzen und die Staken auf die Seite legen.

Den restlichen Teil des Deckels fitzen und zum Schluss die Weidenspitzen im Geflecht vernähen **(Schritt 5)**. Nun gibt es zwei Varianten den Deckel abzuschließen. Bei der ersten Variante bleiben die Bodenlagen seitlich stehen bzw. werden direkt am Geflecht abgeschnitten **(Schritt 6)**. Bei der zweiten Variante werden die Bodenlagen seitlich mit einem Zuschlag überflochten. Dazu die abgeschnittenen Staken vom Innenrand links und rechts von der Bodenlage einstecken **(Schritt 7)**. Anschließend einen seitlichen Zuschlag „hinter 1 vor 2 hinter 1“ flechten und die überstehenden Weiden abschneiden **(Schritt 8)**.

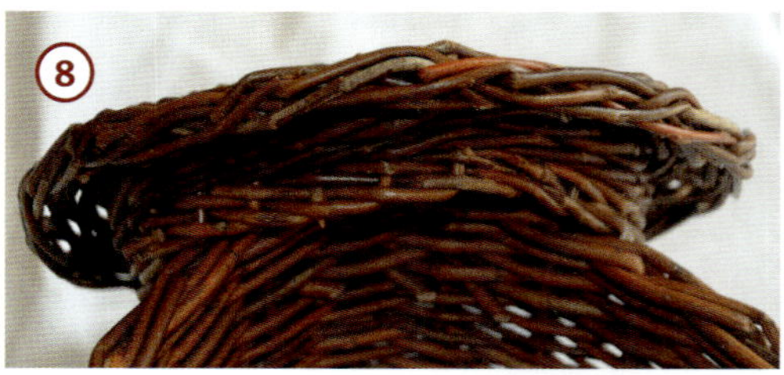

DER DECKEL MIT AUSSENRAND UND GRIFF

MATERIAL

Für einen Deckel mit einem Durchmesser von rund 25 cm wird folgendes Material benötigt:

- 6 Bodenlagen mit 30 cm
- 36 Stück 1,20er Weiden
- 8 Stück 1,40er Weiden:
  - 1 Stück für den Griff
  - 4 Stück für die letzte Runde des Deckels
- abgeschnittene Staken des Korbes für den Außenrand, ansonsten zusätzlich 24 Stück 1er bzw. 1,20er Weiden

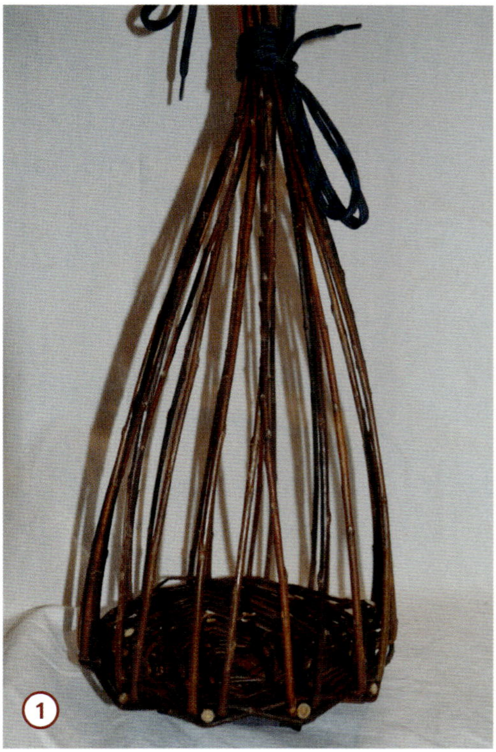

1

Dieser Deckel wird ebenfalls **wie ein runder Boden** mit sechs Bodenlagen geflochten. Da bei diesem Deckel ein Außenrand gemacht wird, wird bis rund 1,5 cm über den Korbrand gefitzt und die Weidenspitze im Geflecht vernäht. Den Deckel auf die Unterseite drehen und links und rechts von der Bodenlage aufstaken **(Schritt 1)**. Bei dieser Deckelgröße empfiehlt es sich, eine Kimme aus zwölf Weiden zu flechten, dabei dürfen die Staken NICHT nach innen gedrückt werden. Damit die Bodenlagen seitlich abgedeckt werden, wird die Kimme gut nach unten gedrückt. Bei einem höheren Deckelrand können ein Schichtgeflecht oder weitere Kimmen geflochten werden. Den Deckel während des Flechtens immer am Korb messen, damit er nicht zu eng bzw. zu weit wird **(Schritt 2)**. Bei passender Höhe einen Zuschlag „hinter 1 vor 2 hin-

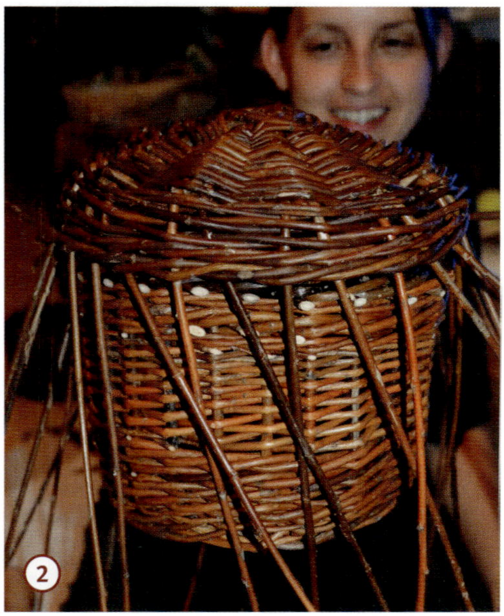

2

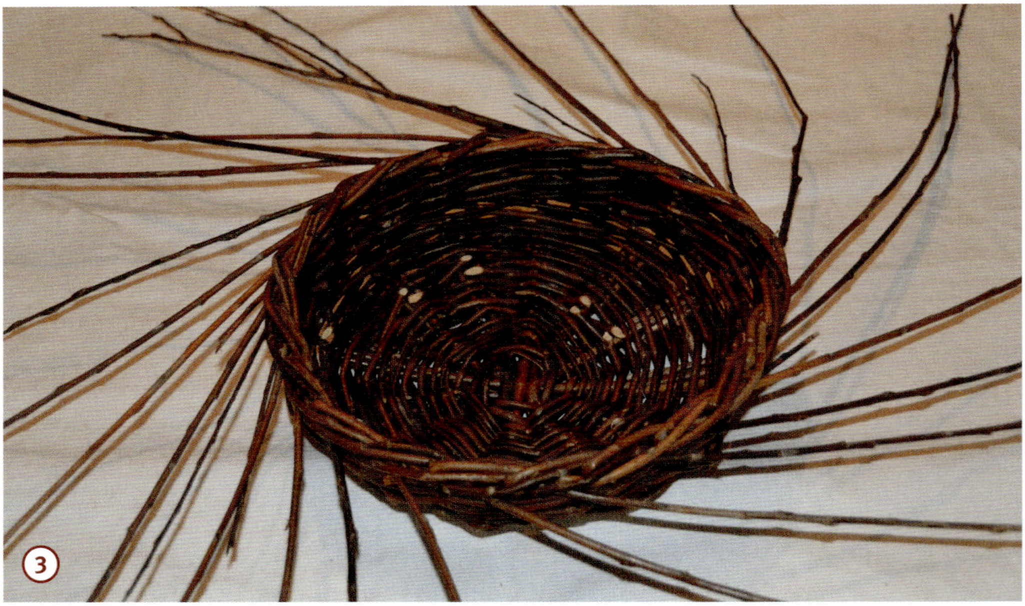
3

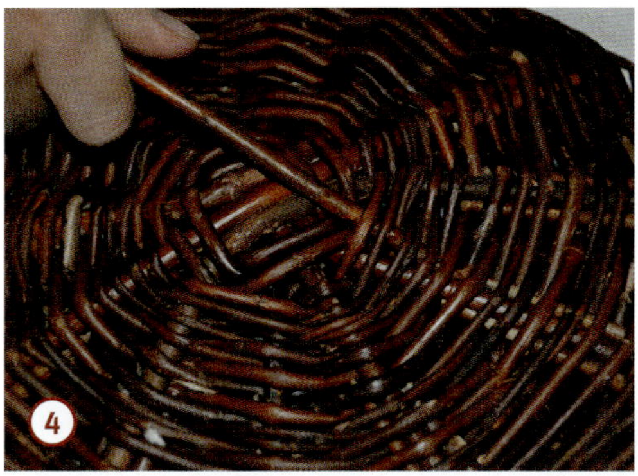
4

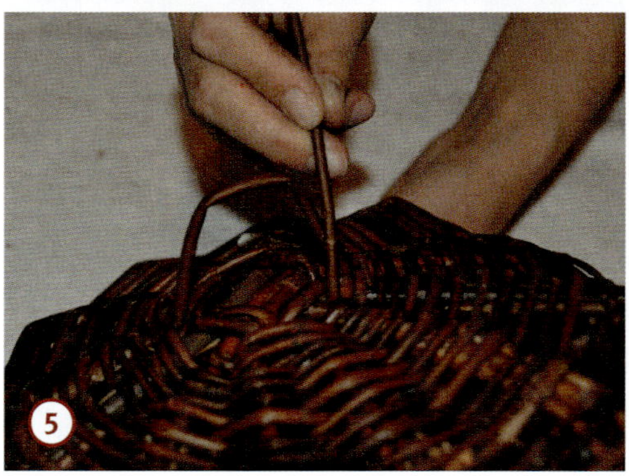
5

ter 1“ machen **(Schritt 3)** und den Deckel ausputzen.

Um den Deckel später leichter vom Korb abheben zu können, benötigt er einen kleinen **Griff**. Eine genauere Beschreibung befindet sich im Kapitel „Der Griff“ auf Seite 87. Für den Griff eine 1,40er Weide über

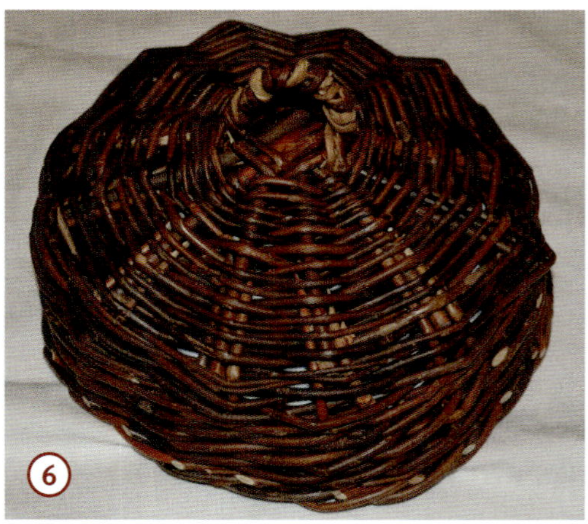
6

den Daumen vorbiegen und in das Geflecht stecken **(Schritt 4)**. Danach auf der anderen Seite durch das Geflecht nach innen ziehen und beim Nebenabstand wieder herausziehen **(Schritt 5)**. Die Weide anzwirbeln und um den Griff in beide Richtungen wickeln. Dieser Vorgang wird so lange wiederholt, bis der Bogen vollständig mit der Wicklung abgedeckt ist **(Schritt 6)**. Zum Schluss die Weidenspitze im Geflecht vernähen.

Es gibt mehrere Varianten von Haltemöglichkeiten, wie das Griffloch, den Henkel und den Griff. Diese können bei runden, ovalen und bei eckigen Körben angebracht werden.

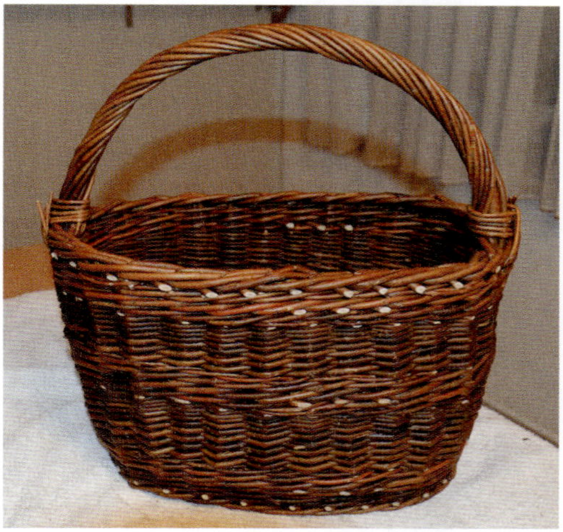

Korb mit Henkel

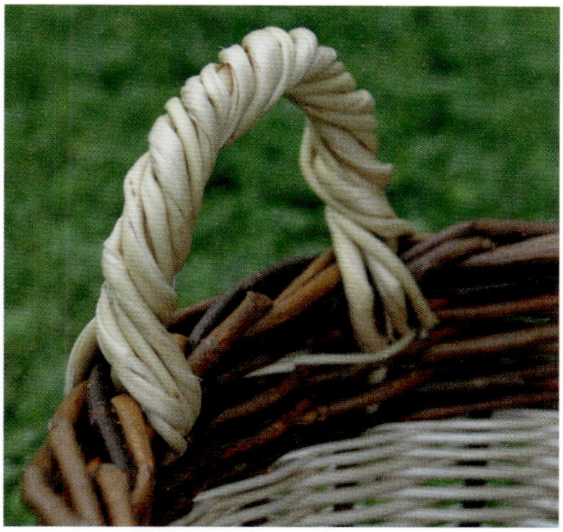

Korb mit Griff

DAS GRIFFLOCH

Das Griffloch ist die einfachste Machart einer Haltemöglichkeit beim Korb. Dabei gibt es mehrere Varianten. Das Griffloch kann einerseits geschwungen oder eckig sein und wird stets nach Beendigung der Kimme gemacht.

Beim **geschwungenen Griffloch** werden nach der Kimme auf beiden Seiten Wäscheklammern – in der Mitte des Lochs mehr und links und rechts weniger – gesetzt **(Schritt 1)**. Sie dürfen NICHT über dem Ende der vorigen Kimme gemacht

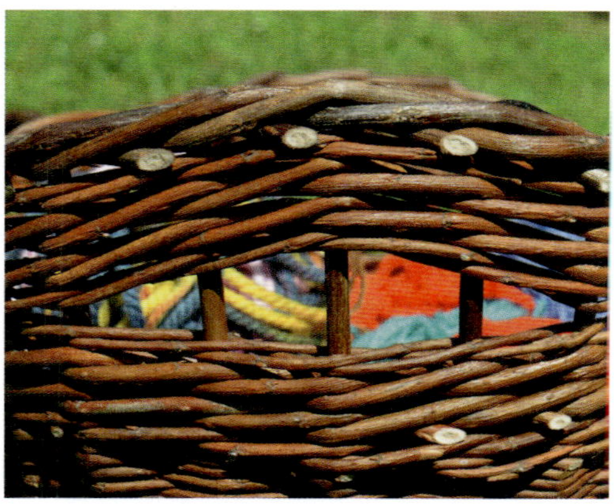

Geschwungenes Griffloch

werden. Die Wäscheklammern haben einerseits die Funktion eines Platzhalters, damit das Geflecht beim Abschlagen nicht wieder zusammengedrückt wird, und andererseits die Funktion der Formgebung. Durch die Anzahl der Wäscheklammern bei jeder Stake kann die Höhe und Breite bestimmt werden. Danach eine Kimme mit zwölf Weiden über die Wäscheklammern flechten **(Schritt 2)**. Wichtig dabei ist, dass der Beginn bzw. die Verlängerung der Kimme NICHT über dem Griffloch sind **(Schritt 3)**.

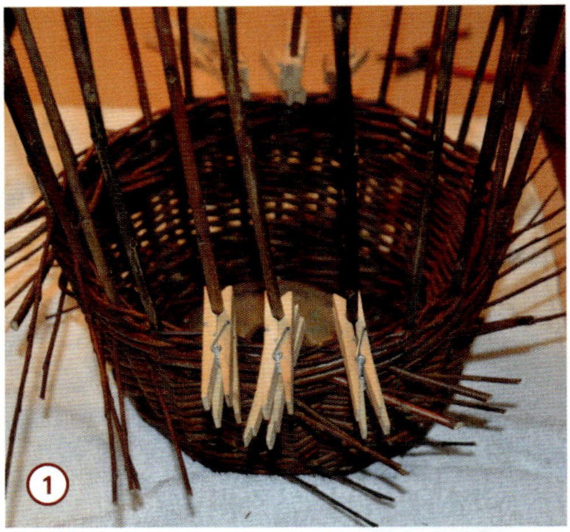

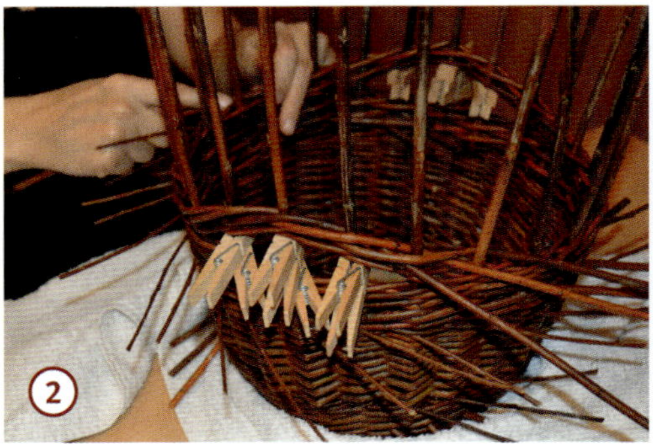

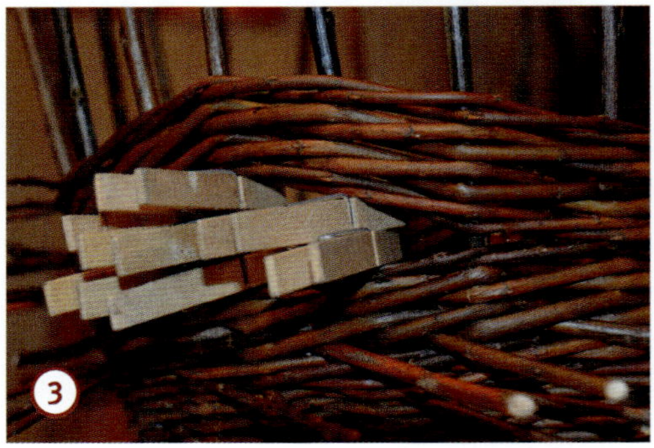

Beim **eckigen Griffloch** gibt es zwei Varianten, um mit den Staken zu verfahren, die sich in erster Linie optisch unterscheiden. Die **Staken** können entweder **stehen gelassen oder umgebogen** werden und sind entweder sichtbar oder nicht. Wenn die Staken nicht sichtbar sein sollen, werden sie mithilfe eines Pfriems nach der Kimme umgebogen **(Schritt 4)** und an der Stake, bei der das Griffloch beginnt, angebunden **(Schritt 5)**. Nach Beendigung des Grifflochs wird die Stake wieder an ihre vorherige Position zurückgebogen **(Schritt 6)**.

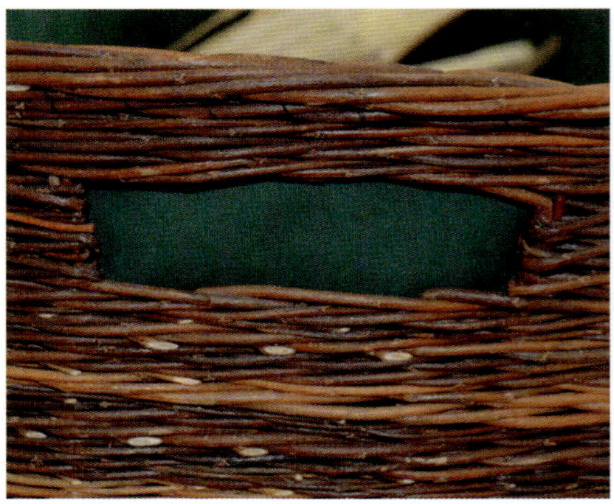

Eckiges Griffloch

Bei beiden Varianten wird nun entweder ein Schichtgeflecht „vor 1 hinter 1“ aus einer Weide oder eine 3er-Kimme geflochten. Dabei stets an der Stake, bei der das

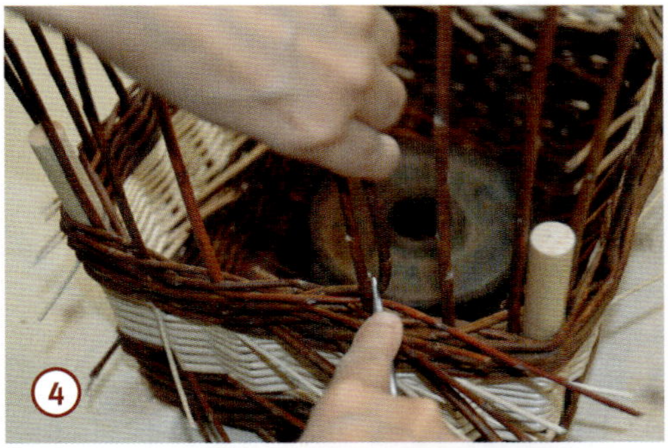

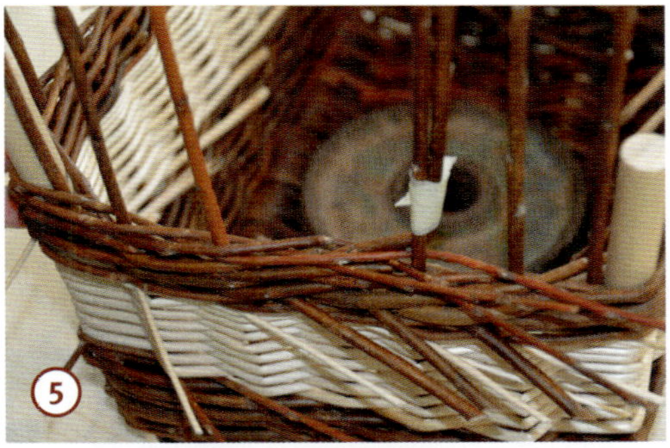

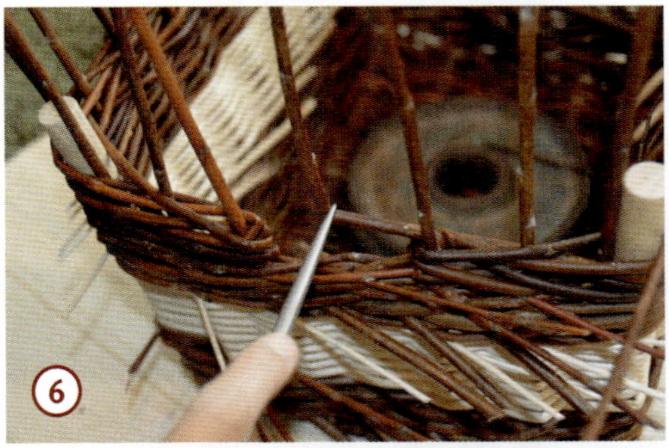

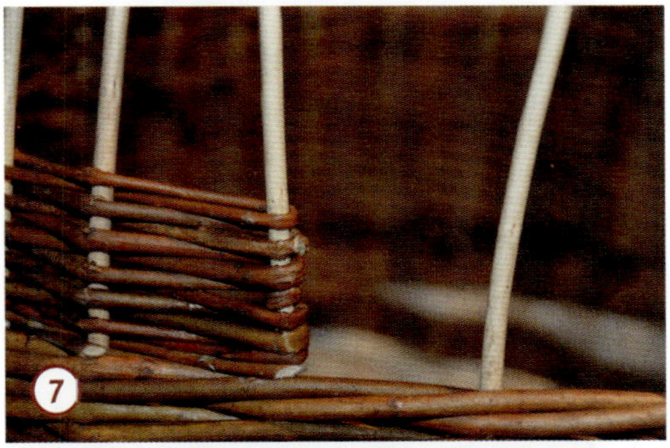

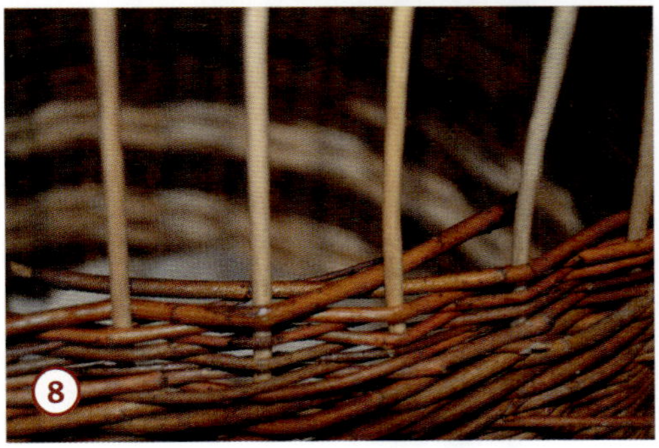

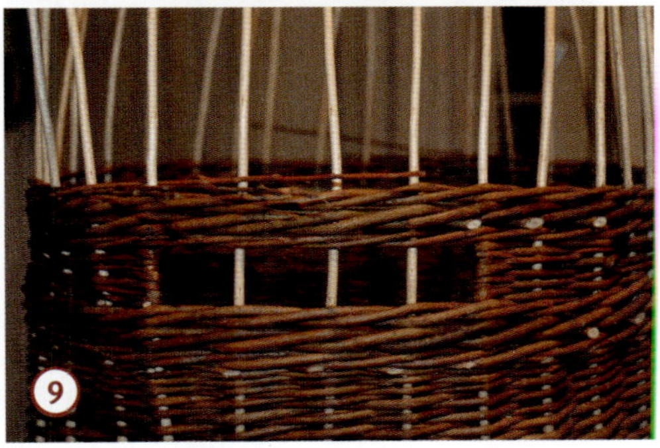

Griffloch beginnt bzw. endet, umdrehen und in die andere Richtung weiterflechten **(Schritt 7)**, bis die gewünschte Höhe erreicht ist. Beim Flechten eines Schichtgeflechtes mit einer Weide wird eine ungerade Stakenanzahl benötigt und jeweils „dick auf dick“ bzw. „dünn auf dünn“ verlängert **(Schritt 8)**. Den gleichen Schritt auf der anderen Seite machen und abschlagen. Anschließend wie gewohnt eine Kimme flechten, dabei wird die Kimme nicht über dem Griffloch begonnen bzw. verlängert **(Schritt 9)**. Damit die Kimme beim Abschlagen nicht über dem Griffloch nach unten sinkt, werden entweder Wäscheklammern bei den Staken befestigt oder ein Stück Holz eingelegt. Nach der Kimme über dem Griffloch wird der Korb mit einem Zuschlag fertiggestellt.

DER HENKEL

Für den Henkel wird ein dicker Stab benötigt, bei größeren Körben zum Teil auch zwei Stäbe. Damit der Stab beim Biegen nicht knickt, wird dieser über einen Eimer vorgebogen **(Schritt 1)**. Anschließend werden die Platzhalter aus dem Korb gezogen. Den Stab am dicken Ende anspitzen und so tief wie möglich in den Korb stecken – zumindest bis zur mittleren Kimme, am besten jedoch bis zur ersten Kimme **(Schritt 2)**. Den Stab auf die andere Seite vorbiegen und die Höhe bemessen. Danach abschneiden **(Schritt 3)**, anspitzen und vorsichtig so tief als möglich in die andere Seite stecken **(Schritt 4)**. Der Stab darf nicht knicken, sonst wird der Henkel

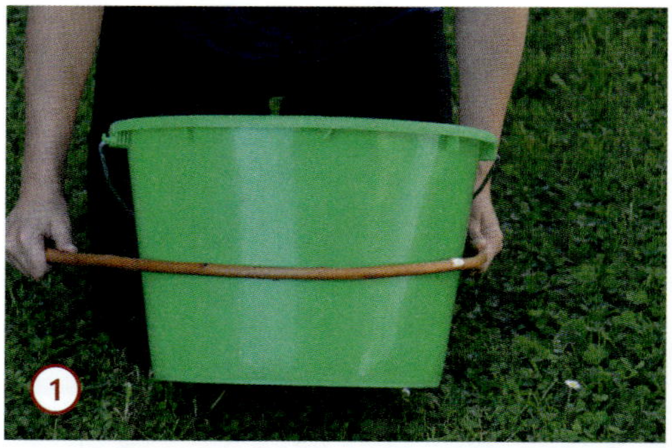

1

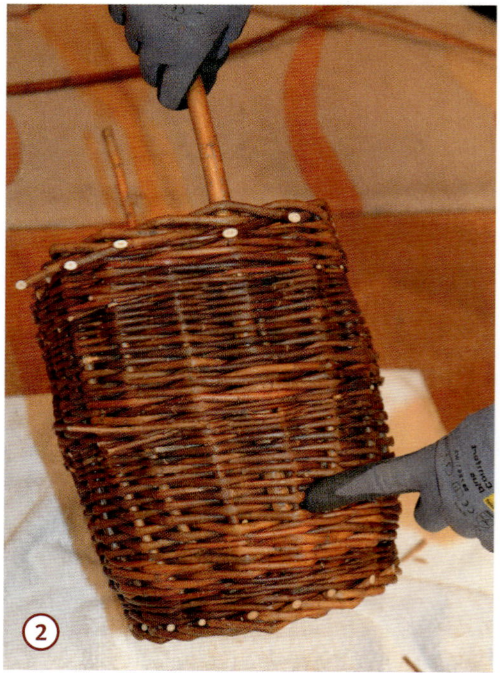

2

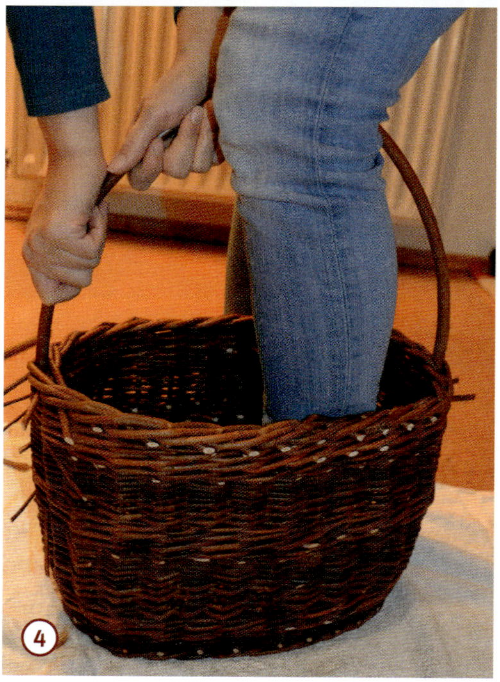

4

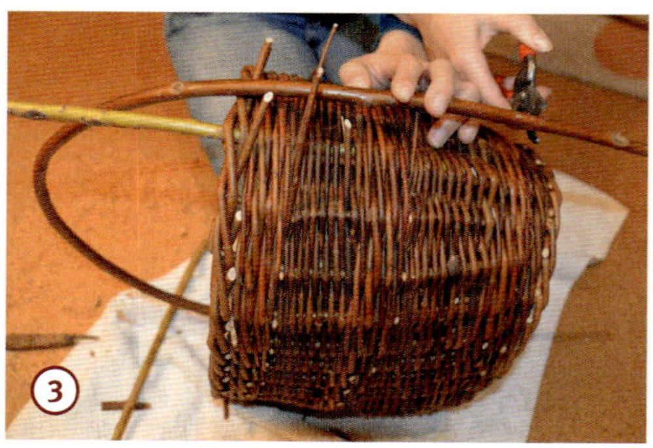

3

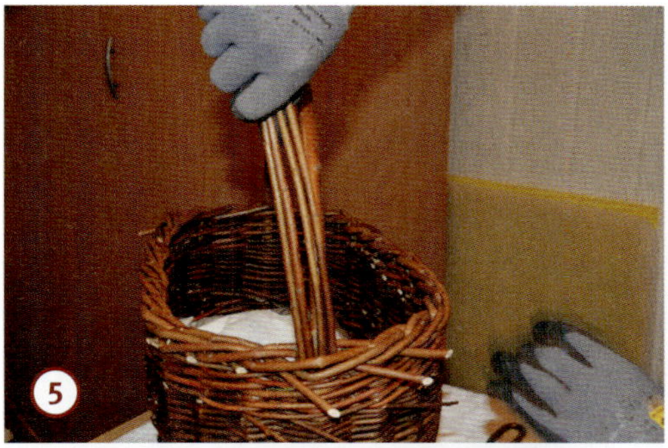

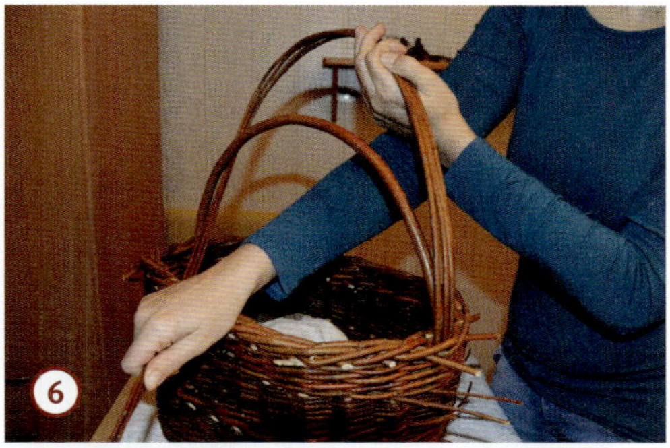

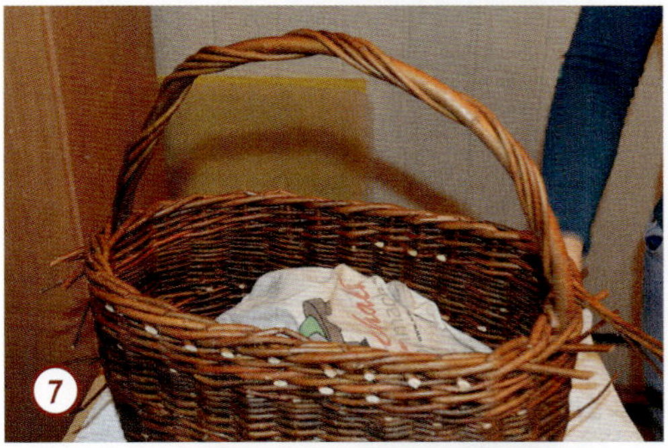

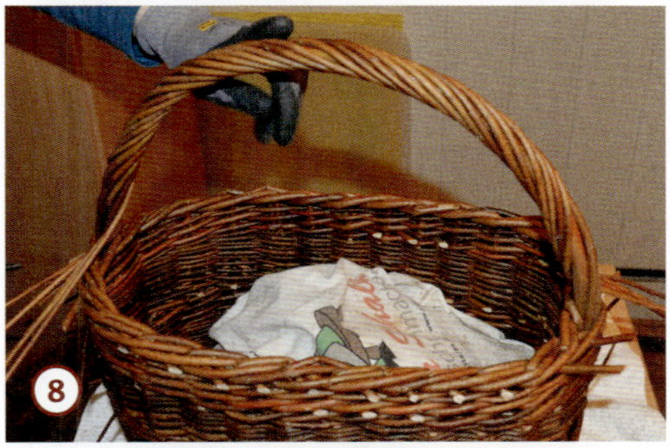

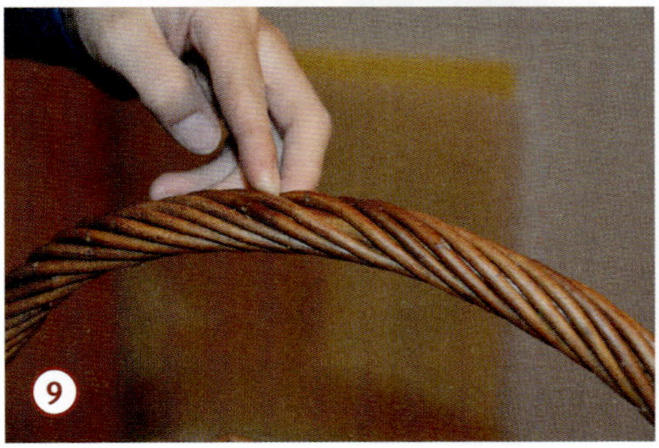

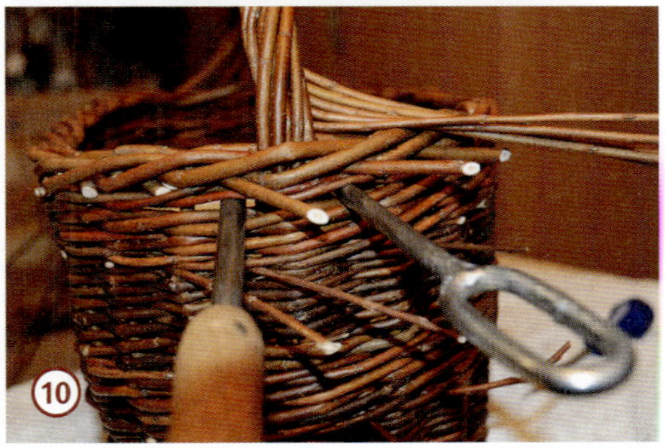

unförmig. Für den ab Seite 91 beschriebenen Einkaufskorb zehn schlanke 1,60er Weiden anspitzen und jeweils vier oder fünf Stück (kommt auf die Dicke des Stabes an) auf der Außenseite des Stabes so tief als möglich mithilfe des Pfriems einstecken **(Schritt 5)**.

Alle Ruten auf einmal um den Henkel wickeln, dabei auf einen regelmäßigen Abstand achten (da von der anderen Seite ebenso gewickelt wird) **(Schritt 6)**. Die Weiden müssen vorsichtig um den Henkel gewickelt werden und dürfen ebenfalls nicht knicken. Rund vier Wicklungen pro Seite machen **(Schritt 7)**. Das Gleiche auf der anderen Seite wiederholen **(Schritt 8)**. Wenn der Stab noch sichtbar ist **(Schritt 9)**, auf einer Seite oder auf beiden Seiten noch eine Weide einstecken und ebenfalls auf

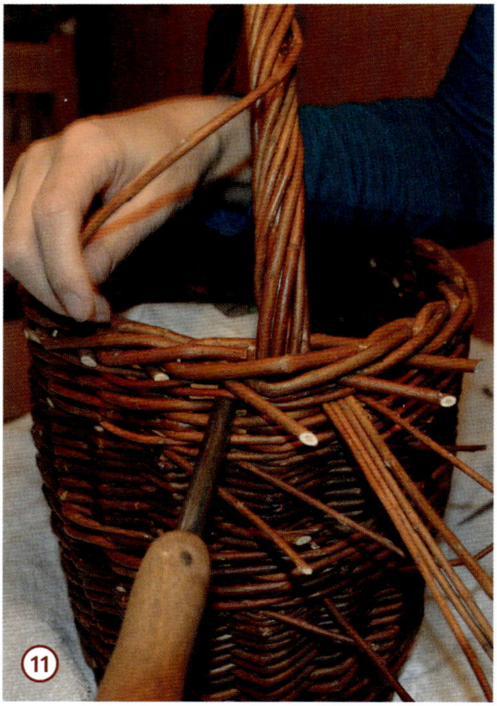

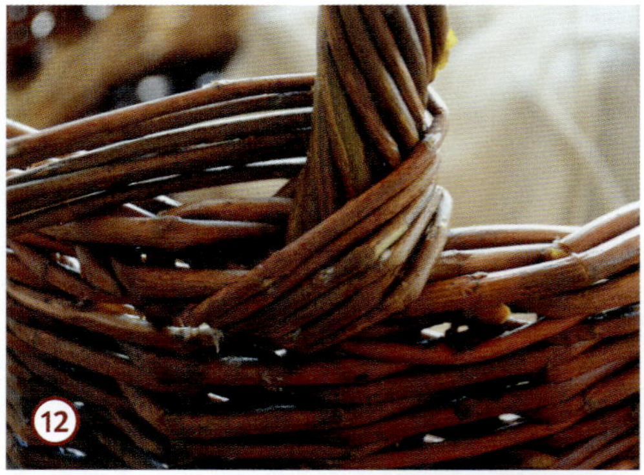

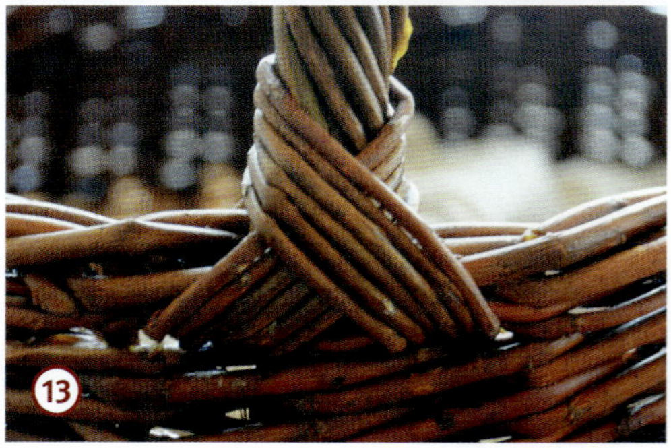

die andere Seite wickeln. Mit dem Pfriem in die Kimme auf beiden Seiten auf gleicher Höhe vorstechen **(Schritt 10)**. Alle Weiden von innen nach außen ziehen und gut spannen **(Schritt 11)**.

Es werden nun zwei Varianten, wie man die Weide fixiert, dargestellt.

Henkel mit Kreuzbindung

Dabei werden alle Weiden zusammen schräg nach oben, um den Stab herum **(Schritt 12)** und schräg nach unten beim anderen Loch, wo der zweite Pfriem steckt, nach innen gezogen **(Schritt 13)**. Anschließend die Weiden einzeln nach rechts oder links im Wandgeflecht vernähen. Die einzelnen Schritte auf der gegenüberliegenden Seite wiederholen.

Henkel mit Fischgrätenbindung

Ich bevorzuge diese Variante, da sie mir erstens optisch besser gefällt und zweitens meiner Meinung nach besser hält. Die Weiden werden gleich wie bei der Kreuzbindung schräg nach oben, um den Stab herum und schräg nach unten durch das Geflecht auf der anderen Seite nach innen gezogen. Der Unterschied zur Kreuzbindung besteht darin, dass bei der Fischgrätenbindung alle Weiden einzeln verarbeitet werden.

Gestartet wird mit der Weide, die am nächsten zum Stab liegt **(Schritt 14)**. Des Weiteren werden die Weiden nach der Umwicklung auf derselben Stelle wie am Anfang wieder nach außen gezogen und in die Höhe gebogen. Danach die Weide auf Höhe des Korbrandes abschneiden **(Schritt 15)**. Die nächsten Weiden über diese Weide wickeln **(Schritt 16)** und ebenfalls zum Schluss wieder nach oben biegen und abschneiden **(Schritt 17)**. Die beiden letzten Weiden werden nach der Wicklung nicht abgeschnitten, sondern nach links und rechts im Wandgeflecht vernäht **(Schritt 18)**. Die Weiden, die noch in die Höhe stehen, werden erst direkt neben der Wicklung abgeschnitten, wenn der Korb getrocknet ist.

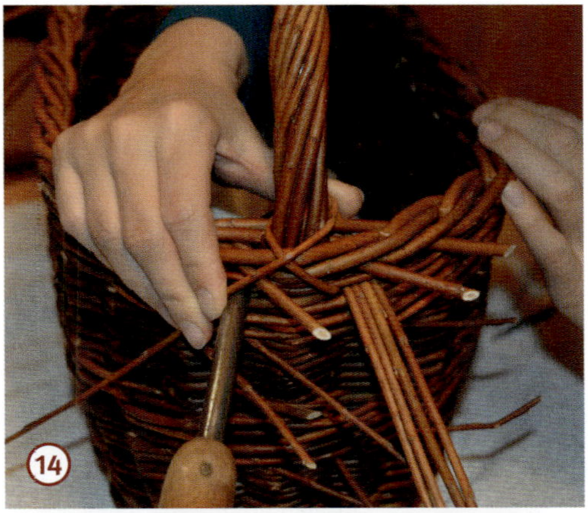

14

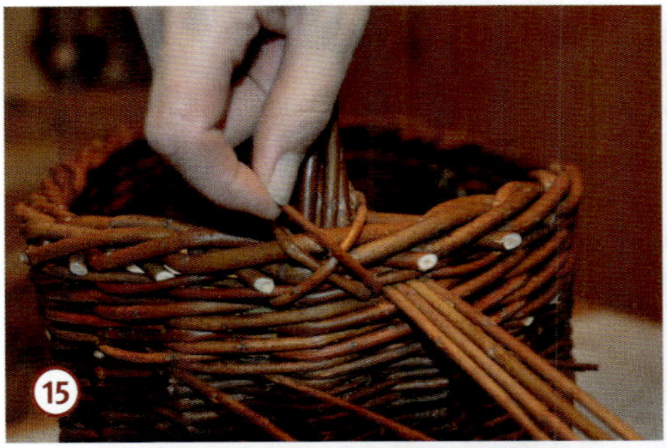

15

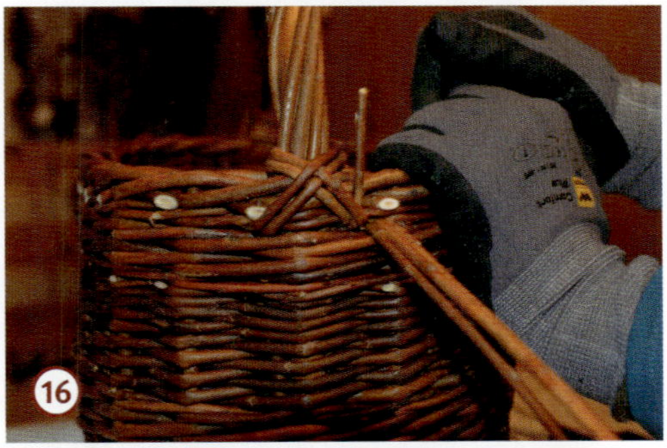

16

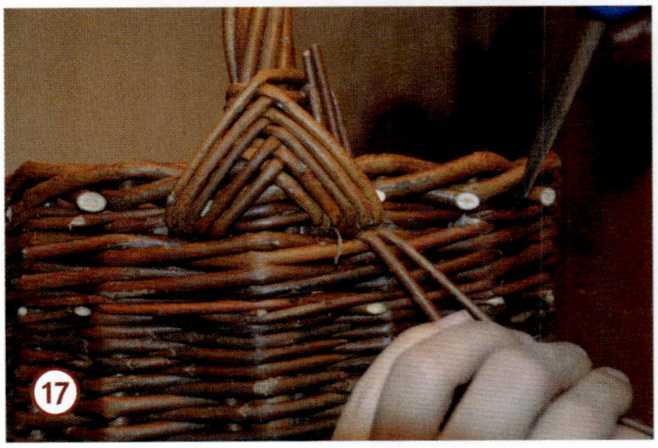

17

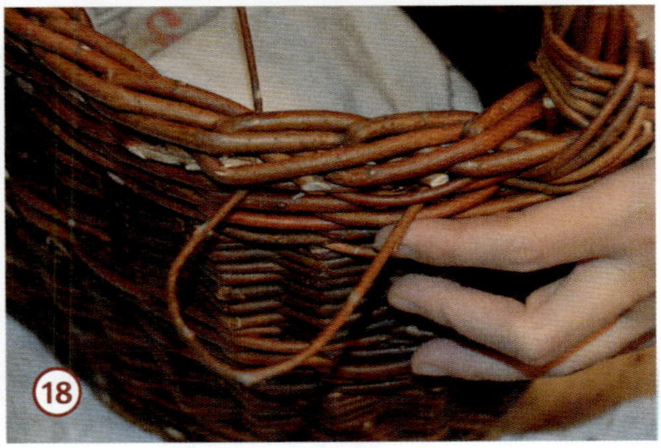

18

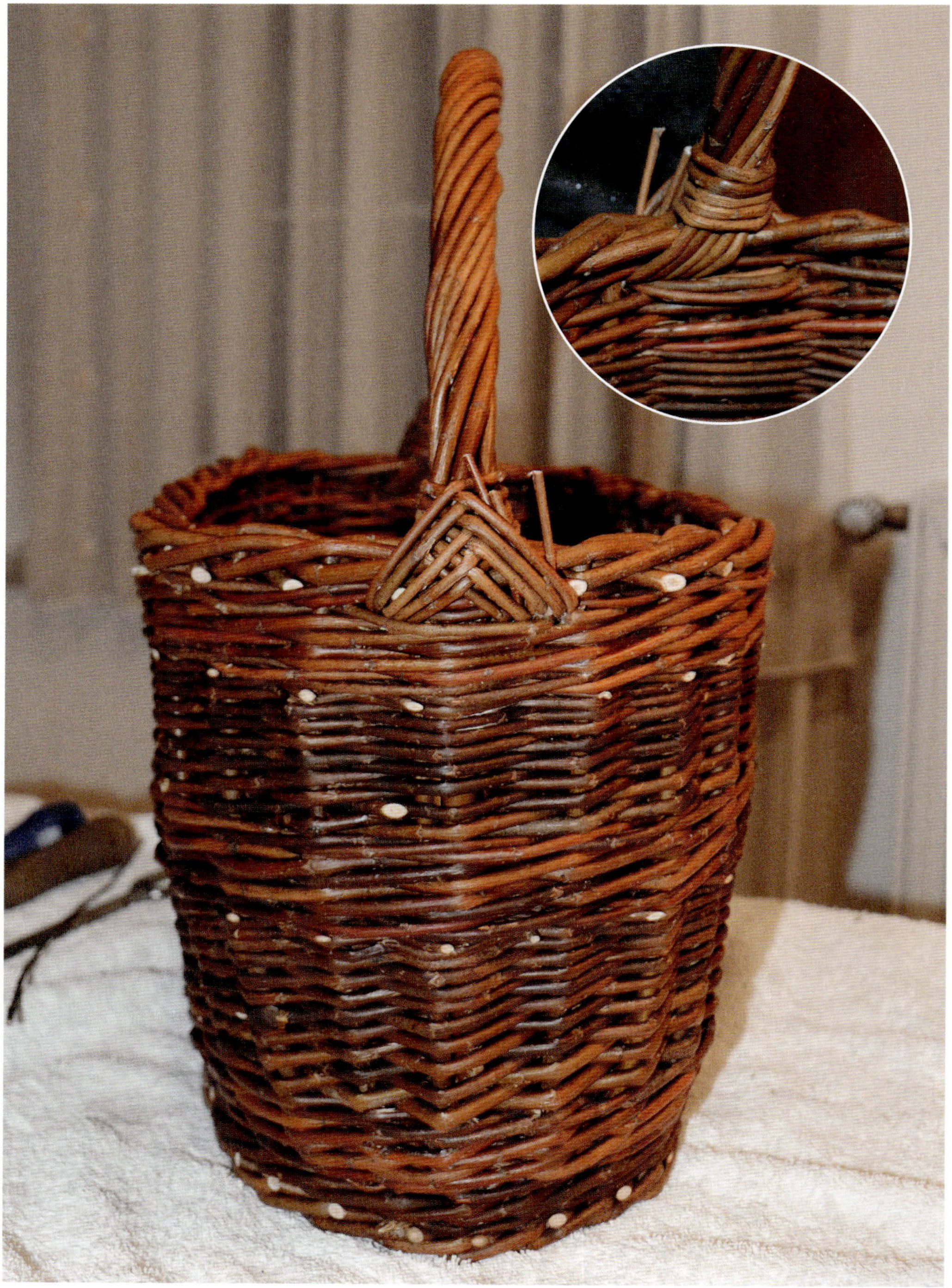

DER GRIFF

Im Gegensatz zum Henkel müssen für einen Griff keine Platzhalter im Korb eingearbeitet werden. Zu Beginn legt man die Griffe mit Weidenstücken fest **(Schritt 1)**. Diese sollten einander gegenüberliegen und genügend Platz zum Greifen bieten. Danach eine lange Weidenrute (1,80er Weide) anspitzen und über den Daumen vorbiegen. Die Weide auf der einen Seite tief in das Geflecht stecken. Anschließend die Weide auf der anderen Seite in den Zuschlag stecken und bei der Kimme auf der Korbinnenseite herausziehen **(Schritt 2)**.

Damit sich die Weide gut wickeln lässt, wird sie angezwirbelt **(Schritt 3)**. Das bedeutet, die Weide wird so lange um sich selbst gedreht, dass sie in sich bricht (die Fasern spalten sich auf). Dabei das dicke Ende der Weide, welches im Geflecht steckt, festhalten und mit der anderen Hand drehen. Wenn die Spannung in diesem Teil spürbar wird, mit beiden Händen nach oben wandern und weiterzwirbeln **(Schritt 4)**. Besonders wichtig ist, dass die Weide beim Flechten immer festgehalten werden muss, da sonst die Spannung verloren geht. Dadurch ist es möglich, eine enge Wicklung beim Griff ohne Knicke zu machen. Das erfordert Übung und deshalb sollte genügend Weide für den Griff vorbereitet werden.

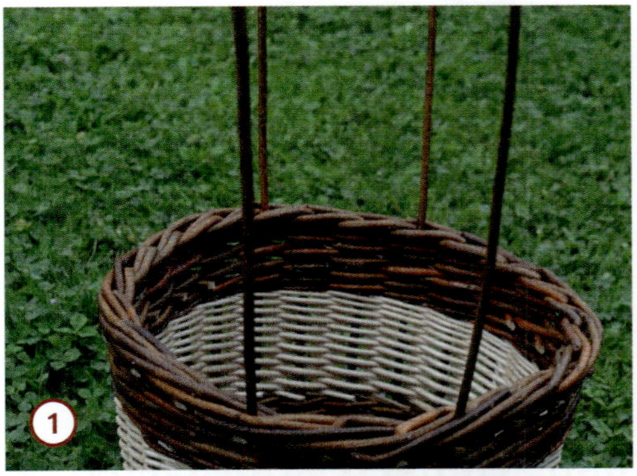
1

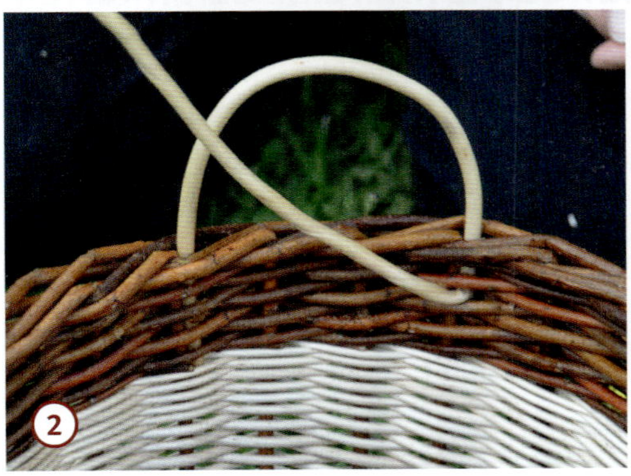
2

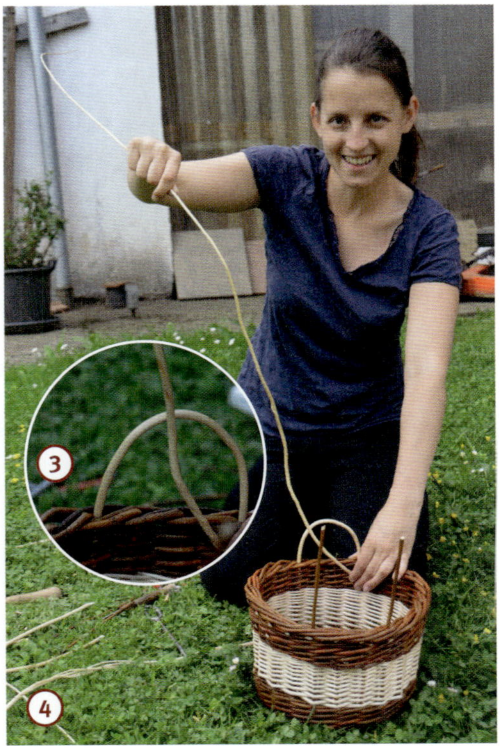
3
4

Die angezwirbelte Weide über den Griff bis zum anderen Ende wickeln und durch die Kimme ziehen **(Schritt 5)**. Den gleichen Schritt so oft in beide Richtungen machen, bis entweder der Griff komplett umwickelt oder die Weide zu Ende ist **(Schritt 6)**. In beiden Fällen die Weide vernähen. Ist der Griff noch sichtbar, eine neue Weide auf einer Seite einstecken **(Schritt 7)** und so lange weiterwickeln, bis alles bedeckt ist **(Schritt 8)**. Zum Abschluss die Weidenspitze wieder im Geflecht vernähen.

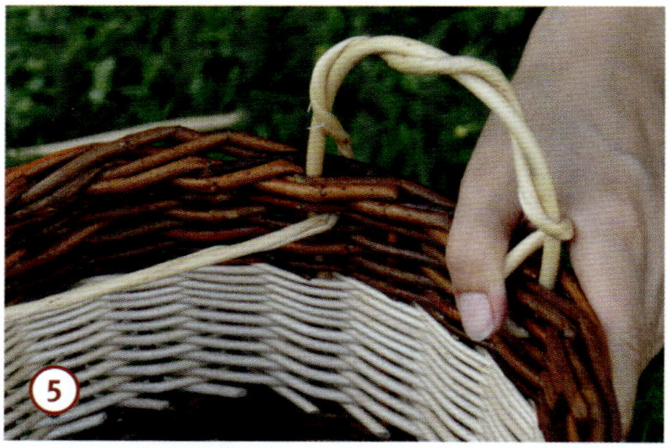

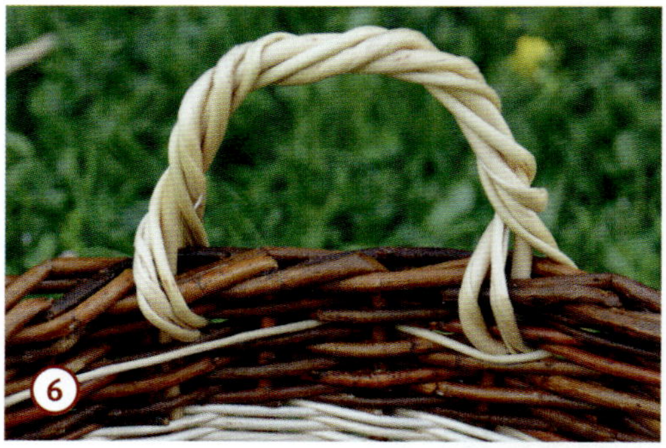

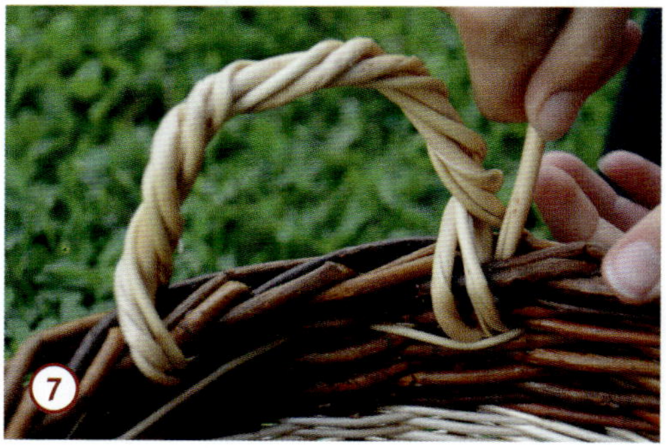

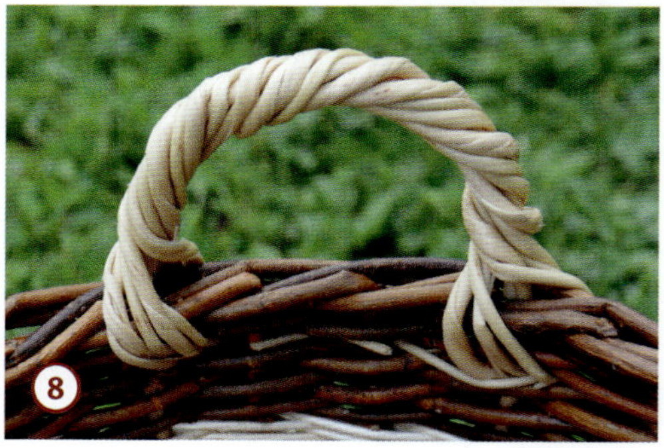

ZUSÄTZLICHE HINWEISE ZU ABDECKUNGEN & HALTEMÖGLICHKEITEN

Ein **Griff** kann auch **seitlich am Korb** angebracht werden. Damit das Geflecht beim Tragen von schweren Sachen jedoch nicht nach einiger Zeit durchbricht, sollte hierbei auf der Innenseite ein zusätzlicher Stab eingeflochten werden.

Sollten Henkel oder Griff nach jahrelanger Nutzung trotzdem **abbrechen**, können sie **jederzeit erneuert** werden. Zu beachten ist jedoch, dass der Korb nach der Entfernung des kaputten Henkels für einige Tage (bei ungeschälter Weide) bzw. einen Tag (bei geschälter Weide) ins Wasser gestellt werden muss. Das ist wichtig, damit das Geflecht beim Einsetzen des neuen Henkels nicht bricht.

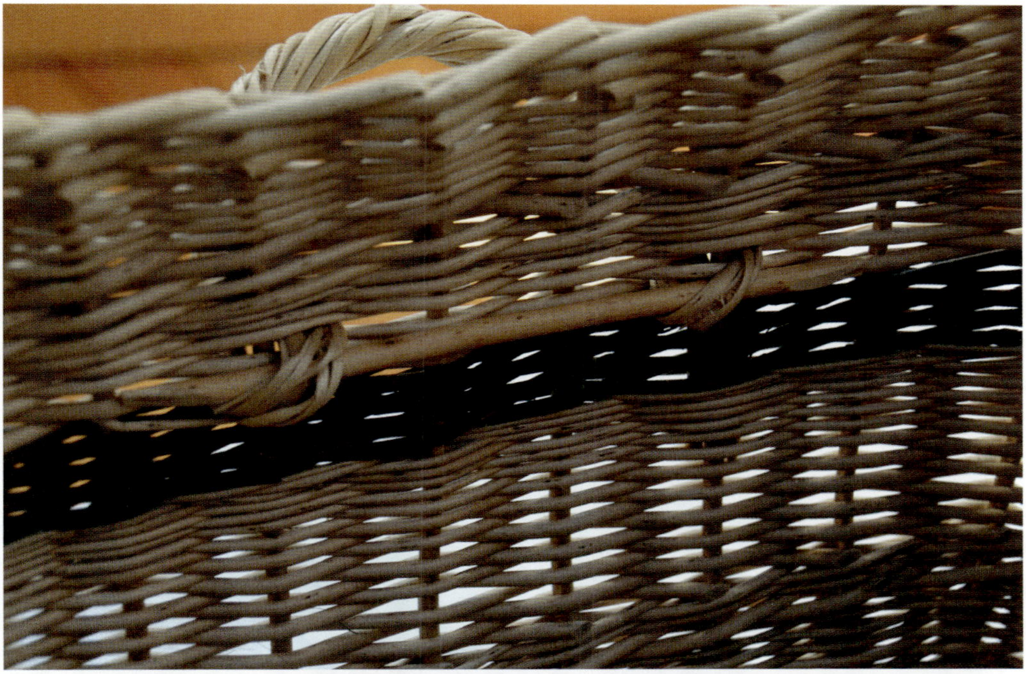

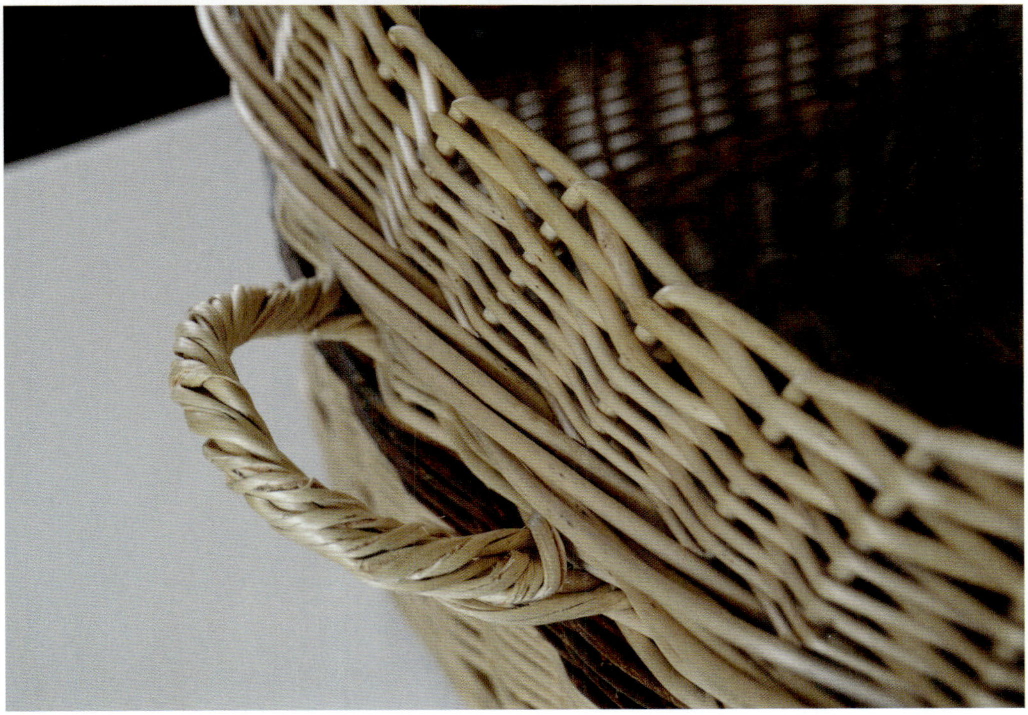

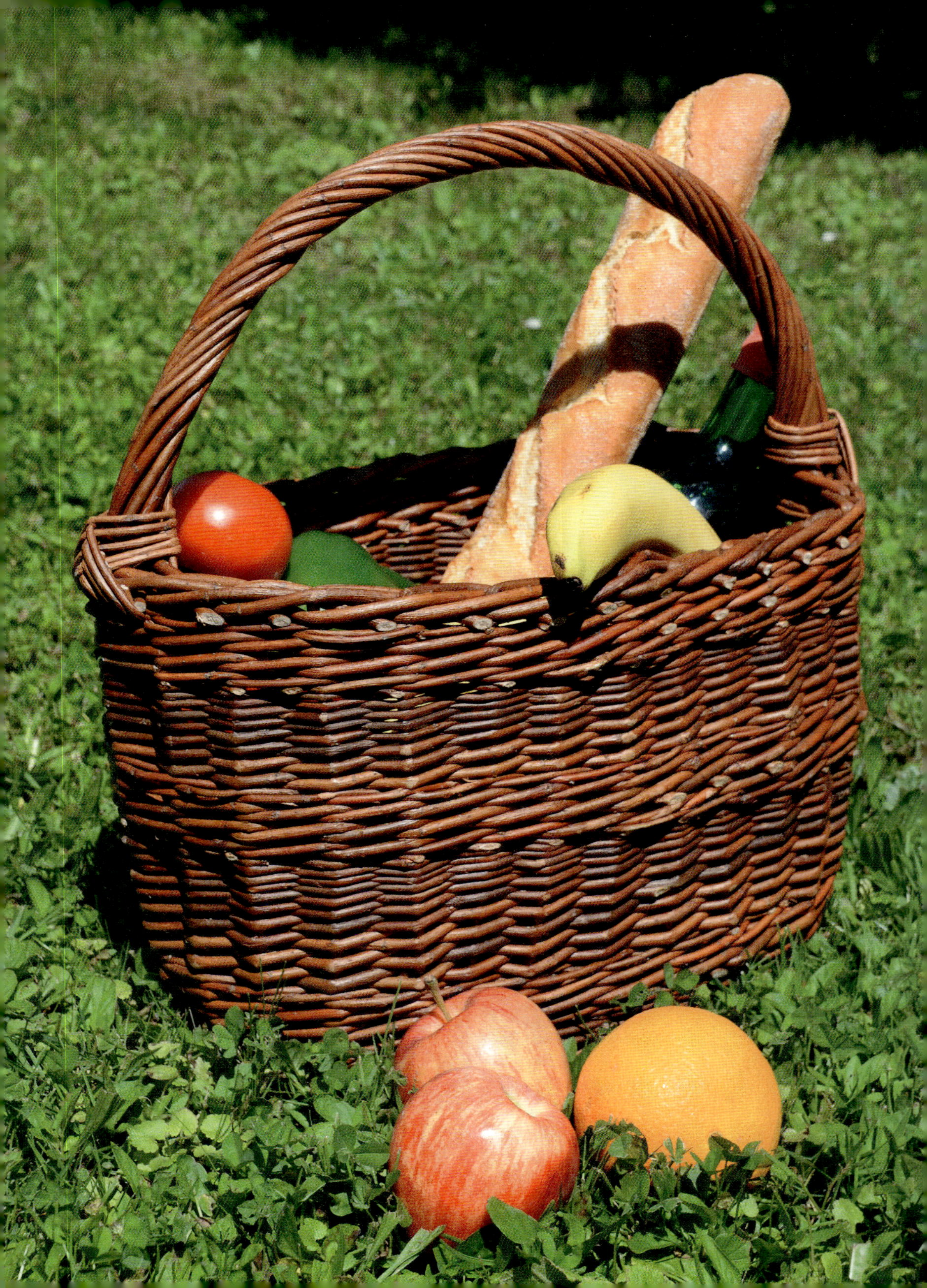

DER OVALE KORB – DER EINKAUFSKORB

Der wohl am häufigsten genutzte Alltagsgegenstand aus Weide ist der Einkaufskorb, der in seiner klassischen Form als Korb mit ovalem Boden geflochten wird. Bei dieser Variante des Weidenkorbes wird für den Boden eine eigene Flechttechnik angewandt, wohingegen die Wand gleich wie beim runden Korb hergestellt wird.

Da das Flechten eines ovalen Korbes etwas Übung benötigt, empfiehlt es sich, im Vorfeld einige runde Körbe zu flechten. Das hat den Vorteil, dass, wenn einem die unterschiedlichen Flechtarten, wie Fitze, Kimme usw., geläufig sind, man sich nur mehr auf die Formgebung konzentrieren muss.

MATERIAL

Zur Herstellung eines ovalen Korbes mit einer Höhe von rund 25 cm und einer Größe von rund 40 x 25 cm sind folgende Materialen notwendig:

- 10 Bodenlagen: 3 mit 40 cm und 7 mit 28 cm
- 1 dicker Weidenast: Länge ~ 90 cm, Ø ~ 1,5 cm beim dicken Ende
- Platzhalter: 2 Weidenäste, die etwas dünner als der Weidenast sind
- 50 Stück 1,60er Weiden:
  - 12 dünne Ruten für den Henkel
  - 28 mittlere Ruten als Staken
- 65 Stück 1,40er Weiden:
  - 6 dünne Ruten für den Boden
  - 36 mittlere Ruten für die Kimmen
  - eventuell 10 dünne Ruten für die Bodenkimme
- 90 Stück 1,20er Weiden:
  - 56 dünne Ruten für das Wandgeflecht
  - 14 dünne Ruten für den Boden
  - 6 dünne Ruten für den Fuß

ANLEITUNG

Der Boden

Zur Herstellung des **Bodenkreuzes** werden zunächst die sieben kürzeren Bodenlagen in der Mitte aufgeschnitten. Hier hinein nun die drei längeren Bodenlagen stecken – am besten zuerst eine lange Bodenlage durch alle sieben kurzen durchschieben und dann die anderen zwei. Dabei ist es wichtig, dass sich die dünnen und dicken Enden abwechseln. Der Abstand der Bodenlagen sollte, bis auf die beiden äußeren, rund 3,5 cm betragen.

Damit das Flechten des Bodenkreuzes leichter ist, kann das Geflecht mit einer Schnur festgebunden werden (Bodenkreuz).

Nach der Fertigstellung des Bodenkreuzes geht es an das **Flechten des Bodens**. Hierzu acht 1,20er Weiden nehmen und die dicken Enden mit einem Messer anspitzen. Im nächsten Schritt eine Weide durch E stecken, sodass sie mit dem Ende bei D aufliegt **(Schritt 1)**. Die nächste Weide durch D bis C durchstecken und über E, dann unter FG flechten **(Schritt 2)**. Die dritte Weide durch C bis B **(Schritt 3)** sowie die letzte nur durch AB **(Schritt 4)** stecken und ausflechten. Mit den verbleibenden vier Weiden auf der anderen Seite gleich verfahren. Dabei immer die Abstände der Bodenlagen kontrollieren und einrichten **(Schritt 5)**.

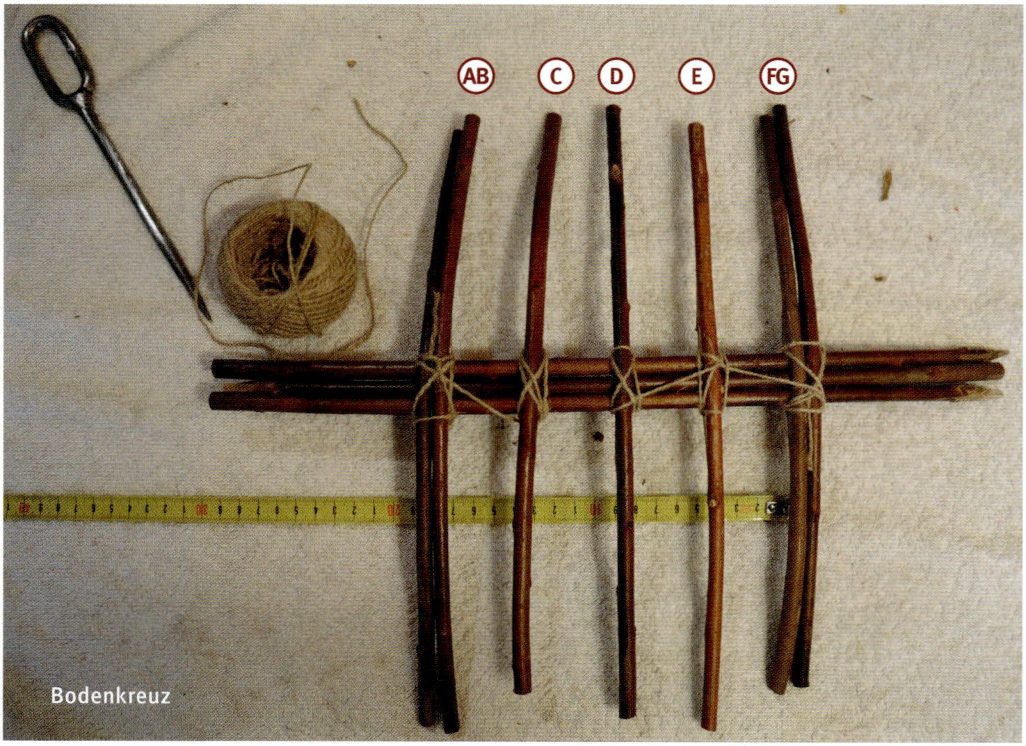

Bodenkreuz

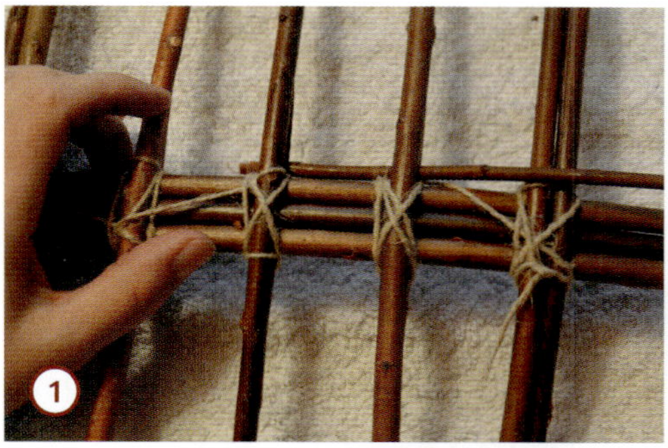
1

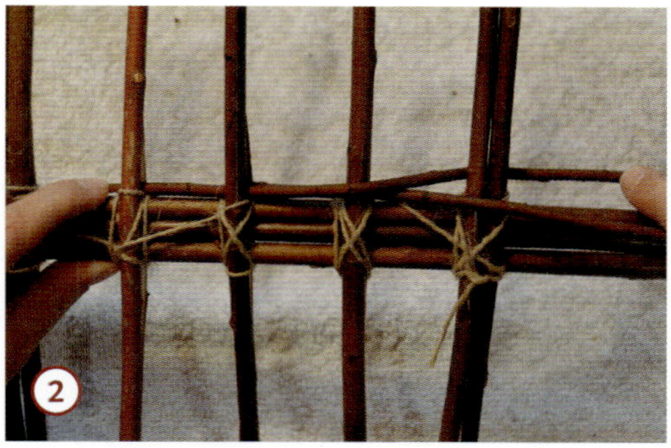
2

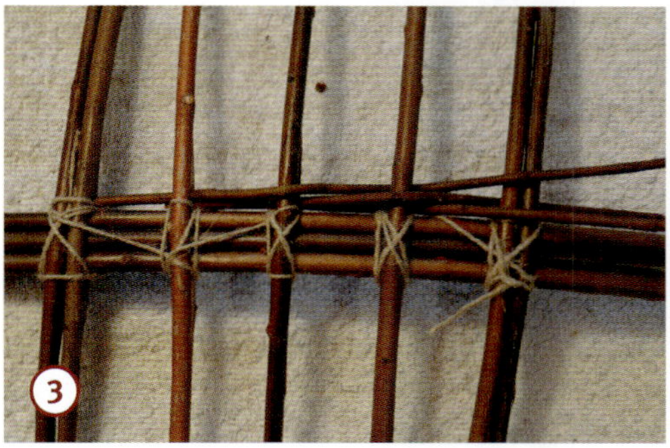
3

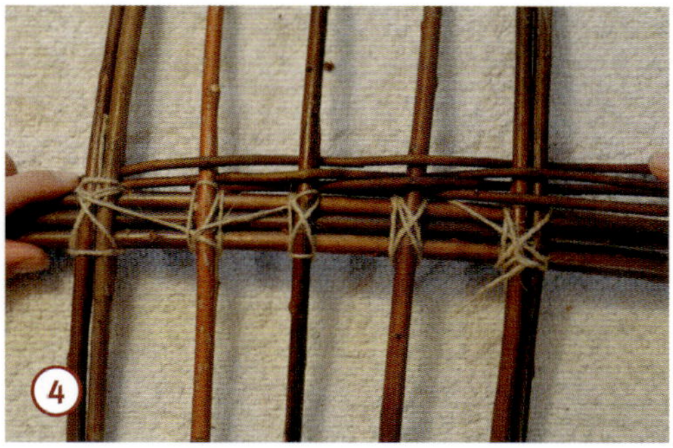
4

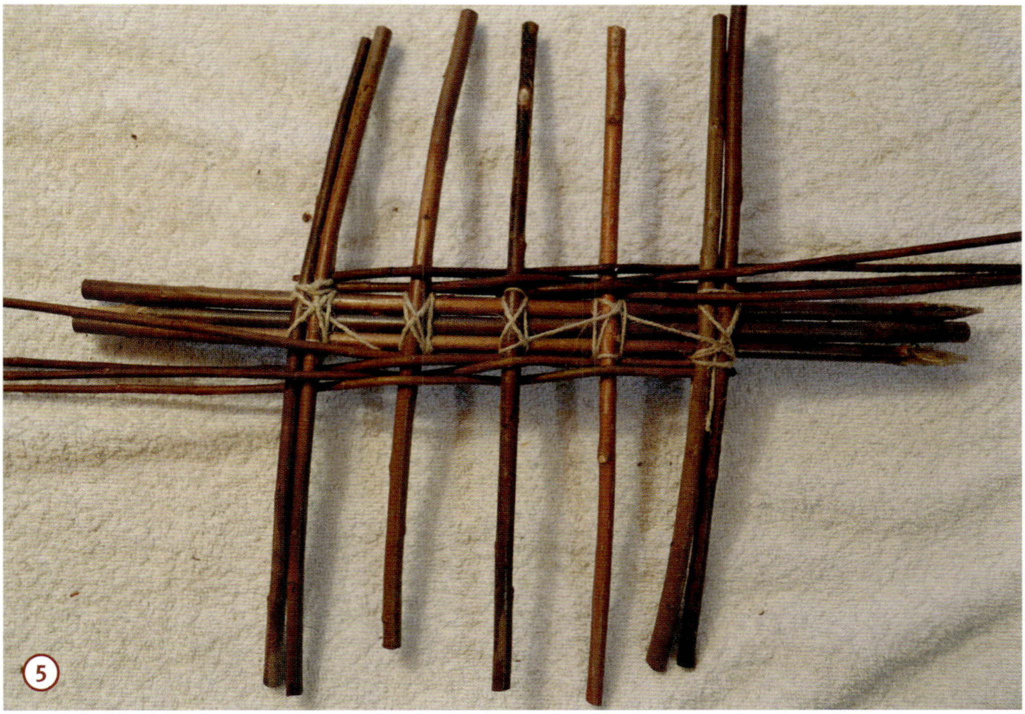
5

Auf jeder Seite stehen nun vier Weidenruten weg, wobei sie immer abwechselnd nach oben und nach unten zeigen. Beim ovalen Boden wird die **Längsseite geschichtet** – „vor 1 hinter 1“ – und die **Breitseite gefitzt** – Verkreuzung von zwei Weiden. Es ist egal, auf welcher Seite gestartet wird.

Bei diesem Arbeitsschritt werden auf einer Seite die beiden Weiden, die am nächsten zum Bodenkreuz liegen, genommen. Dabei werden die „obere“ Weide nach hinten und die „untere“ Weide nach vorne gebogen. Diese wird dann vorne über alle Bodenlagen nach hinten gelegt und mit der anderen Weide, welche hinter alle Bodenlagen nach vorne geflochten wurde, verkreuzt **(Schritt 6)**. Danach die beiden Weiden einzeln über die kleinen Bodenlagen bis zum Ende der Längsseite schichten **(Schritt 7)**. Das bedeutet, dass jede Weide einzeln bis zur anderen Seite „vor 1 hinter 1“ geflochten wird. Dieser Vorgang erfolgt auf beiden Seiten, sodass die langen Bodenlagen zwei Mal überflochten sind **(Schritt 8)**.

Nun werden die Bodenlagen, die noch nebeneinanderliegen, **aufgebrochen**. Dazu werden die beiden seitlichen Bodenlagen weggebogen **(Schritt 9)** und über die beiden zusammengebogenen Bodenlagen, über die mittlere lange sowie über die nächsten beiden gefitzt **(Schritt 10)** und wie vorher auf der Längsseite ausgeflochten **(Schritt 11)**. Dieser Vorgang wird ebenfalls zwei Runden lang gemacht. Wenn die Weide noch lang genug ist, wird der Schritt wiederholt. Dabei aber nur mehr über jede einzelne Bodenlage auf der Breitseite fit-

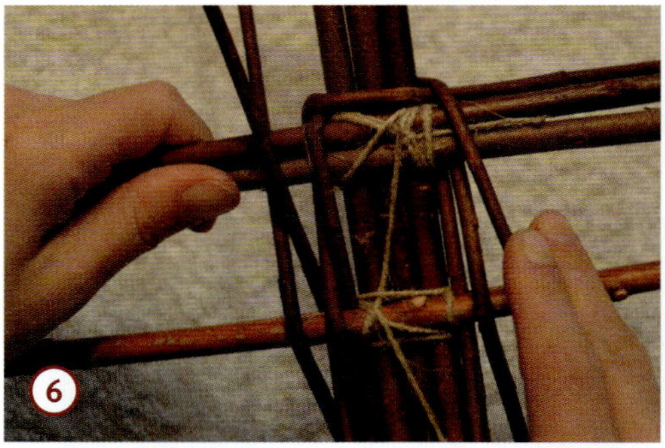
6

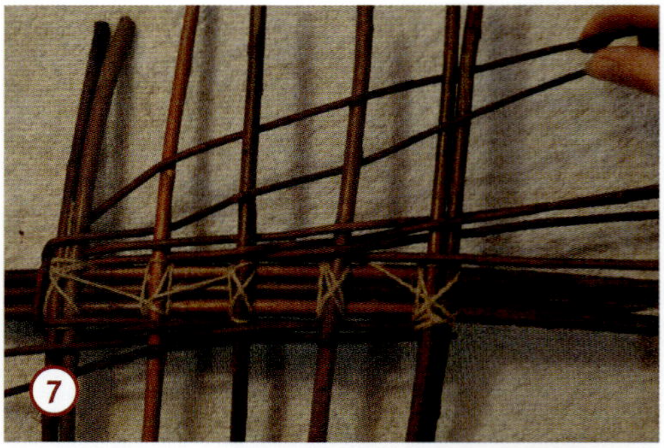
7

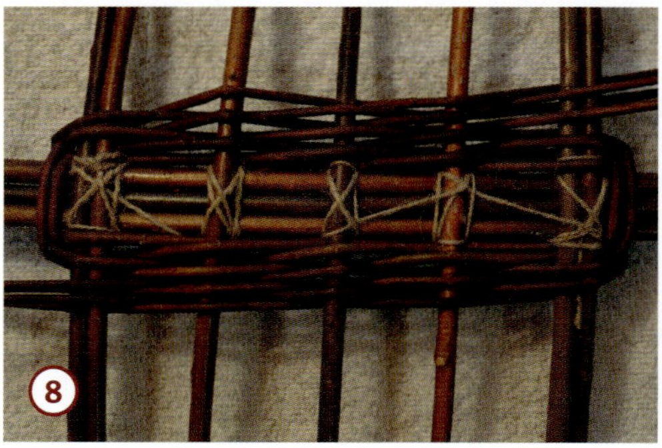
8

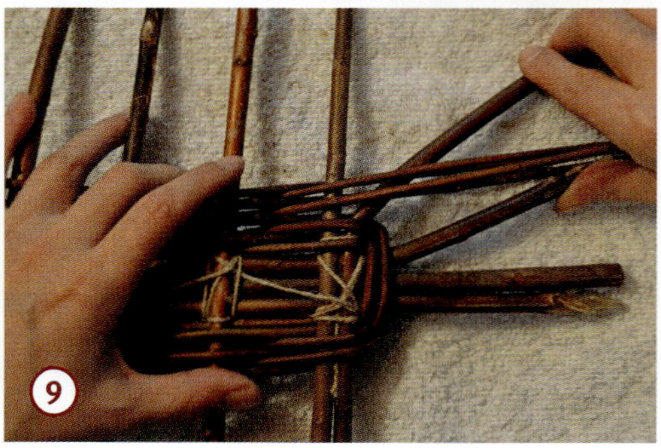
9

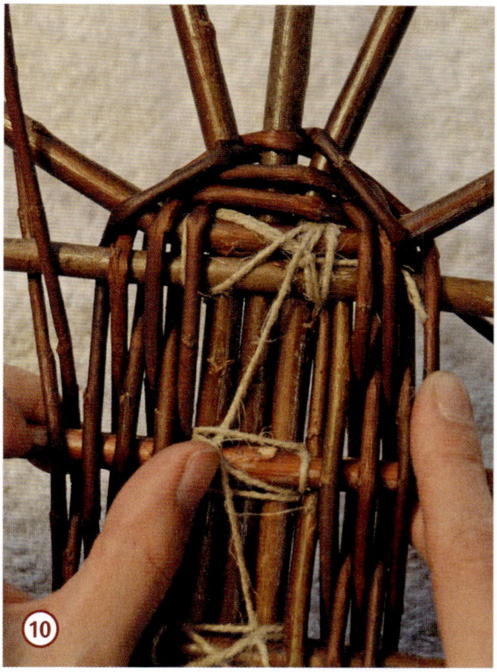
10

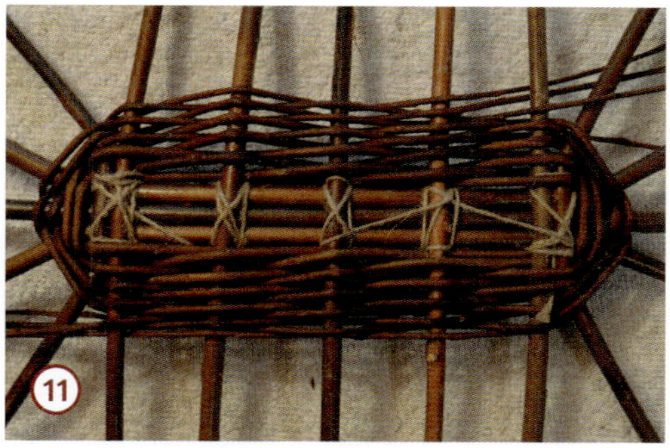
11

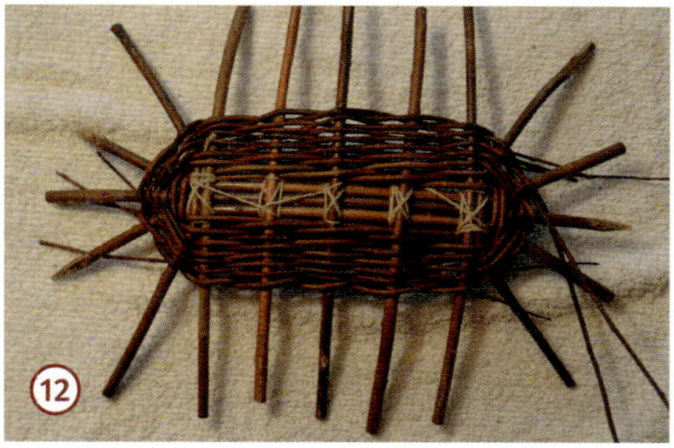
12

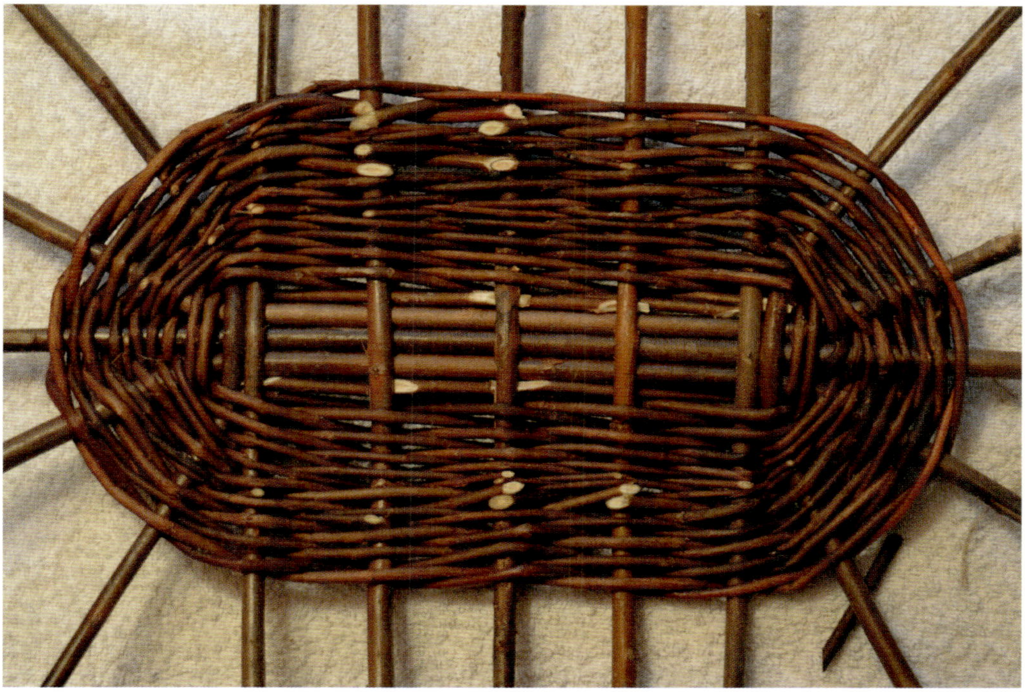

zen und auf der Längsseite ausflechten. Der Abschluss erfolgt auf der Längsseite.

Sind die Weiden ausgeflochten, werden an einer beliebigen Stelle auf der Längsseite zwei Weidenspitzen eingelegt und sowohl auf der Längsseite als auch auf der Breitseite über eine Bodenlage gefitzt **(Schritt 12)**.

Die Verlängerungen erfolgen wie beim runden Boden „dick auf dick" und „dünn auf dünn" und werden immer auf der Längsseite gemacht. Sollte die 1,20er Weide nicht mehr für eine ganze Runde ausreichen, dann 1,40er Weidenruten nehmen. Ist die gewünschte Größe erreicht, mit dünn enden, vernähen, die Schnur lösen und ausputzen (Unterseite Boden).

HINWEIS! Wölbung

Der Boden sollte eine kleine Wölbung aufweisen. Dies ist bei einem ovalen Boden jedoch recht schwierig und gelingt nicht immer. Es sollte zumindest ein gerader Boden, bei dem alle Bodenlagen gleich hoch sind, angestrebt werden.

Die Wand

Für diese Korbgröße 28 1,40er Weiden auf gleiche Dicke zuschneiden und abschrägen sowie laut Abbildung **aufstaken (Schritt 13)**. Beim abgebildeten Korb wird ein Fuß statt einer Bodenkimme angefertigt. Daher werden die Staken gleich mit einem Pfriem angestochen, hochgebogen und mit einer Schnur zusammengebunden. Die Anfertigung des Fußes erfolgt nach dem Zuschlag. Anstelle eines Fußes kann natürlich auch eine Bodenkimme gemacht werden. Dazu werden wie beim runden Korb zehn 1,40er Weiden genommen. Der einzige Unterschied ist, dass immer auf der Längsseite eingesteckt und verlängert wird.

Die Staken in den Boden schlagen und die **erste Kimme** mit zwölf 1,40er Weiden flechten – auf beiden Seiten drei 1,40er Weiden mit der Spitze einlegen, „vor 2 hinter 1" flechten, verlängern und bis zur Weidenspitze ausflechten **(Schritt 14)**. Dabei die Staken einrichten, sodass sie gleichmäßig verteilt sind. Wichtig ist, nach jedem Schritt den Korb abzuschlagen.

Damit zum Schluss der Henkel gemacht werden kann, müssen nach der ersten Kimme **zwei Platzhalter** eingesetzt werden. Diese sind dafür da, dass sich der Henkel tief und ohne das Geflecht zu beschädigen, hineinstecken lässt. Da ein Längshenkel gemacht wird, die Platzhalter jeweils auf der Breitseite zur Stake dazubinden **(Schritt 15)**. Diese werden nach Augenmaß links oder rechts von der mittleren Stake gesetzt. Die Platzhalter werden an der Stake mit Schnur oder Heftpflastern fixiert. Diese Fixierungen dürfen nicht überflochten werden, deshalb diese spätestens beim Zuschlag entfernen.

Es folgt nun das **Schichtgeflecht**. Dafür die 28 1,20er Weiden mit dem dicken Ende bei jedem Abstand einlegen und wie beim runden Korb „vor 1 hinter 1" bis zur Spitze ausflechten **(Schritt 16)**. Danach folgt wieder eine **Kimme** aus zwölf 1,40er Weiden **(Schritt 17)**, ein **Schichtgeflecht** aus 28 1,20er Weiden und zum Schluss wie-

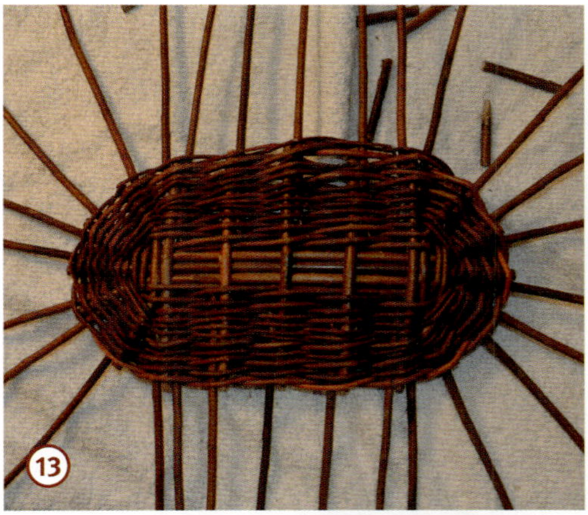

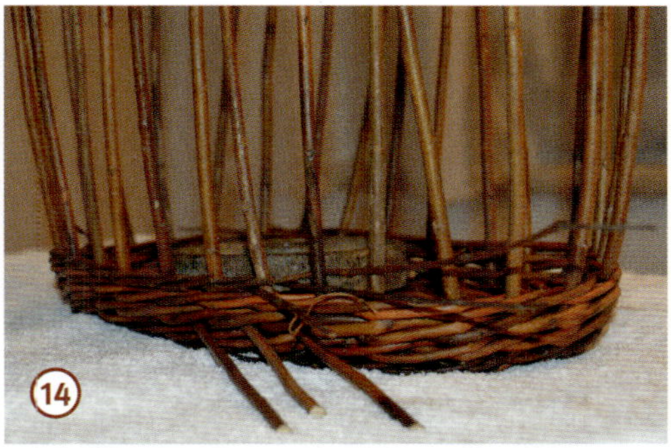

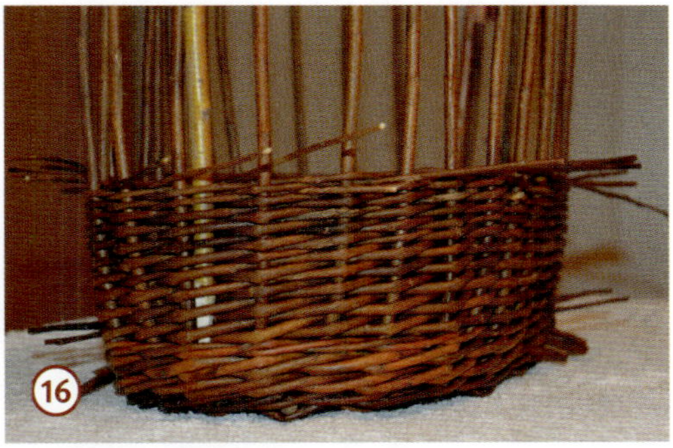

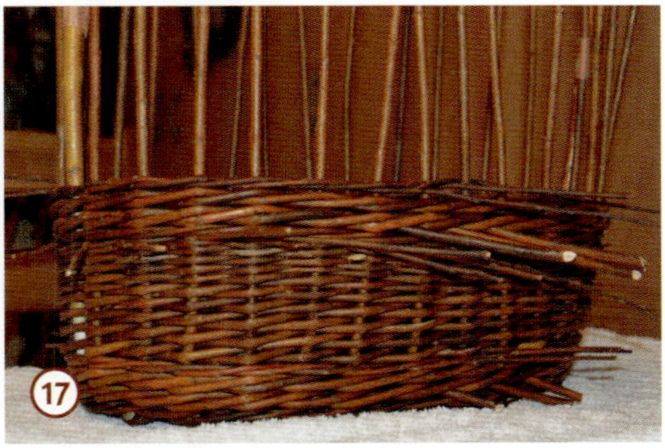

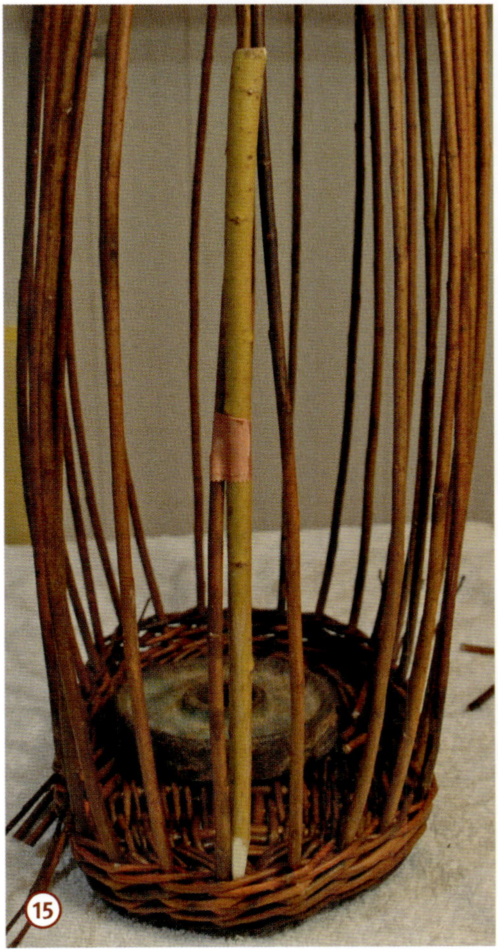

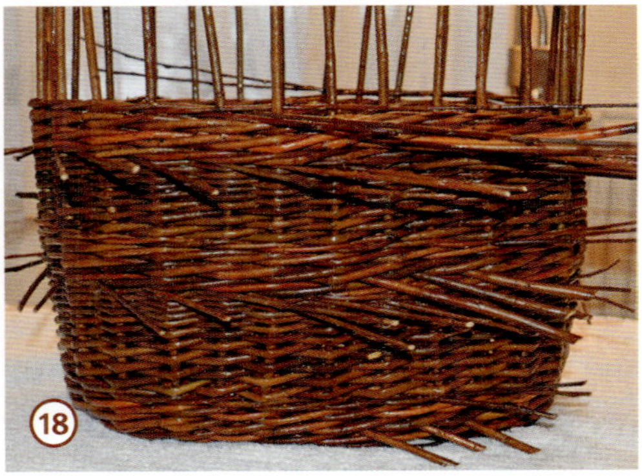

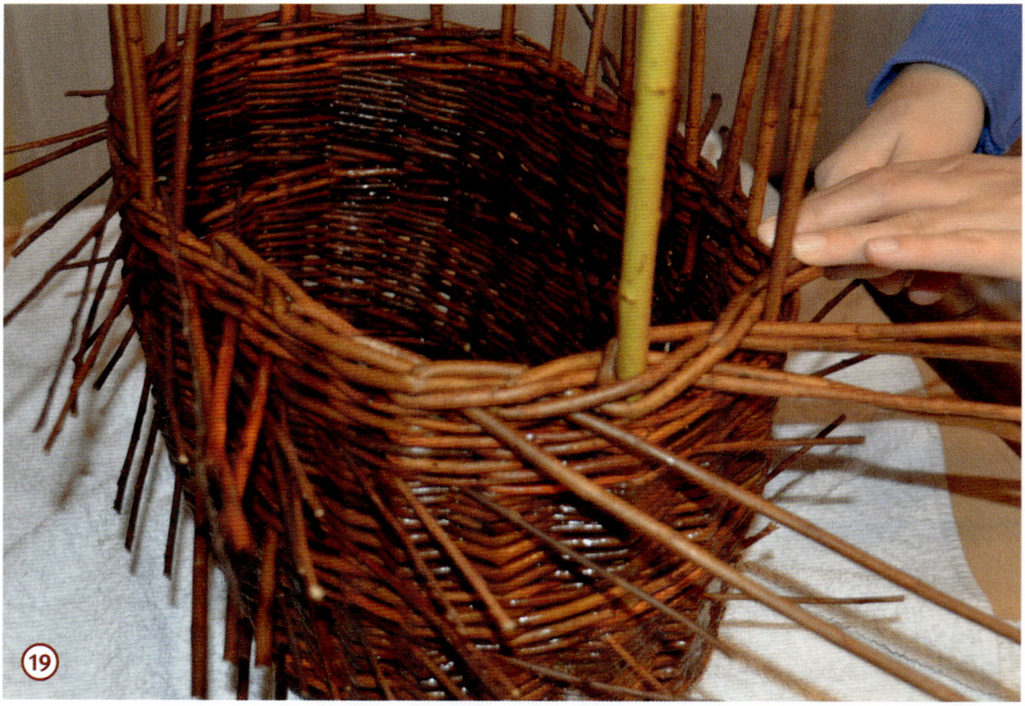
19

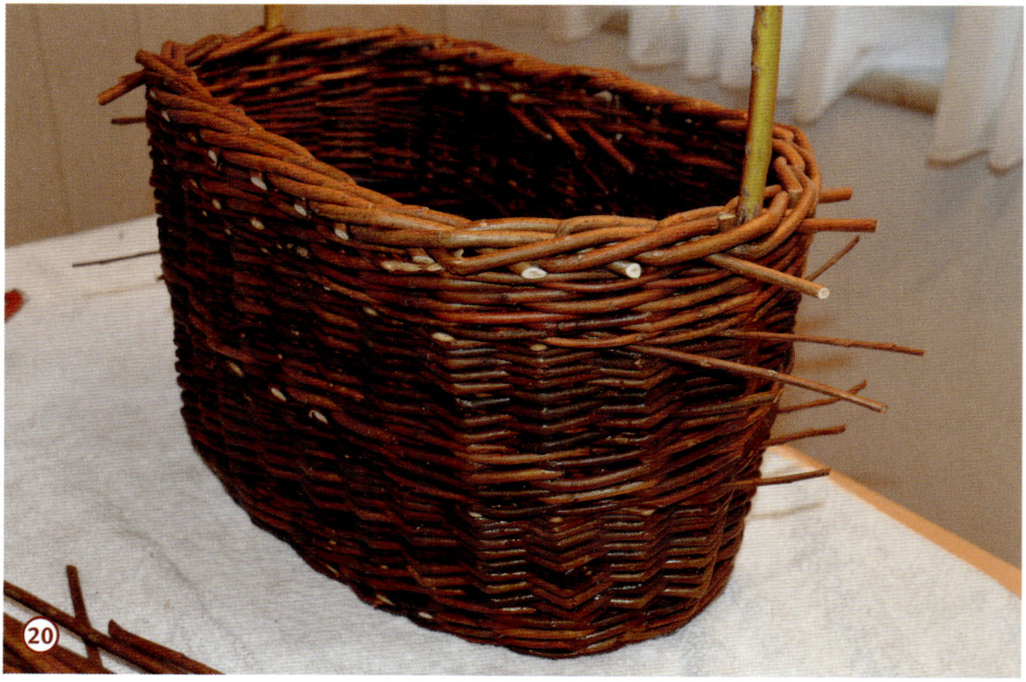
20

der eine **Kimme** aus zwölf 1,40er Weiden **(Schritt 18)**. Sollte der Korb höher werden, kann jederzeit noch eine zusätzliche Kimme gemacht werden.

Jetzt noch den **Zuschlag** „hinter 1 vor 2 hinter 1" machen, dabei um die Platzhalter herumflechten **(Schritt 19)**. Den Korb bis auf die Breitseite ausputzen. Hier werden die Weiden erst nach Fertigstellung des Henkels abgeschnitten, da sich das Geflecht bzw. die Staken beim Einsetzen des Henkels noch verändern können **(Schritt 20)**. Die Beschreibung für den Henkel befindet sich im Kapitel **„Der Henkel"** auf Seite 82.

Der Fuß

Die abgeschnittenen Staken vom Korb auf der Korbunterseite bei jeder Stake einstecken **(Schritt 1)**. Danach mit sechs 1,20er Weiden eine Kimme flechten **(Schritt 2)**. Damit der Fuß etwas breiter wird und der Korb gut steht, den Zuschlag „hinter 2 vor 2 hinter 1" flechten. Dabei drei Weiden über den Pfriem biegen und zu Beginn nun immer „hinter 2" legen. Zum Schluss ist darauf zu achten, die letzten Weiden dem Muster entsprechend einzuflechten **(Schritt 3)**. Die Pfrieme auf dem Foto zeigen, an welcher Stelle die letzten Weiden verflochten werden. Danach ausputzen **(Schritt 4)**.

Ob man sich für eine Bodenkimme oder für einen Fuß entscheidet, ist jedem selbst überlassen. Der Fuß hat den Vorteil, dass seine Größe variabel ist und individuell gestaltet werden kann. Ebenso wie die Bodenkimme kann der Fuß jederzeit erneuert werden.

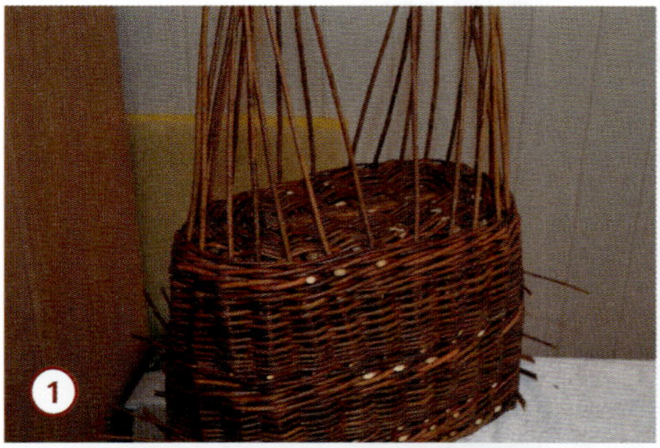

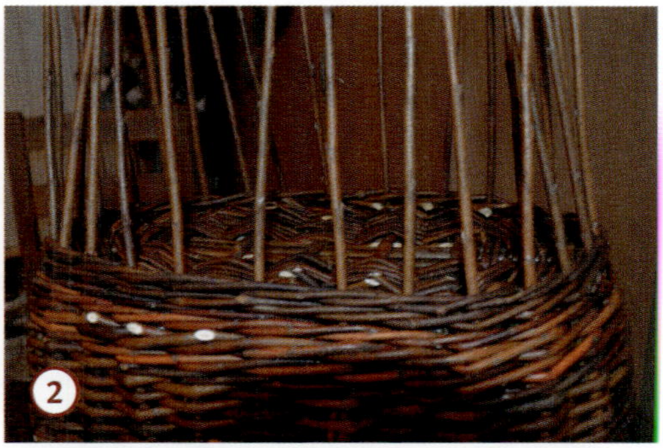

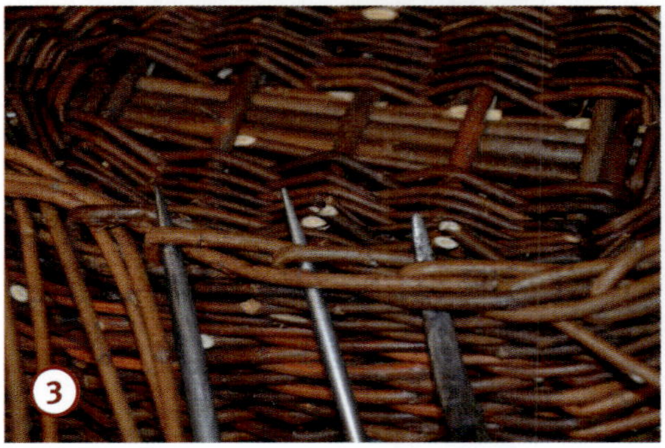

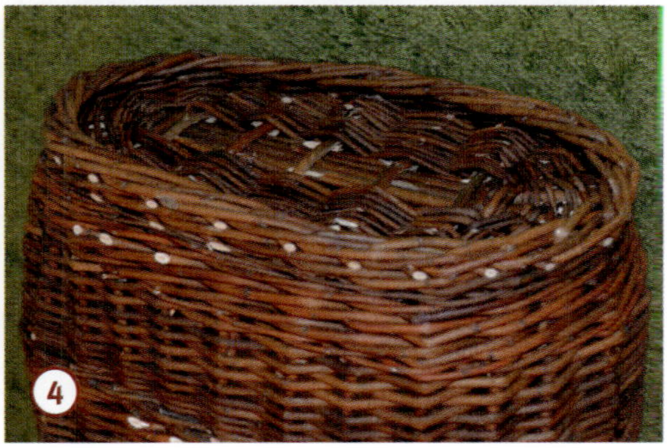

ZUSÄTZLICHE HINWEISE UND MÖGLICHKEITEN BEIM OVALEN KORB

Die Größe des Korbes kann natürlich variiert werden. Dazu einfach mehr bzw. dickere Bodenlagen verwenden, sowohl bei den langen als auch bei den kurzen. Will man einen ovalen Korb mit Henkel auf der Längsseite flechten, ist eine mittlere, kurze Bodenlage auf der Breitseite erforderlich – also fünf oder sieben Bodenlagen nehmen. Mehr Bodenlagen bedeuten auch, dass zu Beginn des Bodenkreuzes statt vier Weidenruten sechs pro Seite eingelegt werden.

Damit bauchige Körbe eine gute Form erhalten, ist zu beachten, dass auf der Breitseite mehr Staken eingesetzt werden müssen.

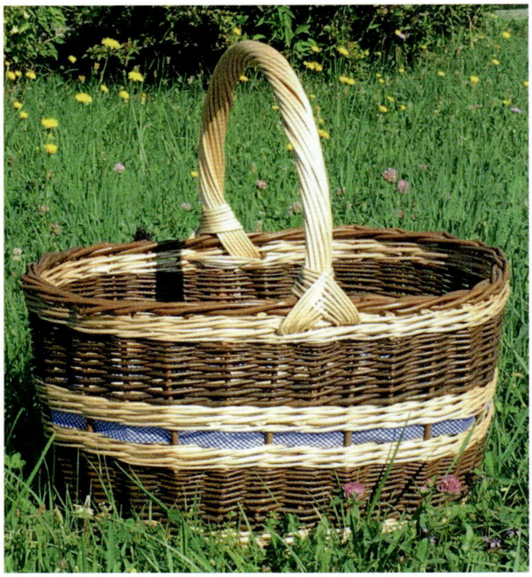

Einkaufskorb mit Henkel auf der Längsseite

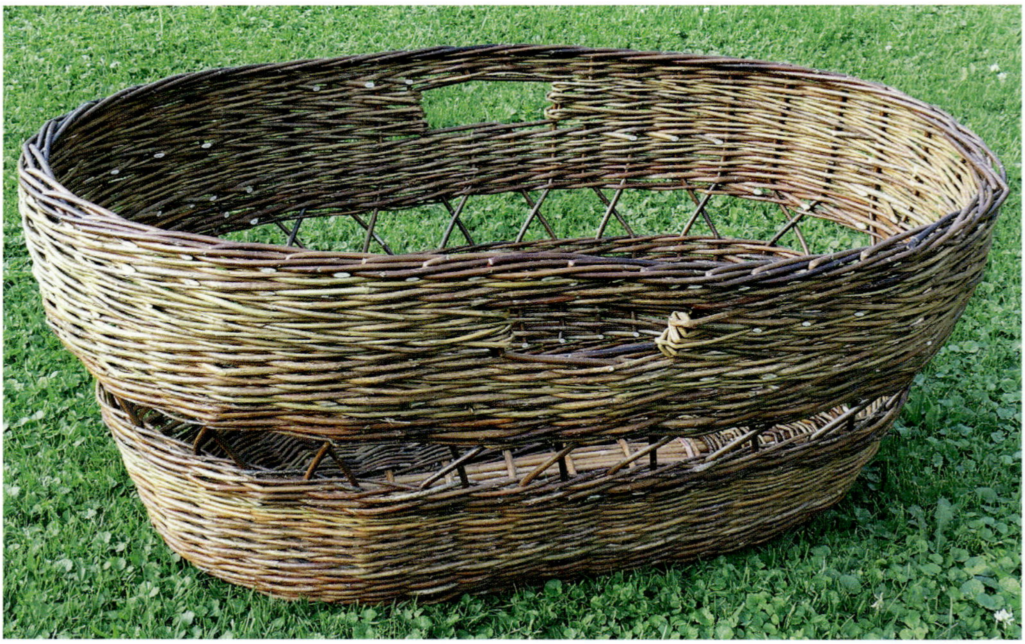

Wäschekorb mit Abständen

DER ECKIGE KORB

Eckige Körbe werden heutzutage meist mit eckigen Aufbewahrungskörben für Regale in Verbindung gebracht. Dabei hatten eckige Körbe früher eine viel breitere Nutzungspalette, wie beispielweise als Koffer oder Truhe zum Reisen. Die Herstellung eines eckigen Korbes ist im Vergleich zu runden oder ovalen Körben etwas komplexer. Aus diesem Grund ist hierbei handwerkliches Geschick und etwas Übung von Vorteil. Nachfolgend wird beispielhaft ein eckiger Aufbewahrungskorb mit einem Klappdeckel beschrieben.

MATERIAL

Folgendes Material ist für einen eckigen Korb mit einer Grundfläche von rund 30 x 20 cm und einer Höhe von 20 cm erforderlich. Das Material für den Deckel ist im nächsten Kapitel angeführt.

- Weichholzrundstäbe, Ø 15 mm:
  - 2 Stück mit 28 cm für den Boden
  - 4 Stück mit 20 cm als Eckstäbe
- Weichholzrundstäbe, Ø 10 mm:
  - 5 Stück mit 27,5 cm für den Boden
- Richtleisten – dünne Vierkantleisten:
  - 1 Stück mit 20 cm für den Boden
  - 2 Stück mit rund 32 cm für den Rahmen
  - 2 Stück mit rund 23 cm für den Rahmen
  - 2 Stück mit 15–20 cm als Hilfsleisten für den Rahmen
- kleine Nägel, Hammer, Säge, Schleifpapier
- 90 Stück 1,20er Weiden:
  - ~ 35 Ruten für den Boden
  - 12 Ruten für das Griffloch
  - 28 Ruten für das Schichtgeflecht
- 80 Stück 1,40er Weiden:
  - 38 mittlere Ruten für die Kimmen
  - 32 dickere Ruten zum Aufstaken

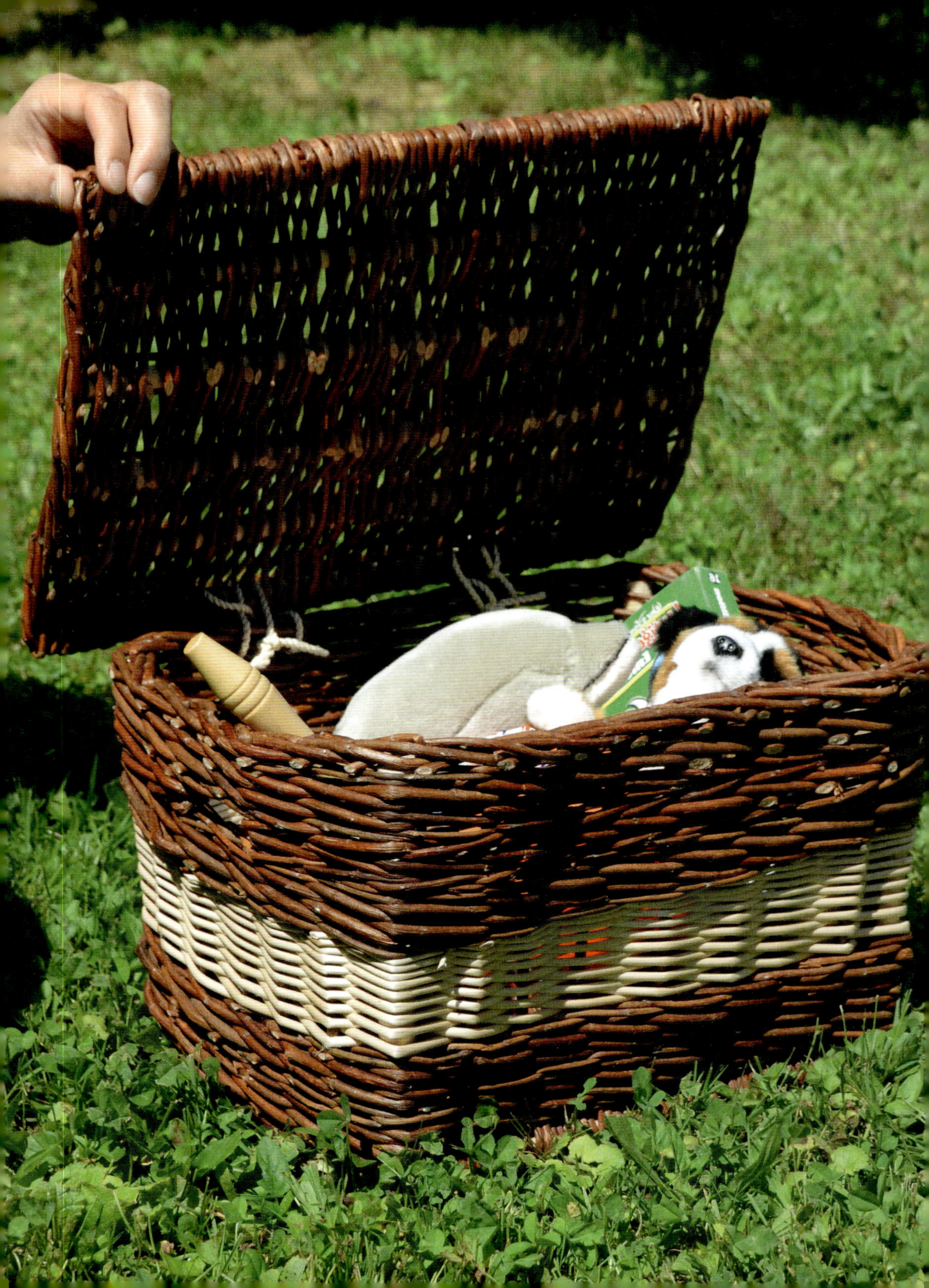

ANLEITUNG

Der Boden

Zu Beginn alle Rundstäbe auf die passende Länge zuschneiden und abschleifen. Bei den vier Eckstäben 1,5 cm tief (Höhe der dicken Stäbe) und 3/4 von der Rundung einschneiden **(Schritt 1)**. Die Rundstäbe in den Schraubstock einspannen und mit der Richtleiste fixieren **(Schritt 2)**. Der Außenstab besteht immer aus einem dünnen und einem dicken Stab. Eine Alternative zum Schraubstock erkläre ich im Kapitel „Zusätzliche Hinweise und Möglichkeiten" auf Seite 116.

Den Boden wie beim Rahmenkorb immer „vor 1 hinter 1" mit einer 1,20er Weide von einer zur anderen Seite ausflechten und dabei am Rand immer wieder Doppelwicklungen machen **(Schritt 3)**. Verlängert wird wie beim Rahmenkorb „dick auf dick" und „dünn auf dünn", wobei alle Enden immer auf eine Seite zeigen. Auf den beiden äußeren Bodenlagen NICHT verlängern, weil die Weide sonst aus dem Geflecht rutschen kann.

Während des Flechtens immer abschlagen und die Richtleiste erst ziemlich am Ende abnehmen. So lange mit der gleichen Technik flechten, bis nur mehr eine Weide Platz hat und mit der Weidenspitze enden **(Schritt 4)**.

Zum Schluss noch mit einer Weide eine Reihe **fitzen**. Dabei die Weide in der Mitte umbiegen, sodass zwei Stränge zum Fitzen

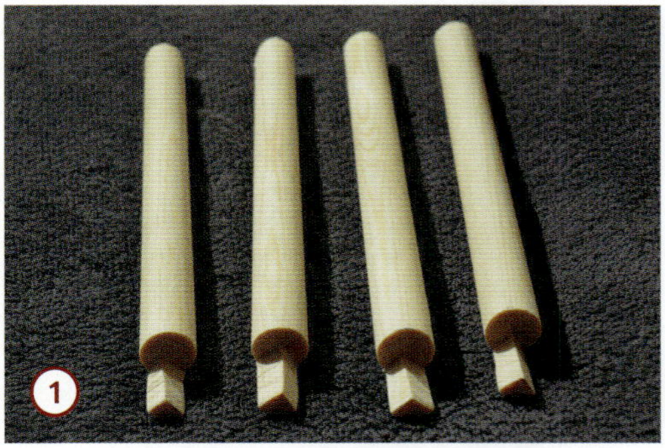

1

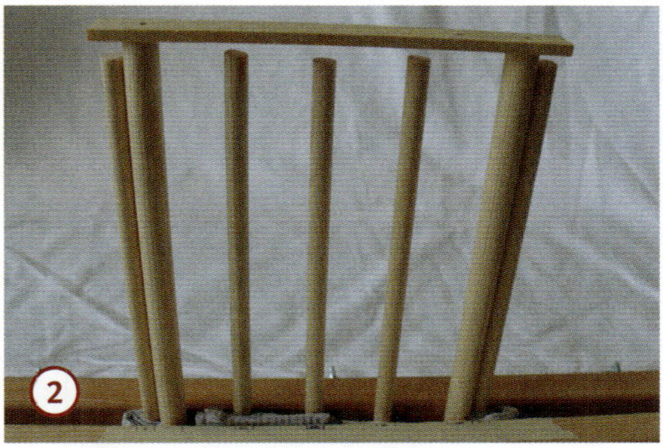

2

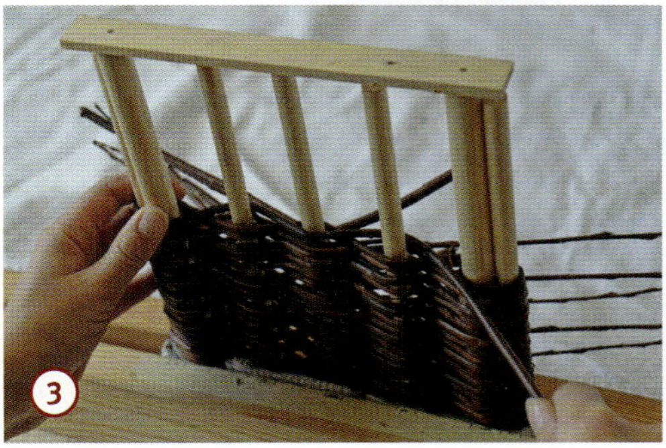

3

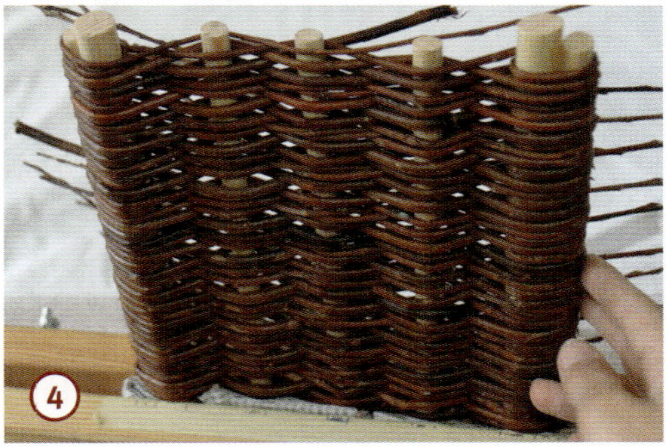

4

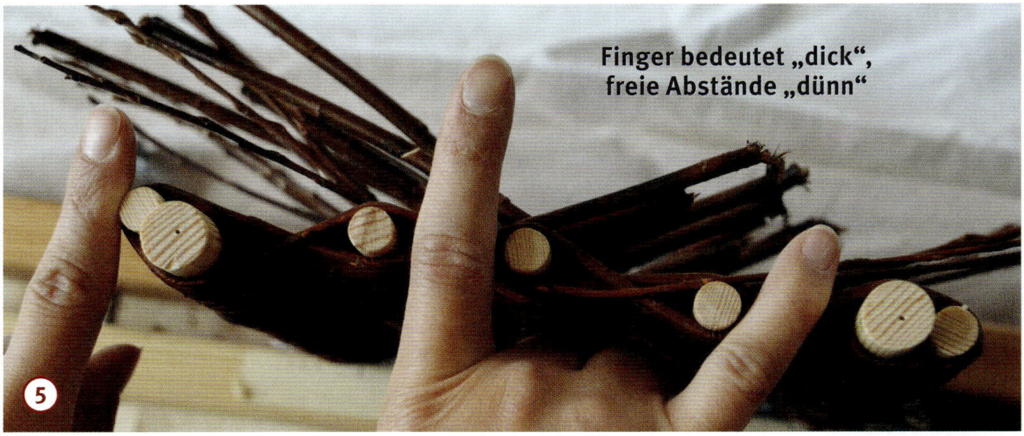
Finger bedeutet „dick“,
freie Abstände „dünn“
5

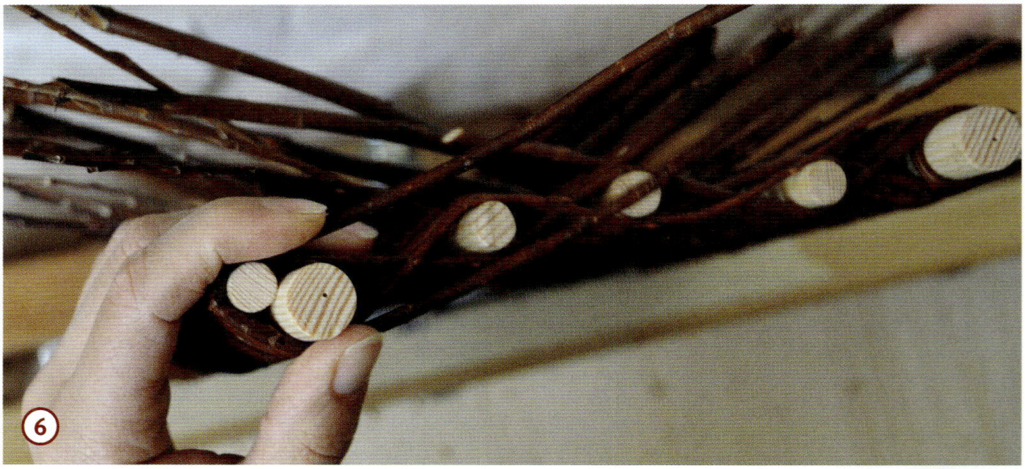
6

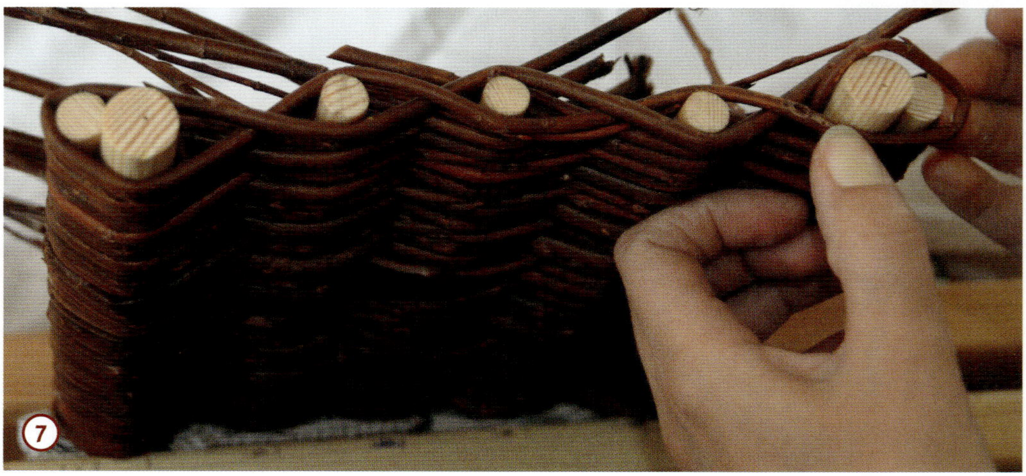
7

entstehen. Um die Weide richtig einzulegen, die Abstände von rechts nach links abwechselnd mit „dick, dünn“ auszählen (Schritt 5). Nun die Weide um die linke, äußere Bodenlage – dünnen und dicken Stab – legen (Schritt 6) und nach rechts fitzen. Abschließend mit der Spitze die rechte äußere Bodenlage umwickeln und im Geflecht vernähen, sodass das dicke Ende auf die Seite der Verlängerungen zeigt (Schritt 7).

Diesen Teil des Bodens ausputzen, indem über der Bodenlage abgeschnitten wird. Danach den Boden aus dem Schraubstock nehmen und auf der anderen Seite alle dünnen Bodenlagen um 5 mm kürzen, nicht den dicken Stab. Danach das letzte Stück auf der anderen Seite flechten, dabei wieder mit einer Fitze abschließen (Schritt 8).

Jetzt den Boden mit 1,40er Weiden **aufstaken.** Alle Staken auf gleiche Dicke zuschneiden und anspitzen. Der Abstand zwischen den Staken beträgt rund 3 cm. Zuerst die **Längsseite aufstaken,** dabei mit dem gebogenen Pfriem zwischen dicker und dünner Bodenlage vorstechen (Schritt 9), bevor die Weide hineingeschoben (Schritt 10) und mithilfe des Pfriems hochgebogen wird. Es wird immer von der Breitseite Richtung Mitte eingesteckt.

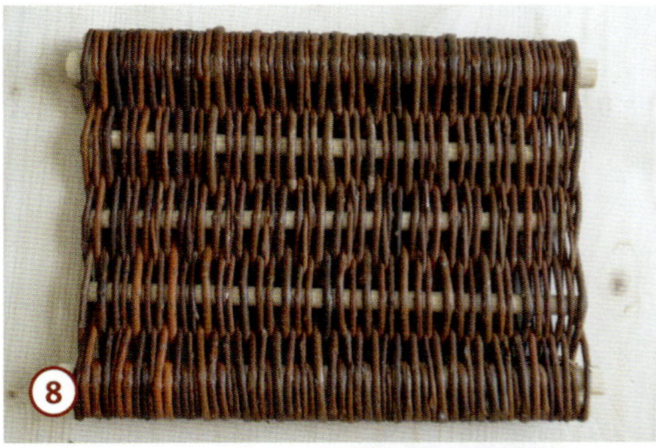
8

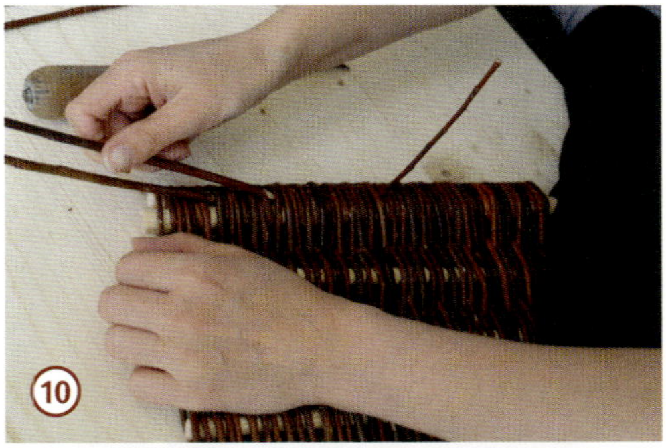
10

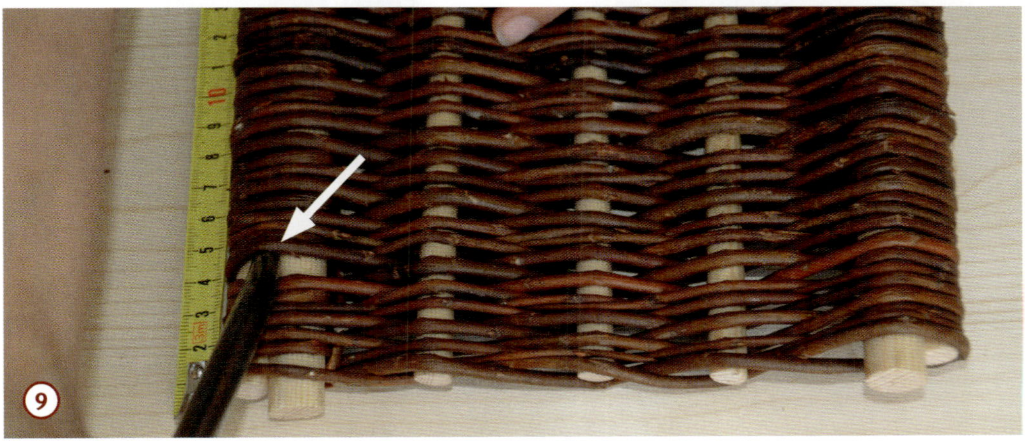
9

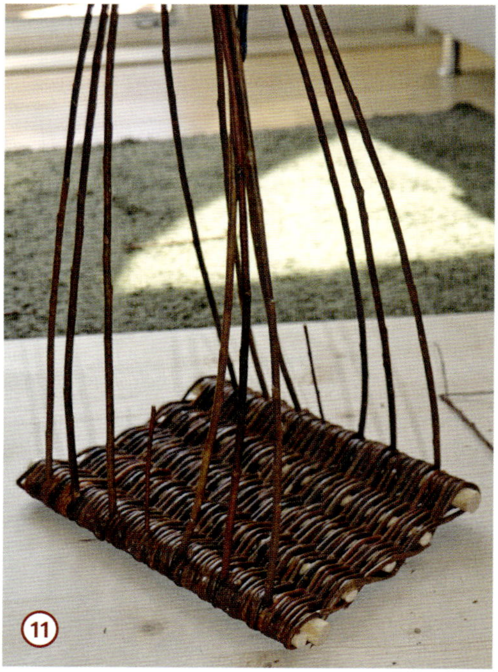
11

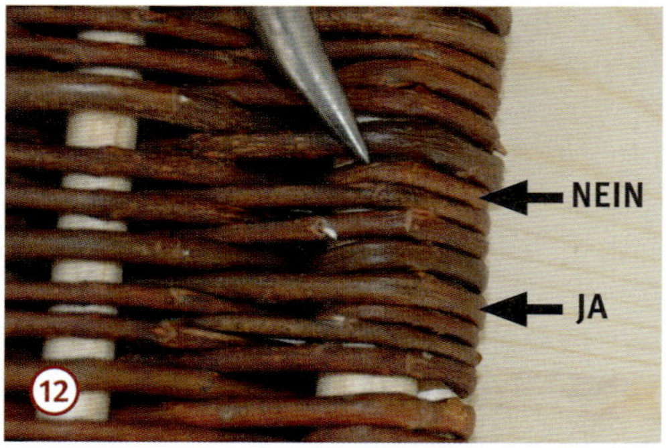
NEIN
JA
12

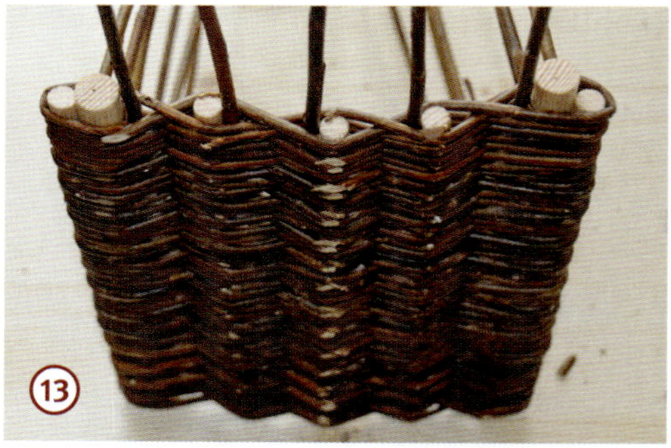
13

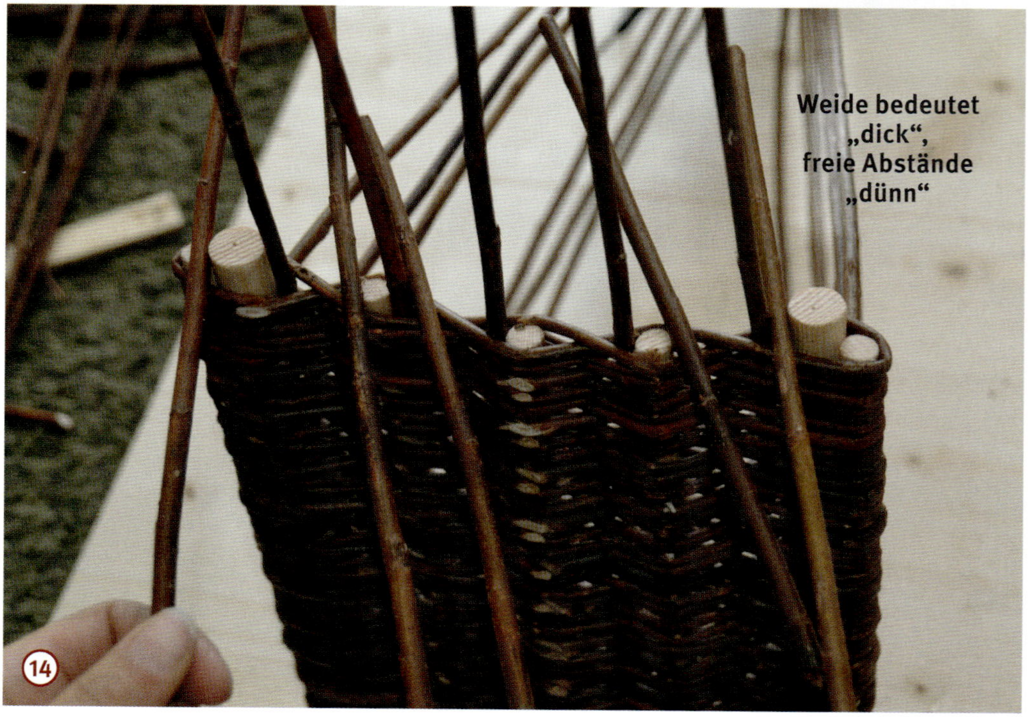
Weide bedeutet „dick“, freie Abstände „dünn“
14

Das bedeutet, dass die Weiden von außen nach innen zuerst links und rechts einer Hälfte eingesteckt werden. Den Platz für die mittlere Stake vorab nur mit einer Weidenspitze andeuten, da diese erst bei der ersten Kimme eingesetzt wird. Dann den Korb drehen und die zweite Hälfte wieder von der Breitseite Richtung Mitte aufstaken **(Schritt 11)**. Wichtig ist, dass bei KEINER Doppelwicklung aufgestakt wird **(Schritt 12)**. Alle Staken zusammenbiegen und mit einer Schnur im oberen Teil zusammenbinden.

Dann die erste **Breitseite aufstaken**. Dabei bei jeder Bodenlage eine Weide entweder rechts oder links nach Augenmaß einstecken **(Schritt 13)**.

Damit die Bodenlagen abgedeckt werden, muss eine **seitliche Kimme** gemacht werden. Zwei Weiden nehmen, wobei eine der Weiden in der Mitte umgebogen wird, damit drei Weiden für eine 3er-Kimme entstehen. Den Boden auf die Unterseite, die Seite der Verlängerungen, umdrehen. Um die Weiden richtig einzulegen, die Abstände abwechselnd von rechts nach links mit „dick, dick, dünn" auszählen, wobei der dicke Stab als eigene Stake gezählt wird **(Schritt 14)**. In diesem Fall die gebogene Weide um den dicken, linken Stab wickeln, sodass das dicke Ende auf der linken Seite ist und das dünne Ende an zweiter Stelle liegt. Die zweite Weide (nur die untere dicke Hälfte verwenden) an dritter Stelle mit dem dicken Ende nach vorne einlegen. Somit liegen die Weiden folgendermaßen zwischen den Abständen: dick, dünn, dick **(Schritt 15)**. Nun eine 3er-Kimme flechten, wobei zum Schluss mit dem dünnen Ende der dicke rechte Stab umwickelt und im Geflecht vernäht wird **(Schritt 16)**. Die beiden dicken Enden sind an letzter und vorletzter Stelle und zeigen auf die Unterseite.

Die Staken mit dem Pfriem anstechen und hochbiegen sowie zu den anderen dazubinden. Danach dasselbe bei der zweiten Breitseite machen **(Schritt 17)**. Das Band lösen, sodass sich alle Staken auf den Boden legen.

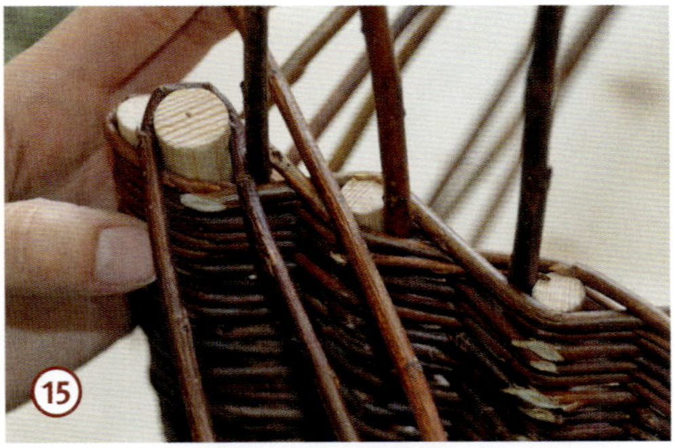

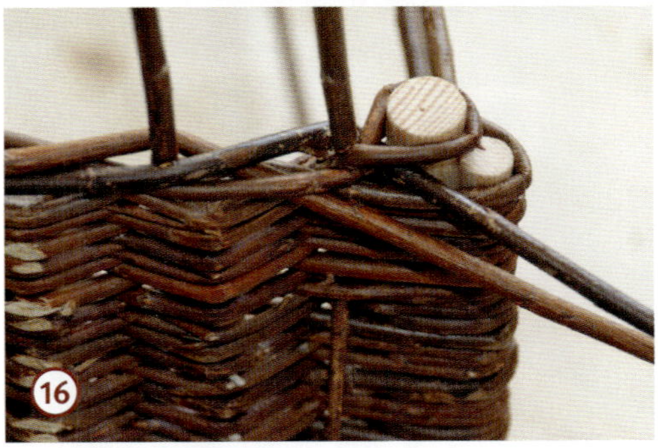

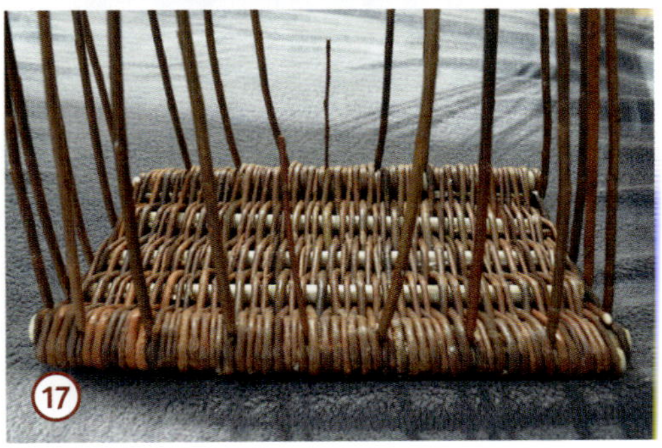

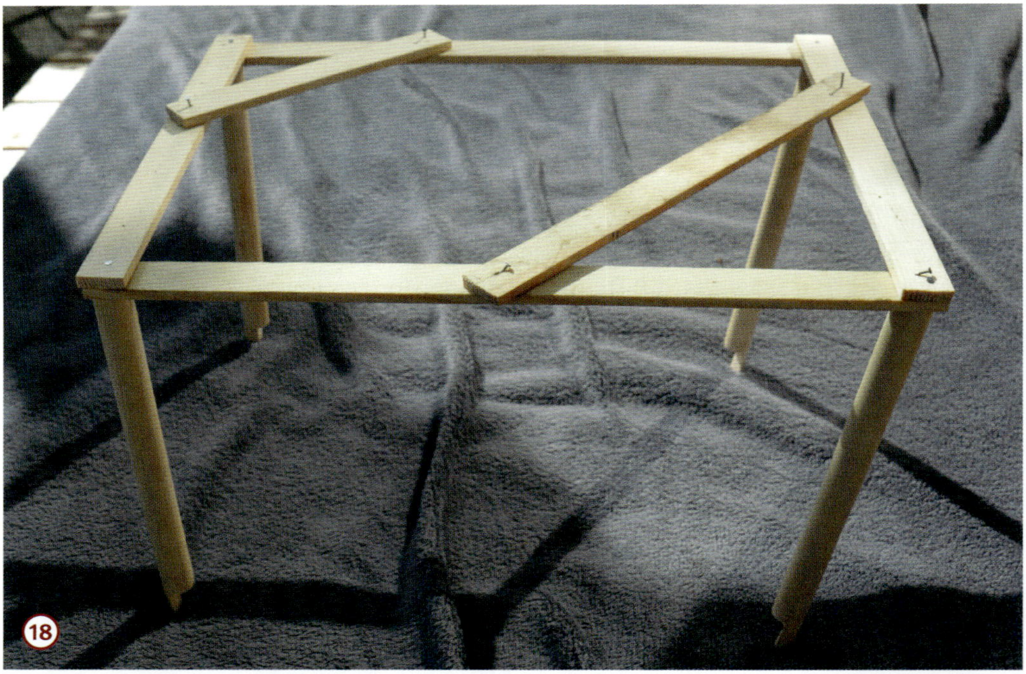

18

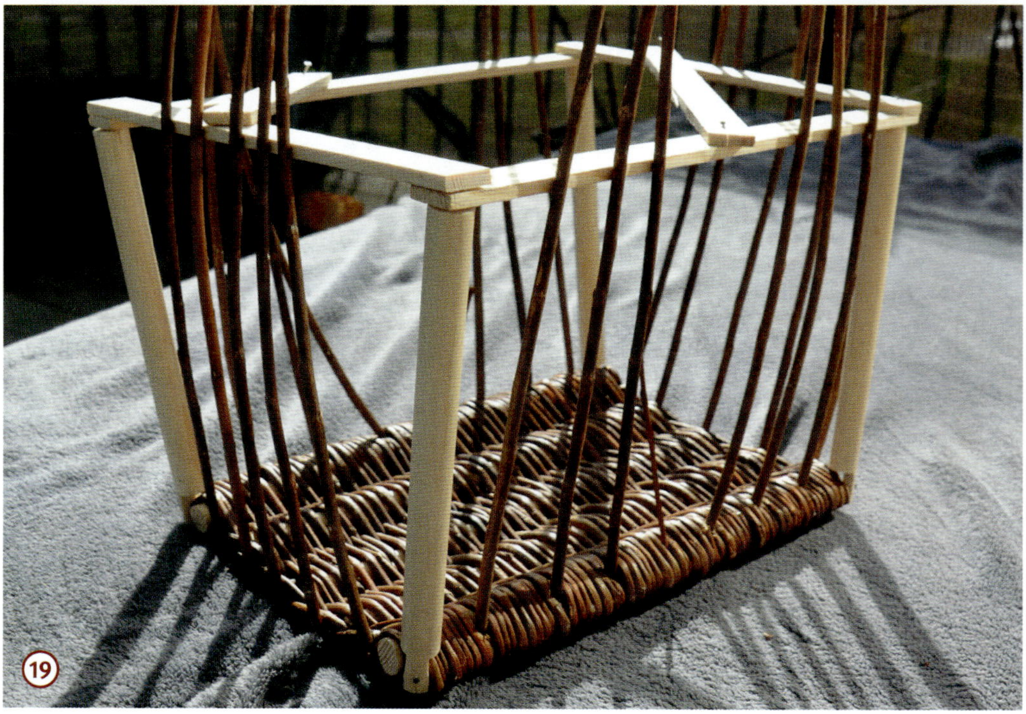

19

Damit der Korb die gewünschte Größe des oberen Randes erhält bzw. die eckige Form behält, wird ein Flechtrahmen für die Oberseite als Hilfsmittel gebastelt. In diesem Fall hat der Rahmen aus den Richtleisten die Maße 23 x 32 cm. Dabei die Eckstäbe oben an den Rahmenecken **(Schritt 18)** und unten am Boden mit Nägeln fixieren **(Schritt 19)**. Dieser Arbeitsschritt kann nach einiger Übung auch weggelassen werden. Die Staken außerhalb des Rahmens im oberen Teil mit einer Schnur zusammenbinden.

Die Wand

Jede Wand beginnt mit einer Kimme. Bei diesem Korb wird eine 3er-Kimme mit zwölf 1,40er Weiden geflochten. Die Staken bei jedem Schlag auf die gewünschte Position einrichten. Auf der Breitseite ist es wichtig, die Staken sehr stark nach innen zu drücken, da sie dazu neigen, nach außen zu ziehen.

Auf der Längsseite auf beiden Seiten bei der ersten Kimme die mittlere Stake einsetzen **(Schritt 20)**. Dazu diese anspitzen und in den Boden stecken. Um die Eckstäbe sehr vorsichtig, aber doch fest flechten. Nach jeder Runde das Gerüst mit den Eckstäben kontrollieren und bei Bedarf einrichten, damit der Korb gleichmäßig wird. Aus optischen Gründen empfiehlt es sich, eine zweite Kimme mit zwölf Weiden zu machen und gut abzuschlagen **(Schritt 21)**.

Das Schichtgeflecht aus 28 1,20er Weiden machen. Bei jeder Stake (auch bei den Eckstäben) eine Weide einlegen und wie beim runden Korb beschrieben „vor 1 hinter 1“

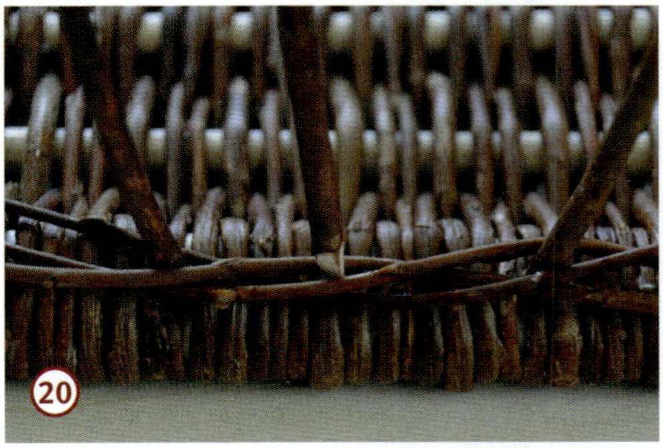

20

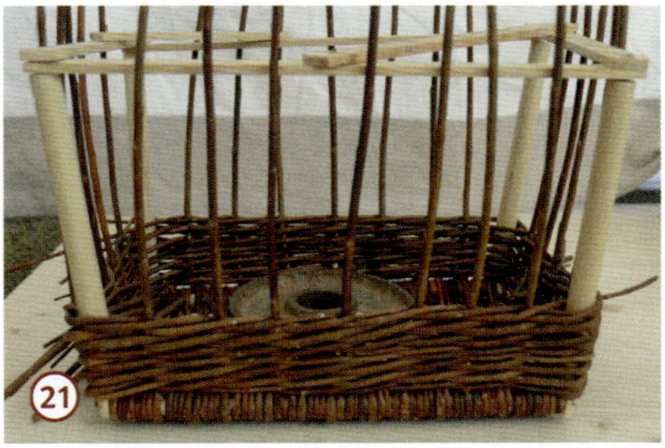

21

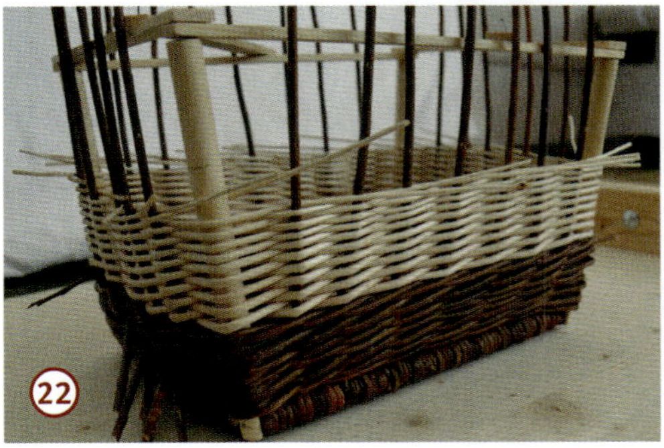

22

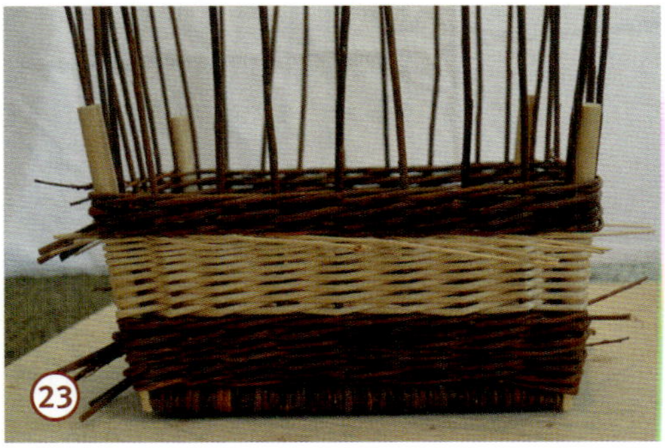

23

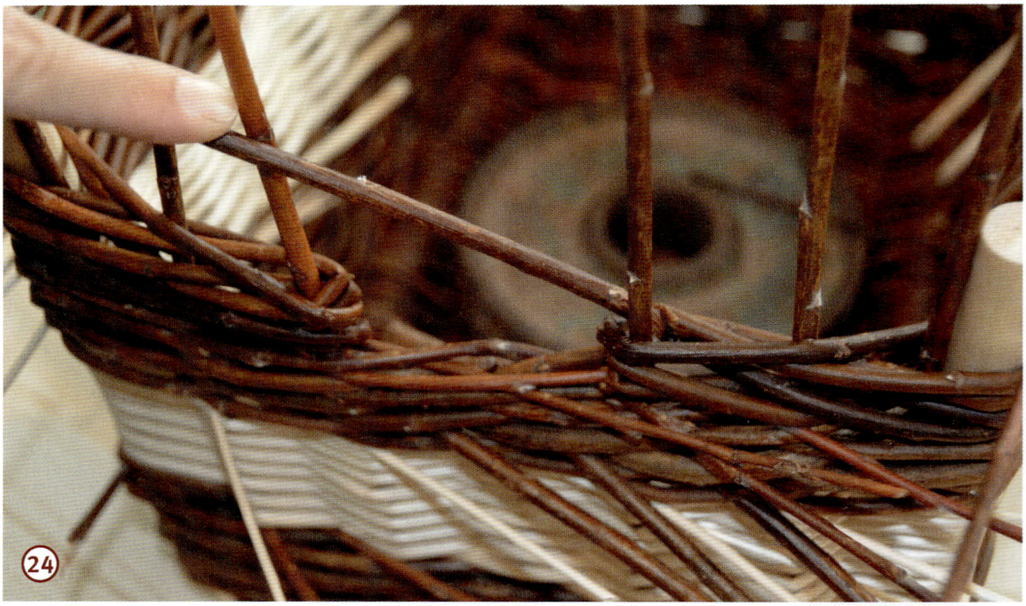

24

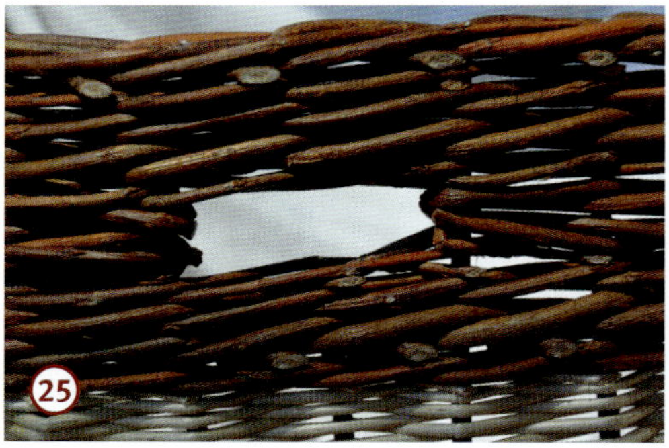

25

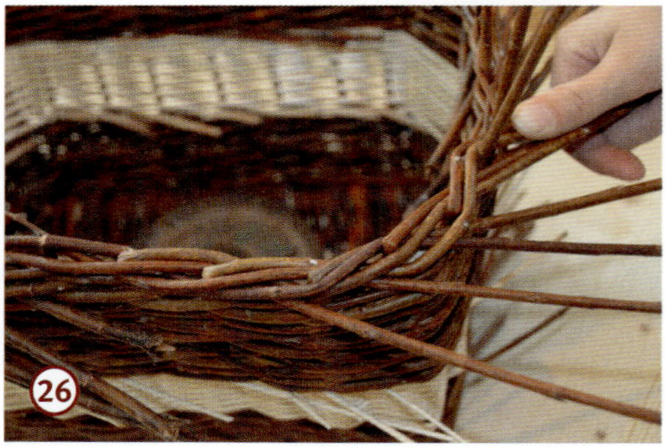

26

flechten **(Schritt 22)**. Den Korb abschlagen und jeweils links und rechts des Eckstabes eine Weide dazustecken. Diese sind für den Zuschlag wichtig. Anschließend das Hilfsgerüst entfernen. Danach wieder aus zwölf 1,40er Weiden eine 3er-Kimme flechten **(Schritt 23)**. Jetzt entweder weitere Kimmen machen, bis die gewünschte Höhe erreicht ist, oder ein kleines eckiges Griffloch setzen, wie im Kapitel „Das Griffloch“ ab Seite 79 beschrieben **(Schritt 24)**. Als Abschluss eine 3er-Kimme mit zwölf Weiden flechten und gut abschlagen **(Schritt 25)**.

Es besteht nun die Möglichkeit, die Eckstäbe auf Höhe der Kimme abzusägen, damit sie vom Zuschlag bedeckt werden, oder sie stehen zu lassen (Korb mit sichtbaren Eckstäben). Bei der ersten Variante ist es wichtig, dass die Weiden beim Eckstab gut weggebogen werden, damit sie nicht beschädigt werden. Bei der zweiten Variante den Zuschlag um die Stäbe herumflechten.

Für diese Größe des Korbes ist der Zuschlag „hinter 1 vor 2 hinter 1“ optimal. Dabei über den Pfriem drei Staken vorbiegen und den Zuschlag flechten **(Schritt 26)**. Beim eckigen Korb können nicht nur die Zuschlagsarten, welche im Kapitel „Verschiedene Zuschläge“ auf Seite 68 beschrieben sind, geflochten werden, sondern es gibt auch spezielle Zuschläge, bei denen die Ecken besonders zur Geltung kommen. Danach den Korb noch ausputzen und die abgeschnittenen Staken für den Zuschlag des Deckels aufbewahren.

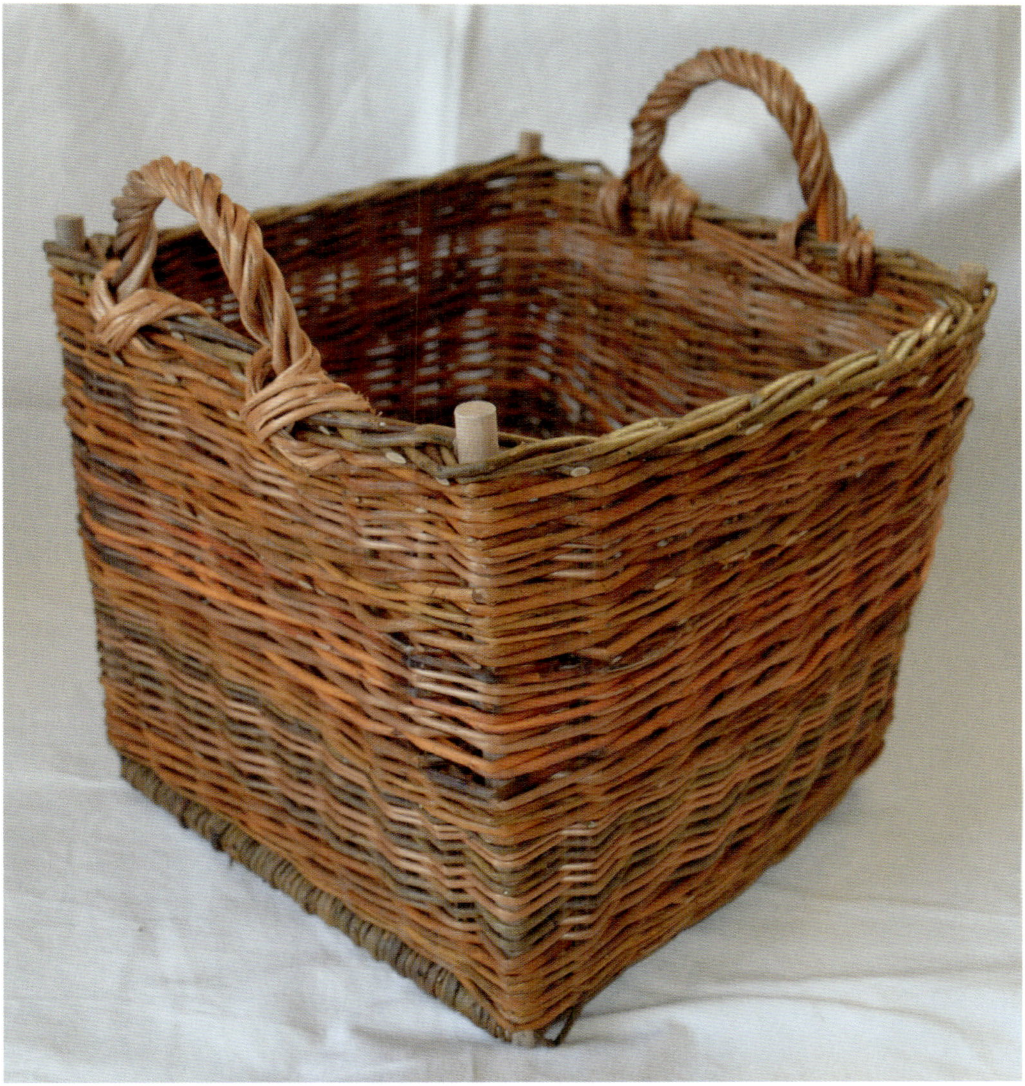

Korb mit sichtbaren Eckstäben

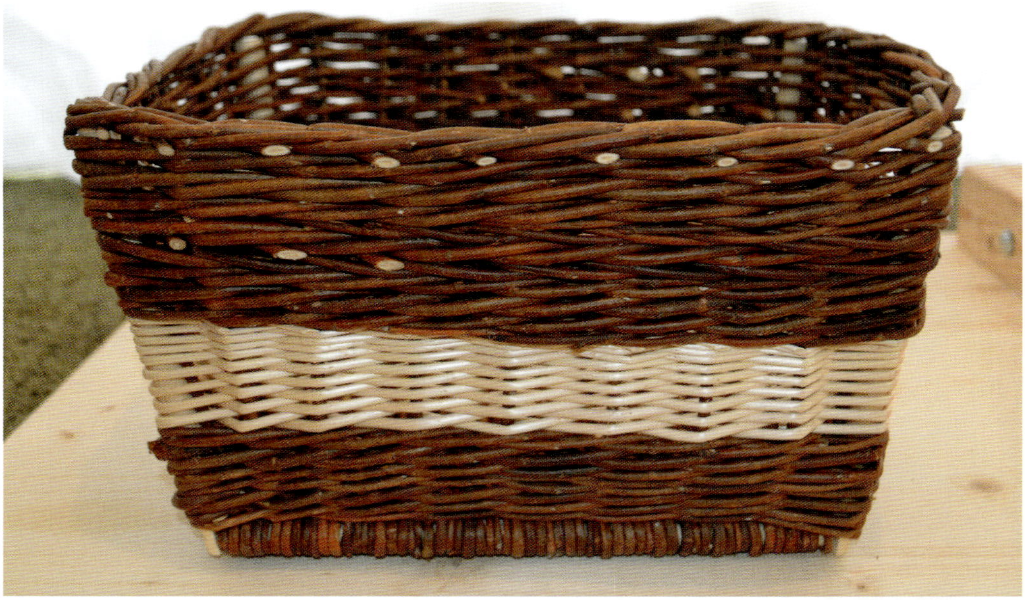

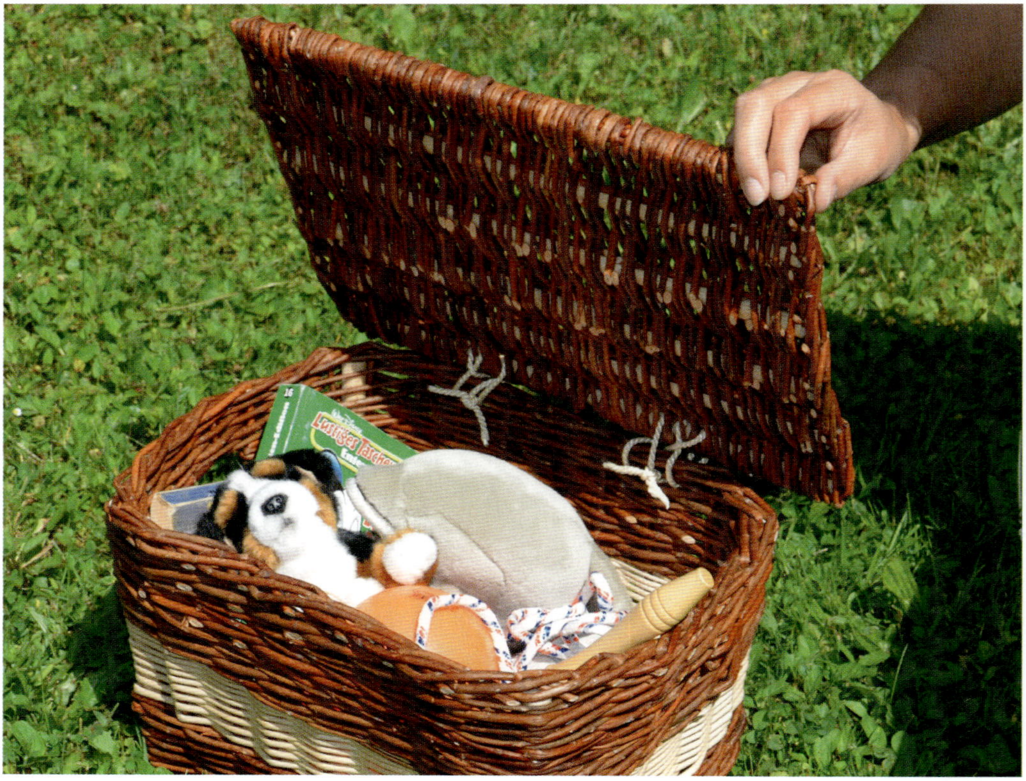

Der Klappdeckel

MATERIAL

Die Angaben für den Klappdeckel können etwas variieren, da der obere Korbrand um 1–2 cm größer oder kleiner sein kann, wenn z. B. die Staken nicht gut zum Rahmen gedrückt wurden. Für den Klappdeckel (rund 35 x 25 cm) folgendes Material vorbereiten:

- Weichholzrundstäbe, Ø 10 mm:
  - 6 Stück mit ~ 35 cm (1 cm kürzer als die Länge des Korbes)
- 1 Richtleiste mit ~ 25 cm (1 cm kürzer als die Breite des Korbes)
- kleine Nägel, Hammer, Säge, Schleifpapier, Klebeband zum Fixieren
- 60 Stück 1,20er Weiden
- abgeschnittene Staken des Korbes für den seitlichen Zuschlag, ansonsten zusätzlich 28 Stück 1,20er Weiden
- Weidenspitzen: 4 dünne und 6 dicke als Platzhalter

Ein Klappdeckel ist für diese Größe des Korbes optisch am schönsten und außerdem ist er einfach zu machen. Die Größe des Deckels bestimmt der Korboberrand. Die Stäbe sollen um 1 cm kürzer sein als die Korblänge, da noch ein Zuschlag beidseitig auf der Längsseite angebracht wird. Da der Deckel flach wird, eignen sich statt der Rundstäbe auch ovale Leisten (Einflechtleiste). Beim Einspannen der Stäbe ebenfalls 1 cm für die Wicklung auf der Breitseite abziehen und beidseitig drei dicke Platzhalter in der Mitte an der Außenbodenlage mit Klebeband fixieren **(Schritt 1)**. Dabei auf beiden Seiten 5 cm vom Rand freilassen. Das ist wichtig, damit keine Stufe beim Einstecken der Weide für den Zuschlag entsteht.

Den Deckel gleich wie einen eckigen Boden flechten – immer hin und her und am Rand immer wieder Doppelwicklungen bis rund 5 cm vor Ende, wo auch die Platzhalter enden. Mit der Weidenspitze enden

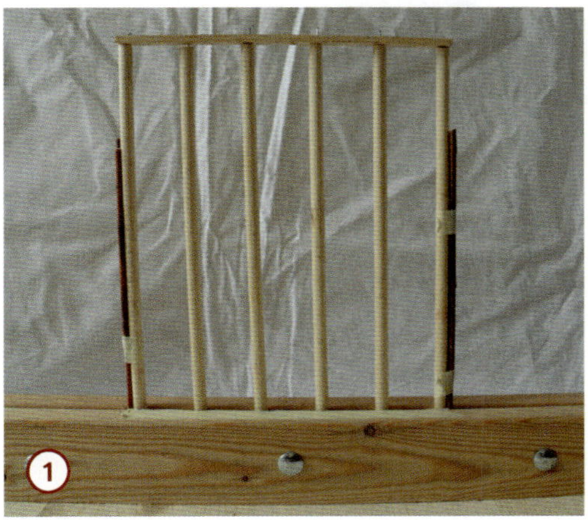
1

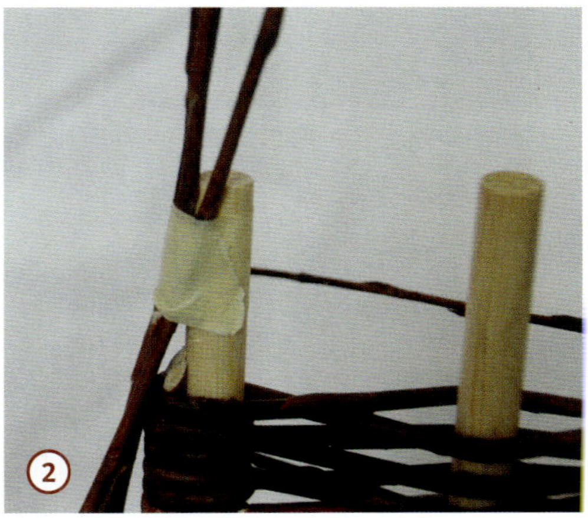
2

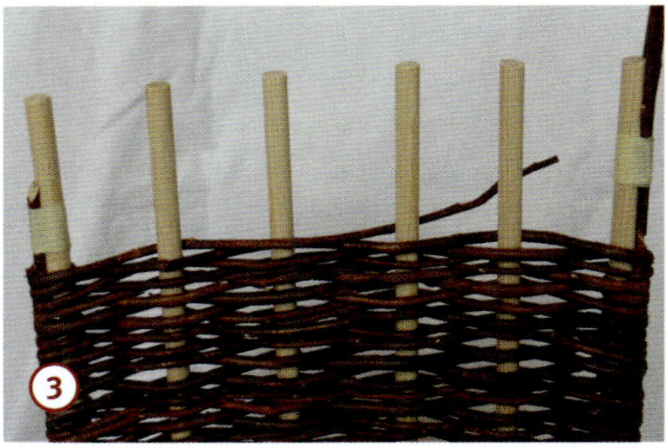
3

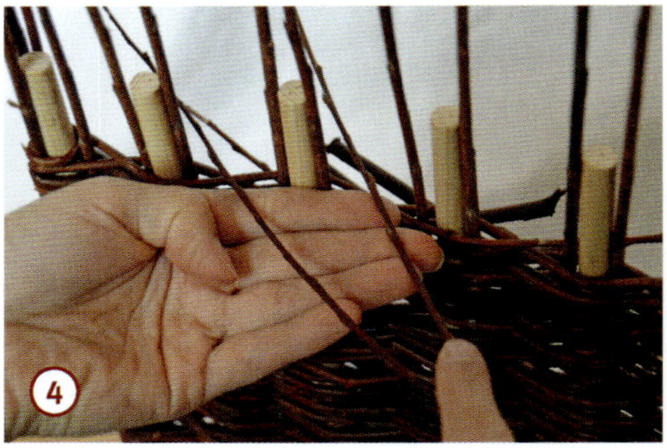
4

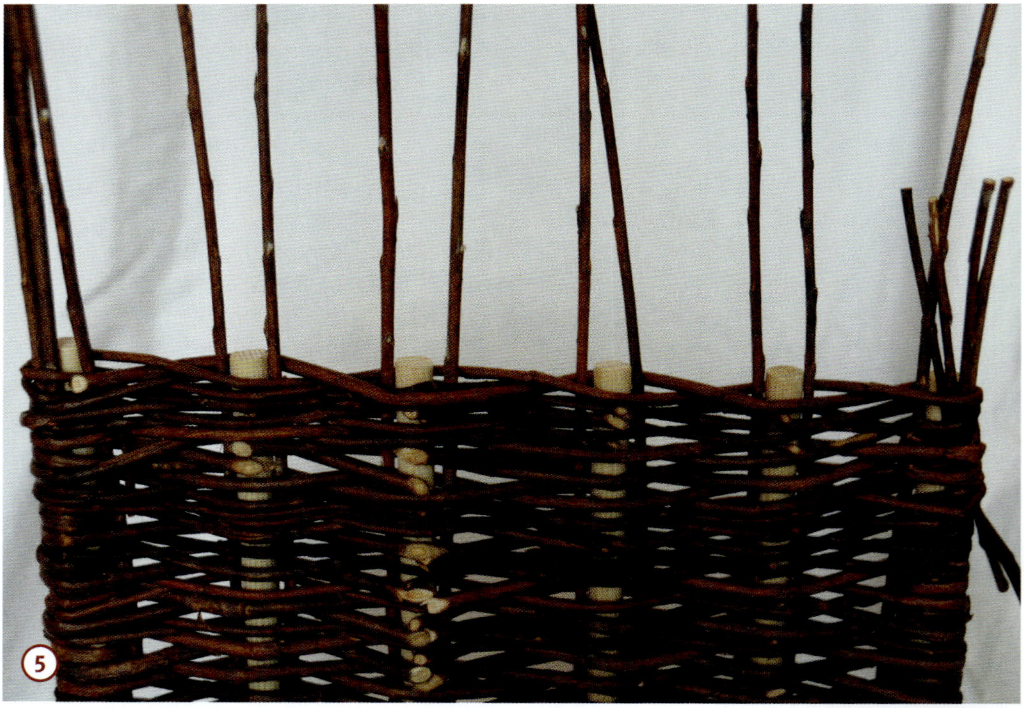
5

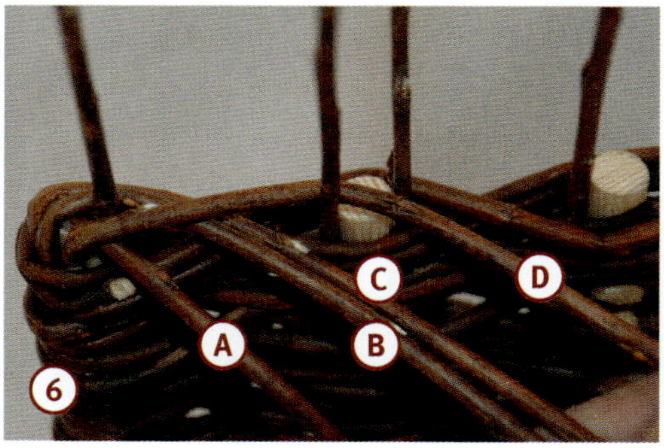
C
D
A
B
6

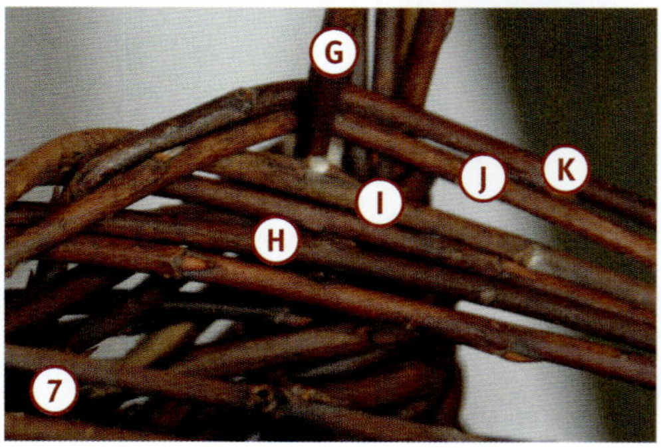
G
K
J
I
H
7

und das Klebeband während des Flechtens lösen, damit es beim fertigen Korb nicht sichtbar ist. Auf der linken Seite vier dünne Platzhalter zum Einfädeln des Zuschlages fixieren **(Schritt 2)**. Auf der rechten Seite vier Weiden für den Zuschlag im Anschluss an die Platzhalter dazubinden **(Schritt 3)** sowie zu den Bodenlagen jeweils links und rechts eine Weide dazustecken. Für den Zuschlag keine zu dicken Weiden verwenden, am besten die abgeschnittenen Staken des Korbes oder bei 1,20er Weiden nur die obere Hälfte.

Nun den restlichen Teil **fitzen**. Dabei werden zwei Weidenspitzen nebeneinander eingelegt **(Schritt 4)** und es wird so lange geflochten, bis nur mehr eine Weide Platz hat. Anschließend eine 3er-Kimme mit zwei Weiden wie beim Boden machen **(Schritt 5)**.

Für den **Zuschlag** den Deckel umdrehen, sodass die Seite mit den Verlängerungen sichtbar ist. Der Zuschlag „hinter 1 vor 2 hinter 1“ funktioniert gleich wie bei einem runden Korb, mit dem Unterschied, dass es einen Anfang und ein Ende gibt.

A nach vorne legen, B und C „hinter 1“, D „vor 1 hinter 1“ **(Schritt 6)** und die erste stehende Stake dazulegen. A „vor 2 hinter 1“ und die stehende Stake dazulegen. Ab jetzt wie gewohnt den Zuschlag machen, bis zwei Weiden hinter der letzten stehenden Stake liegen **(Schritt 7)**. Auf der rechten Seite die Platzhalter entfernen.

G, die letzte stehende Stake, auf der Außenseite vernähen. H „vor 2“ und auch auf der Außenseite vernähen **(Schritt 8)**. I um den Stab wickeln und im Geflecht vernähen. J entweder wie G und H seitlich vernähen oder wie I um den Stab wickeln und vernähen. K über G und H legen und auch im Geflecht vernähen **(Schritt 9)**. Diese Seite des Deckels ausputzen und das Gleiche auf der anderen Seite machen. Zum Schluss den Deckel mit einer Lederschnur oder einem Band am Korb fixieren **(Schritt 10)**.

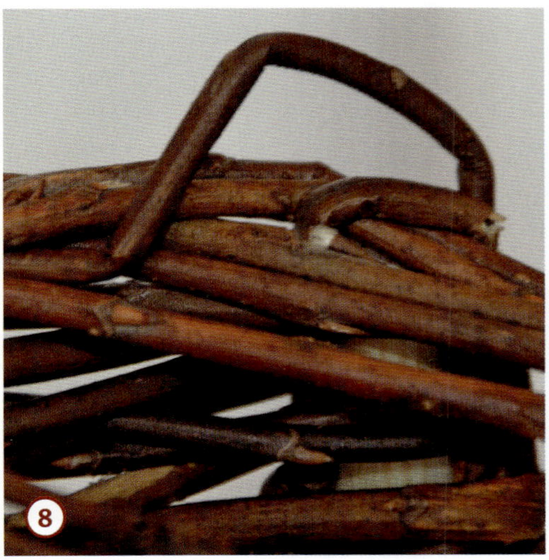
8

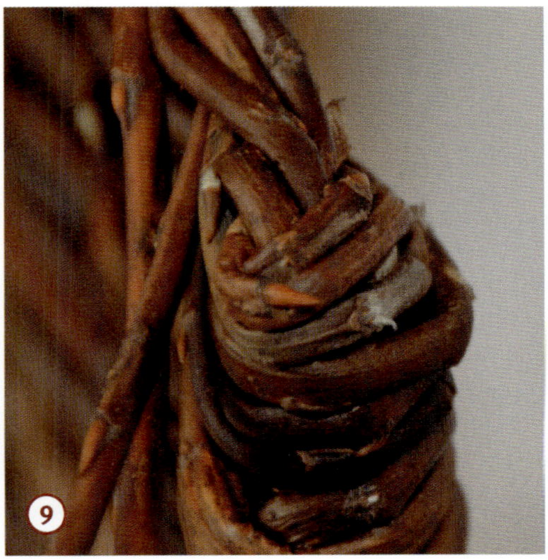
9

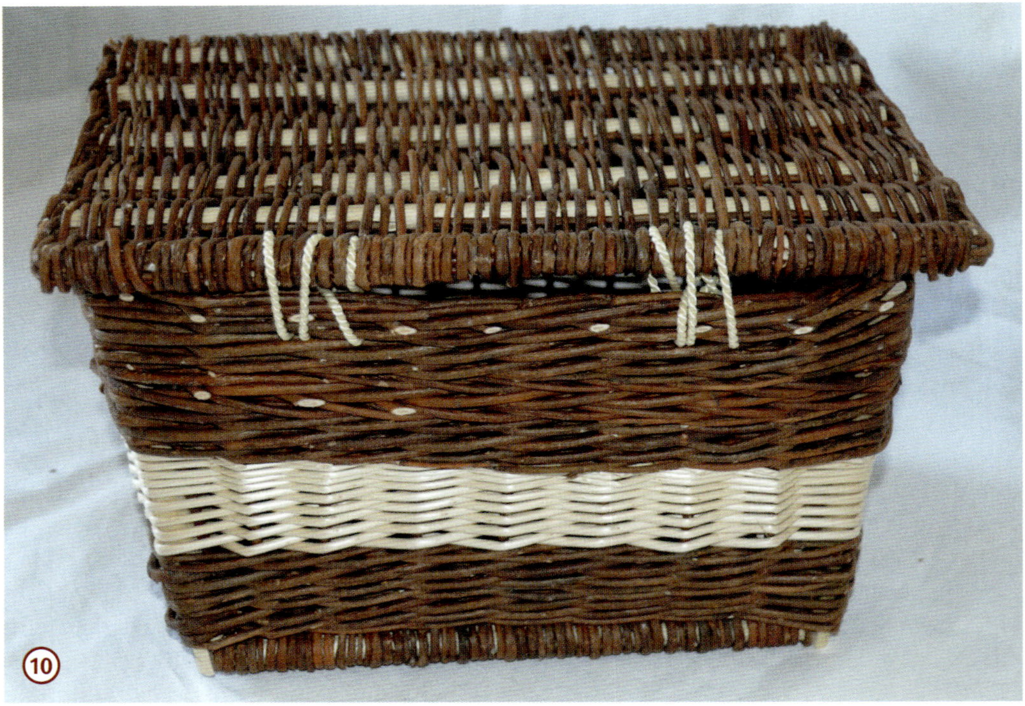

ZUSÄTZLICHE HINWEISE UND MÖGLICHKEITEN BEIM ECKIGEN KORB

Die **Berechnung des eckigen Korbes** erfolgt folgendermaßen: Die Rundstäbe für den Boden sollen beim dicken Stab um 2 cm und beim dünnen um 3 cm kürzer sein als die gewünschte Bodengröße. Diese Zentimeter werden für das Aufstaken und die seitlichen Kimmen eingerechnet. Die ideale Höhe eines eckigen Korbes ist die Länge der Breitseite. Ein Korb sollte grundsätzlich aus optischen Gründen nach oben hin größer werden, natürlich ist auch ein ganz gerader Korb möglich.

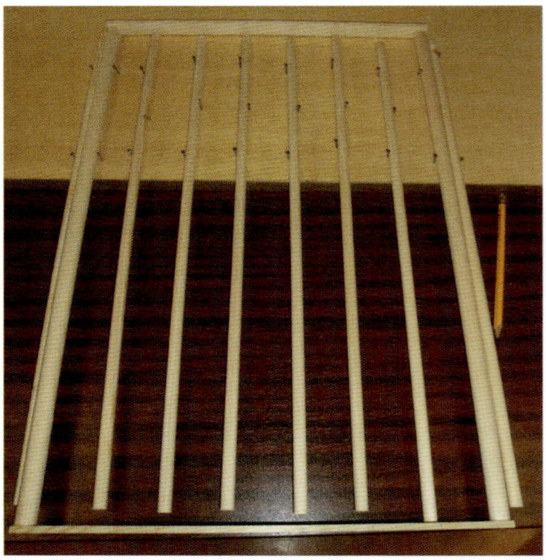

Alternative zum Schraubstock

Als **Alternative zum Schraubstock** kann auch ein normales Brett verwendet werden. Dazu die Stäbe auf das Brett nageln und vorne und hinten eine Richtleiste setzen. Ein kleines Brett und ein Polster oder eine Decke beim Flechten auf die Stäbe legen, damit die Nägel nicht stechen. Geflochten wird wie gehabt.

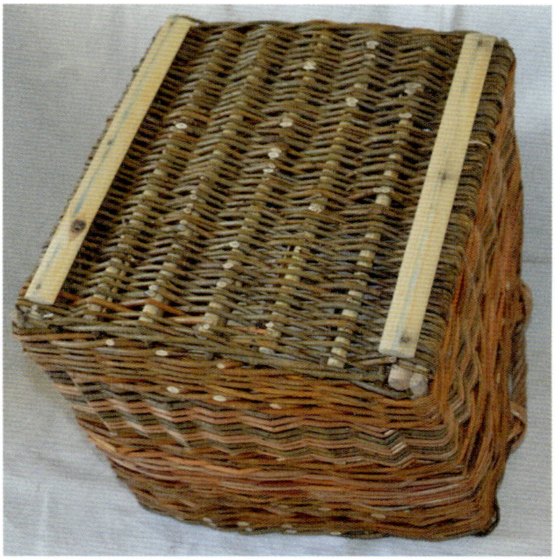

Korbunterseite mit Schleifleisten

Ein eckiger Korb hat keine Bodenkimme, auf der er steht. Damit sich der Boden trotzdem nicht stark abnützt, werden **Schleifleisten** (Einflechtleisten) auf der äußeren Bodenlage montiert. Wichtig ist, die Nägel tief in die Schleifleiste einzuschlagen und die Kanten gut abzuschleifen, sodass keine Kratzer im Fußboden entstehen.

Für einen **größeren Korb** werden mehr Stäbe sowie mehr und längere Weiden zum Flechten benötigt. Außerdem werden dickere Rundstäbe oder anstatt der beiden Außenstäbe (dicker und dünner Rundstab) eine Nutenleiste verwendet. Bei der Nutenleiste wird in der Nut aufgestakt.

Statt den Grifflöchern sind bei eckigen Körben mit Deckel auch **seitliche Griffe** sehr schön. Diese sind im Kapitel „Der Griff“ auf Seite 87 genau beschrieben.

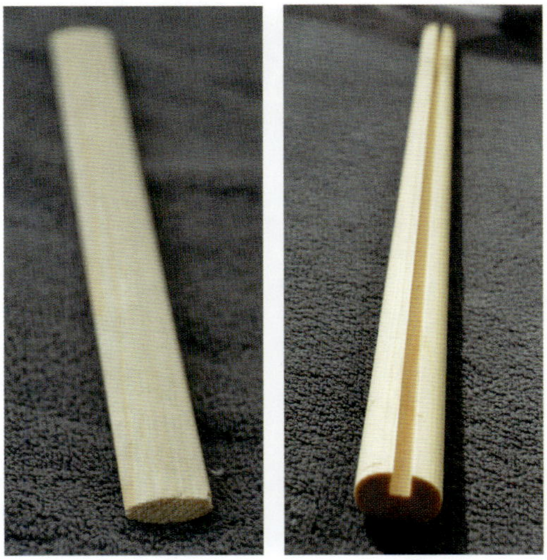

Einflechtleiste (links) und Nutenleiste (rechts)

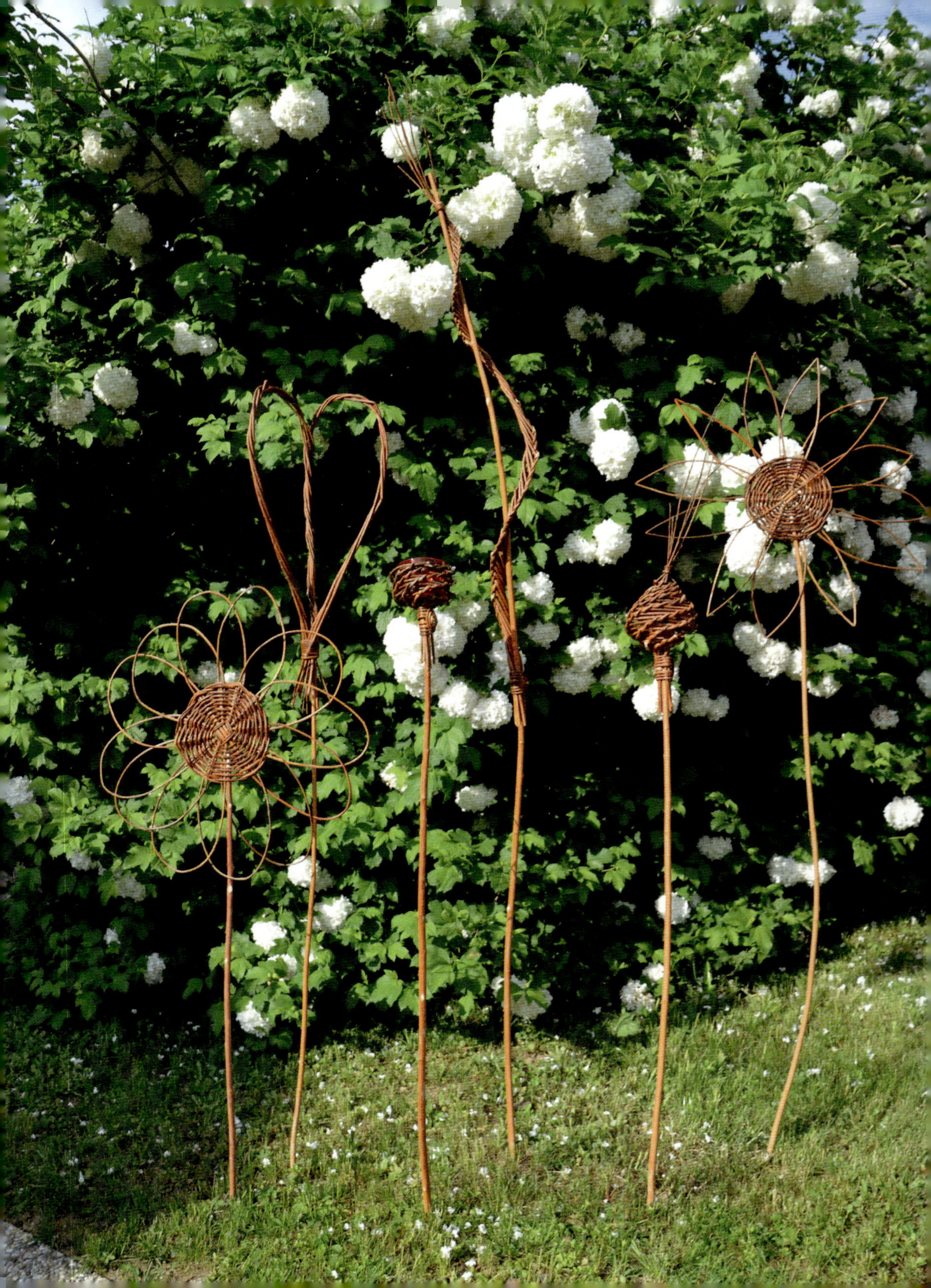

DEKORATIONEN FÜR DEN GARTEN UND BAU VON WEIDENZÄUNEN

Neben dem Flechten von Körben gibt es vielerlei weitere Varianten und Möglichkeiten für die Nutzung von Weiden. Speziell im Garten kann Weide auf vielfältige Weise eingesetzt werden, beispielsweise als Sichtschutz, als Rankhilfe oder als Gartendekoration. Die Anfertigung von Gartensteckern etwa ist eine willkommene Abwechslung beim Flechten, da die Herstellung, im Vergleich zu einem Korb, weniger zeitintensiv ist und Erfolge schneller sichtbar sind. Des Weiteren sind sie tolle Geschenkideen und verschönern jeden Garten auf natürliche Weise.

GARTENSTECKER

Material

Zur Herstellung eines Gartensteckers wird folgendes Werkzeug benötigt:

- Gartenschere
- Kombizange
- Schnitzmesser
- Pfriem oder Flachschraubenschlüssel
- einfache Schnur, wie Haushaltsschnur
- Akkuschrauber mit einem Bohraufsatz der Stärke 4,5 oder 5

Für die nun beschriebenen Gartendekorationen ist immer ein Stab mit einem Loch erforderlich. Ich verwende dafür immer dicke, getrocknete Weidenäste. Es gibt aber auch im Baumarkt dafür geeignete Rundstäbe zu kaufen. Ich werde in meinen Beschreibungen keine Stablängen vorgeben, da jeder individuell entscheiden muss, wie hoch seine Dekoration sein soll. Es ist erforderlich, ausreichend dünne Weiden vorzubereiten, da die Weide für die Fixierung des Geflechtes am Stab durch das Loch gezogen wird. Alle in diesem Kapitel beschriebenen Gartenstecker können auch kleiner für den Blumentopf im Haus gemacht werden. Dann werden statt der 1,40er Weiden nur 1,20er oder noch kleinere Weiden, dünnere Stäbe sowie ein kleinerer Bohrer für die Löcher verwendet.

Herz

Material

- 9 Stück 1,40er Weiden bzw. mehr Weiden, wenn das Herz kräftiger werden soll
- 1 Stab mit Loch am oberen Ende und angespitztem unteren Ende
- 1 Weidenspitze als Platzhalter für die Wicklung

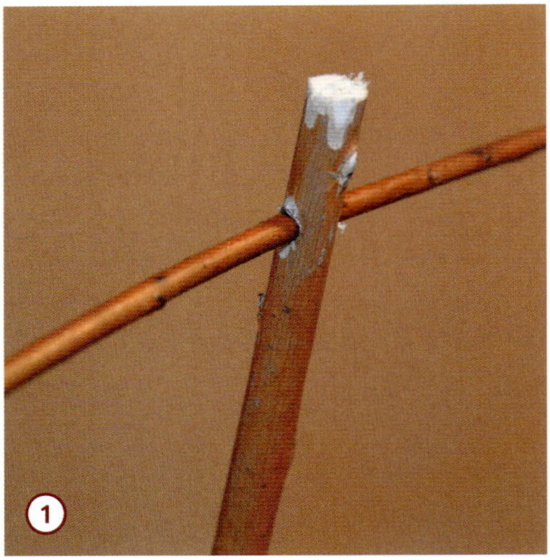

1

Eine Weide mit dem Daumen vorbiegen, durch das Loch im Stab stecken **(Schritt 1)** und auf die Seite legen. Zwei Weiden mit dem dicken Ende mit der linken Hand festhalten. Dann mit der einen Weide einen Bogen nach links und mit der anderen einen Bogen nach rechts machen und wieder mit der Hand festhalten, sodass es die Form eines Herzens ergibt **(Schritt 2)**. Eine Weide mit der Spitze in der Mitte dazulegen, um beide Weiden in der Mitte **(Schritt 3)** und dann entweder links oder rechts um die Weide herumwickeln, bis sie wieder

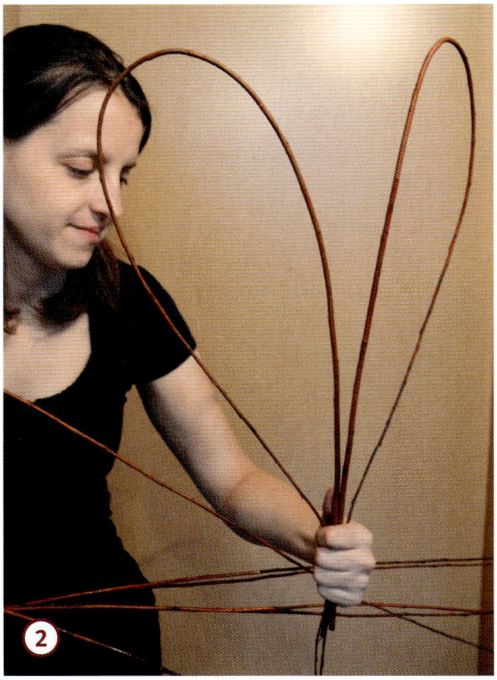

2

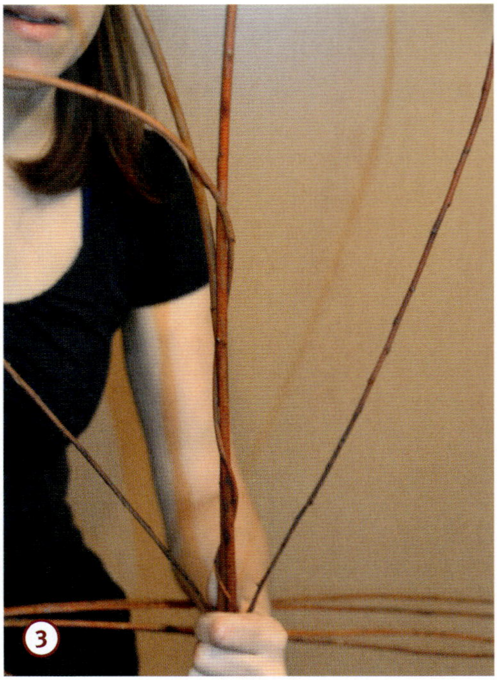

3

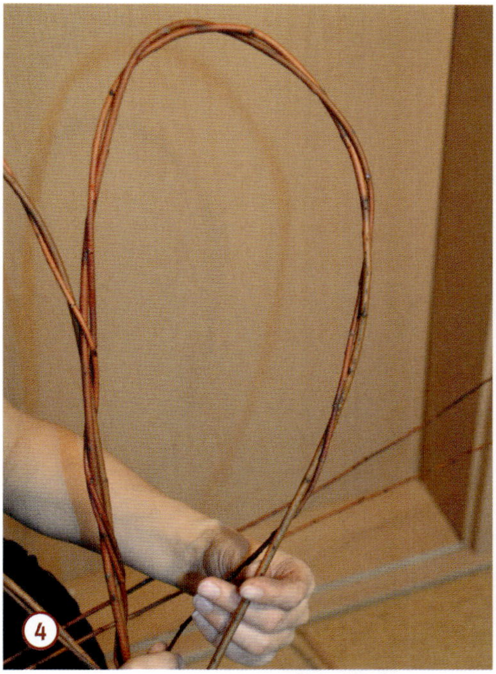
4

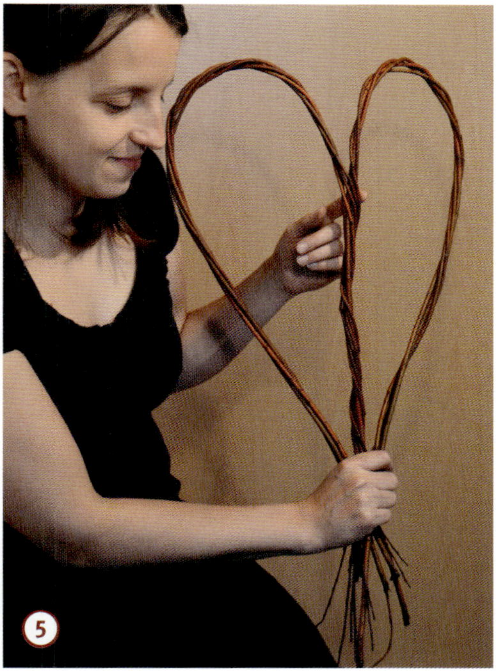
5

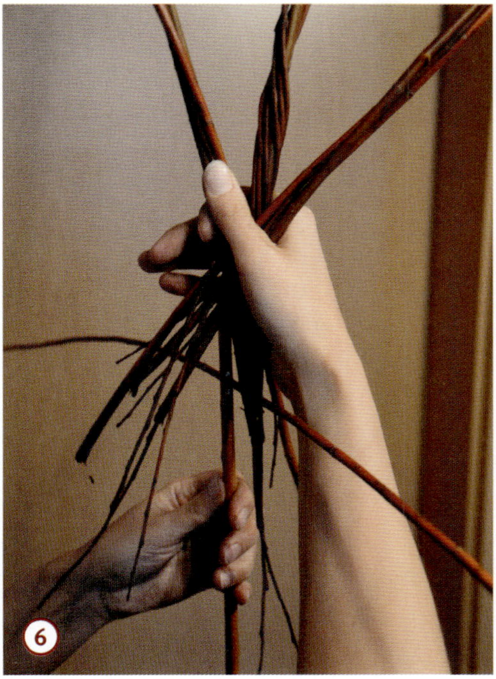
6

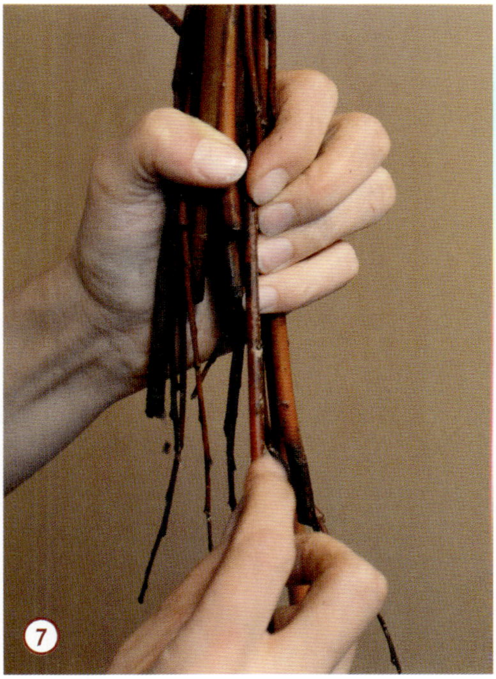
7

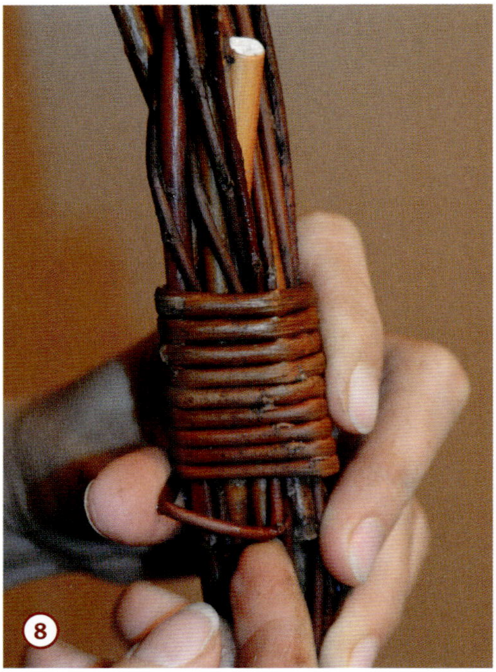

zu den anderen Weiden am unteren Ende dazugeklemmt wird **(Schritt 4)**. Diesen Arbeitsschritt abwechselnd je einmal links und rechts machen, bis die gewünschte Stärke erreicht ist **(Schritt 5)**.

Nun den vorbereiteten Stab in den unteren Teil des Herzens stecken **(Schritt 6)**, den Platzhalter dazulegen, das dicke Ende der durchgesteckten Weide abknicken **(Schritt 7)** und alles mit dieser Weide fest nach unten umwickeln. Anschließend den

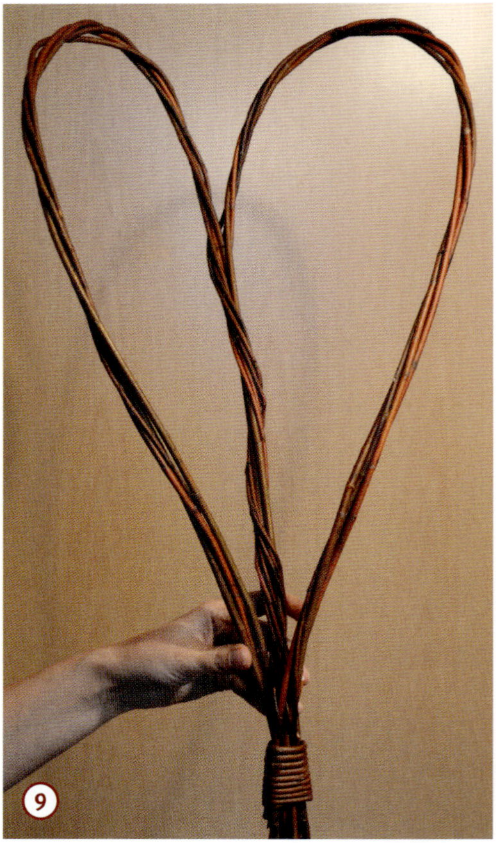

Platzhalter rausziehen und die Weidenspitze an der Stelle des Platzhalters zum Fixieren durchziehen **(Schritt 8)**. Danach mit der Kombizange anziehen, sodass es gut hält und die Enden nach Gefallen kürzen – gleichmäßig oder in unterschiedlicher Höhe **(Schritt 9)**.

Geschlossene Gartenkugel

Material

- 8 Stück 1,40er Weiden
- 1 Stab mit Loch am oberen Ende und angespitztem unteren Ende
- 1 Weidenspitze als Platzhalter für die Wicklung und für das Japanische Auge

Eine Weide mit dem Daumen vorbiegen und durch das Loch des Stabes stecken. Die restlichen sieben Weiden mit dem dicken Ende um den Stab geben und den Platzhalter zu den Weiden legen **(Schritt 1)**. Zur Fixierung der Weiden ein Japanisches Auge, wie in Kapitel „Verschiedene Korbformen“ auf Seite 72 beschrieben, machen **(Schritt 2)**. Nach dem Japanischen Auge alle Weiden mithilfe des Pfriems umbiegen **(Schritt 3)**, damit der Druck aus der Weide genommen wird.

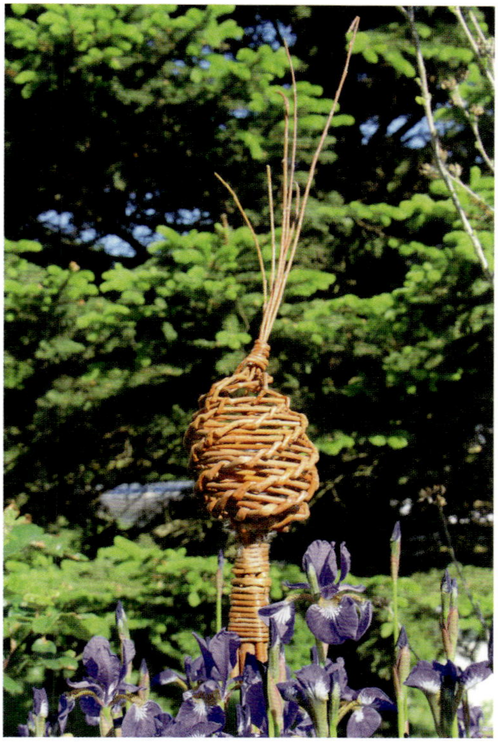

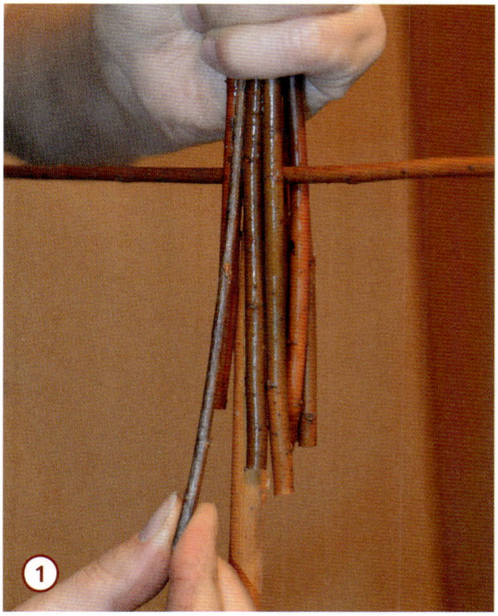

1

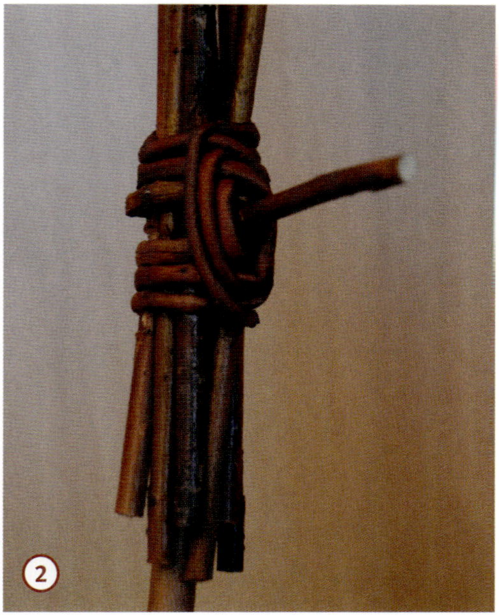

2

Eine Weide A nehmen, diese über die nächste rechte B legen **(Schritt 4)** und verdrehen, indem Weide B über A und die nächste Weide C gelegt wird **(Schritt 5)**. Die Weide B wieder mit Weide C verdrehen, indem Weide C über A und D gelegt wird **(Schritt 6)**. Als Nächstes wird Weide D genommen. Der Arbeitsschritt verläuft bis zum Ende gleich – Weide nehmen, über die nächste Weide legen und verdrehen. Dann die Weide, mit der gerade verdreht worden ist, nehmen und wieder über die nächste Weide legen und erneut verdrehen.

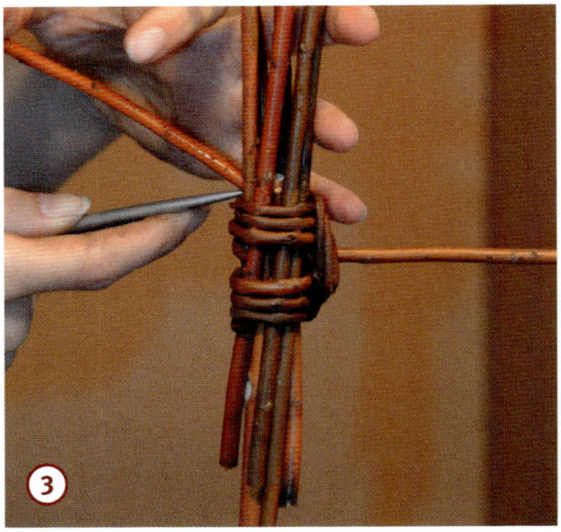

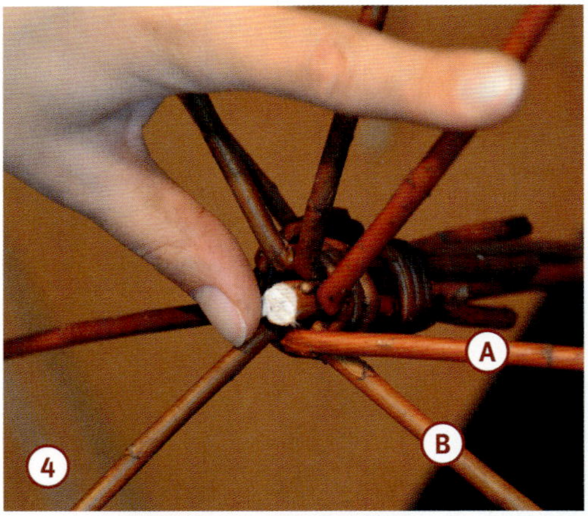

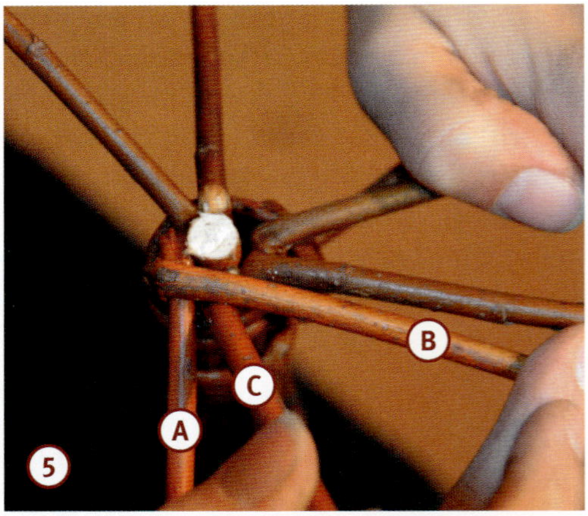

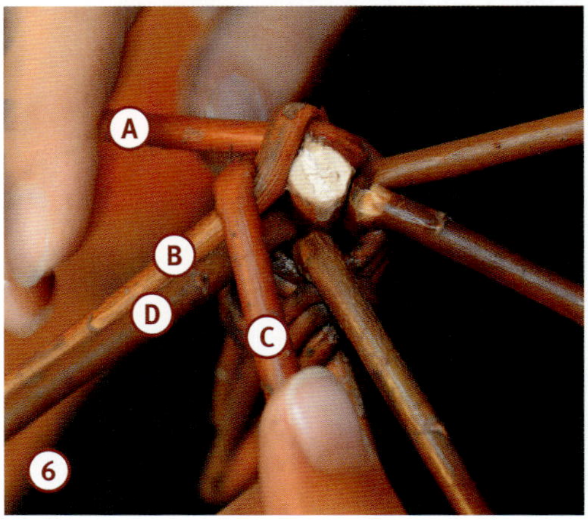

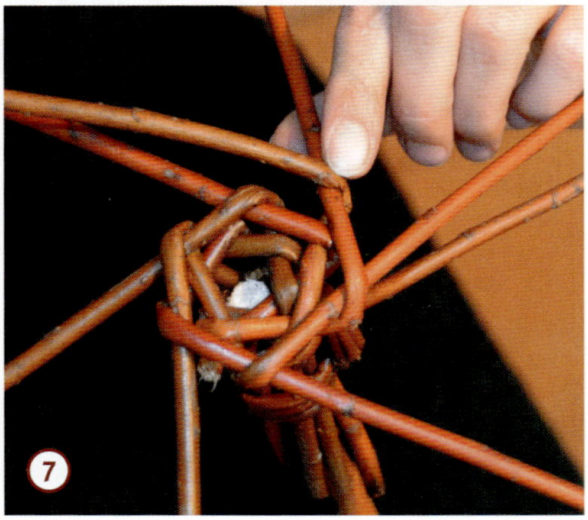

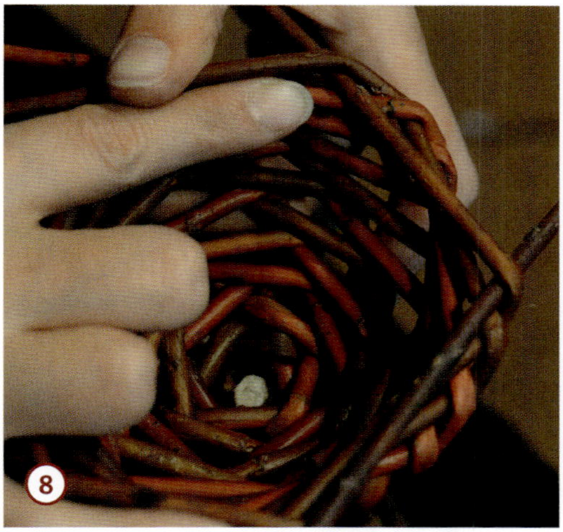

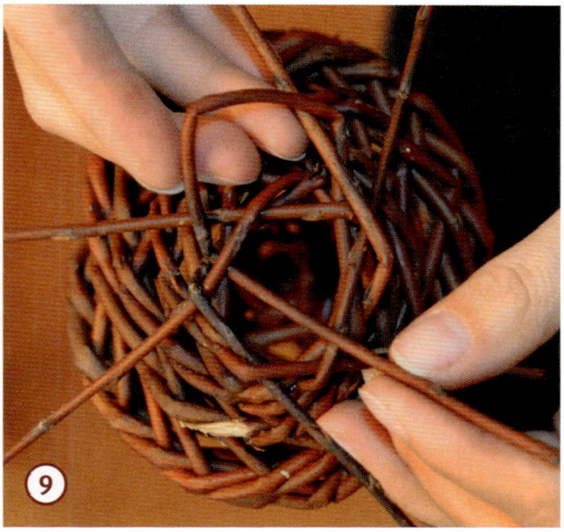

Wichtig ist, die Weiden am Anfang regelmäßig um den Stab zu verteilen. Um größer zu werden, sind die Verdrehungen sehr weit außen zu machen **(Schritt 7)** und um kleiner zu werden, sehr weit innen **(Schritt 8)**. Wie bauchig oder schlank die Gartenkugel werden soll, kann somit individuell gestaltet werden.

Es wird so lange weiter geflochten, bis nur mehr rund 10 cm übrig sind. Dann von den sieben die biegsamste und längste Weidenspitze aussuchen und anstatt sie wie bisher auf die vorige Reihe draufzulegen, wird sie von außen nach innen durch die untere Reihe gezogen **(Schritt 9)**. Danach werden die restlichen Weidenspitzen aufgestellt und der dünne Platzhalter dazugelegt. Die durchgezogene Weide nehmen und fest um die aufgestellten Weidenspitzen nach oben wickeln **(Schritt 10)**. Den Platzhalter ausziehen und an dessen Stelle die Weidenspitze durch- und festziehen **(Schritt 11)**.

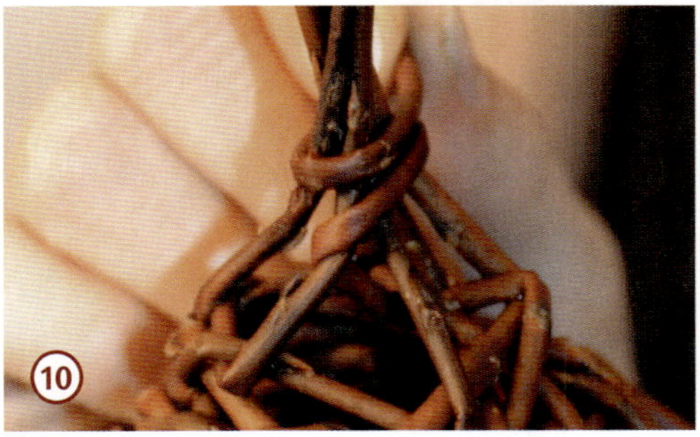

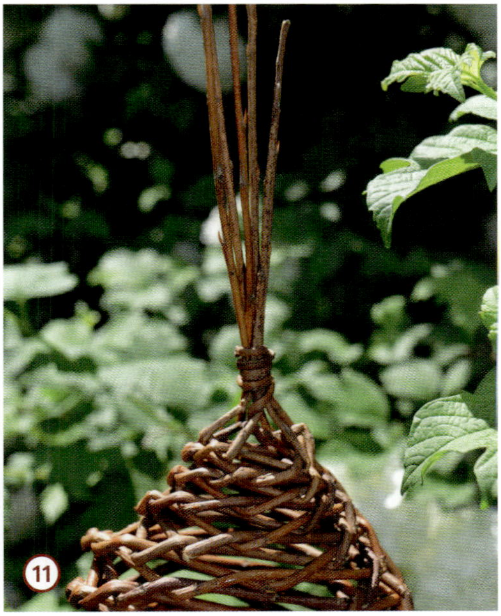

Gartenkugel mit Glas

(als Wasserspender für Vögel, Teelichthalter etc.)

Material

- 8 Stück 1,40er Weiden
- 1 dickerer Stab – wegen des Glasgewichts – mit einem Loch am oberen Ende und angespitztem unteren Ende
- 1 Weidenspitze als Platzhalter für das Japanische Auge
- 1 Glas

Der Anfang bzw. die Flechttechnik ist gleich wie bei der geschlossenen Kugel: Eine Weide durch das Loch im Stab stecken, alle Weiden mit dem Japanischen Auge fixieren **(Schritt 1)** und mit dem Pfriem vorbiegen. Damit gleich am Anfang eine größere, ebene Fläche entsteht, wird die Weide immer so lange weit außen verdreht, bis die Fläche etwas größer als der Glasboden ist **(Schritt 2)**. Danach das Glas auf das Geflecht stellen und um dieses nach oben weiterflechten, sodass es gut hält **(Schritt 3)**.

Sobald die gewünschte Höhe erreicht ist, die Weide durch die untere Reihe von innen nach außen flechten und nicht, wie bisher, auf die vorige Reihe legen **(Schritt 4)**. Bei allen sieben Weiden diesen Schritt machen und festziehen **(Schritt 5)**. Nachdem die Weide etwas angetrocknet ist, die überstehenden Enden bzw. die „Nase“ des Japanischen Auges abschneiden oder stehen lassen.

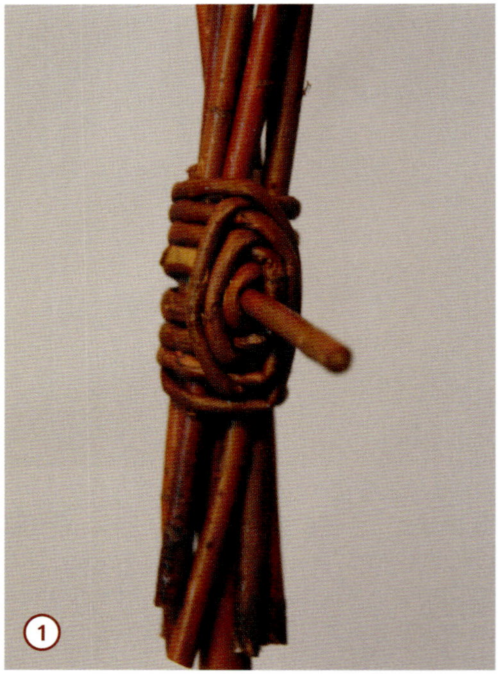

1

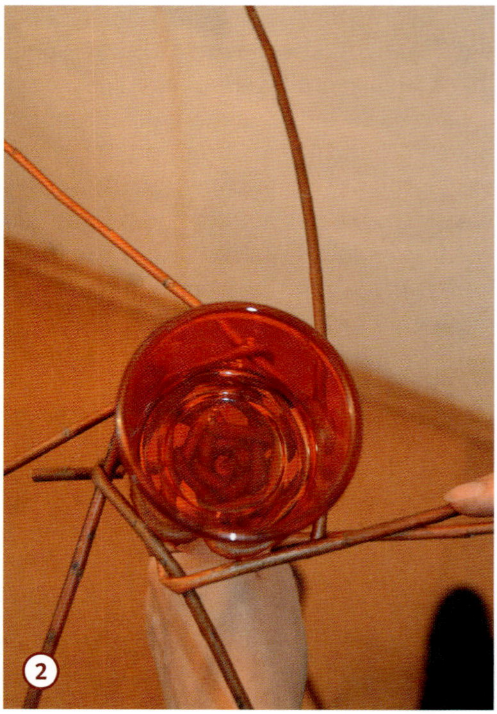

2

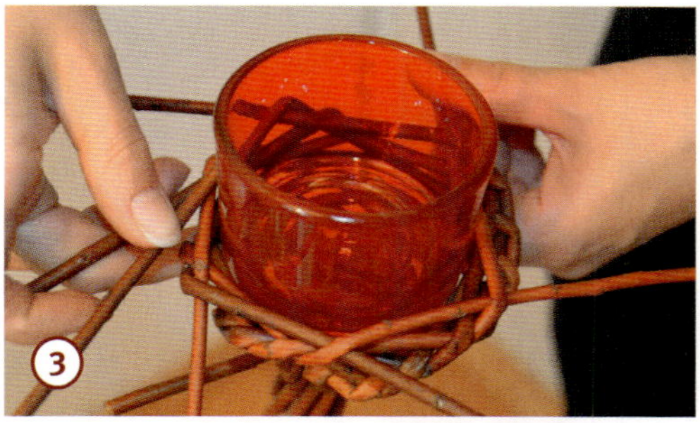

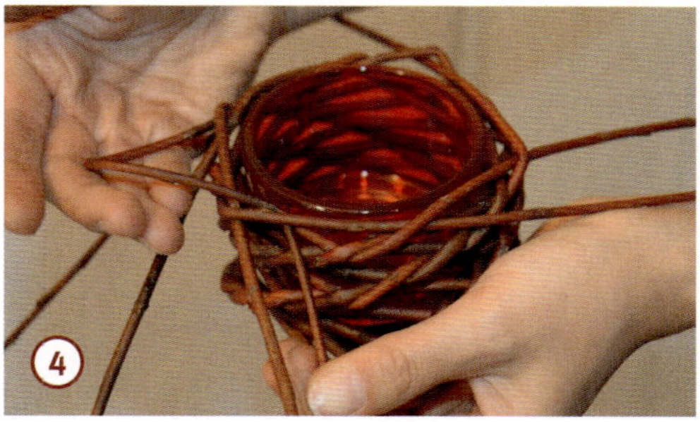

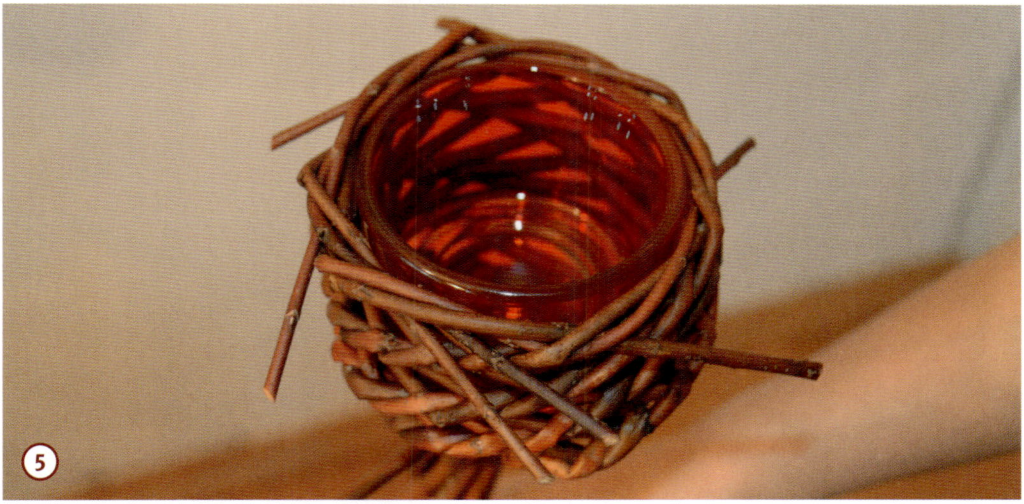

HINWEIS! Was tun bei Weidenbruch

Es ist immer wichtig, die Weide dort anzufassen, wo sie die Biegung machen soll. Dadurch bricht die Weide weniger, weil der Druck etwas genommen wird. Bricht die Weide nur zum Teil bei der Drehung, kann das Muster wie gehabt weiter geflochten werden. Zum Schluss die spitze Bruchstelle gleichschneiden, sodass keine Verletzungsgefahr besteht (Schritt 6). Bei einem kompletten Bruch die Weide abschneiden, bis zur letzten Verdrehung einlegen und weiterflechten (Schritt 7). Danach die überstehenden Enden abschneiden.

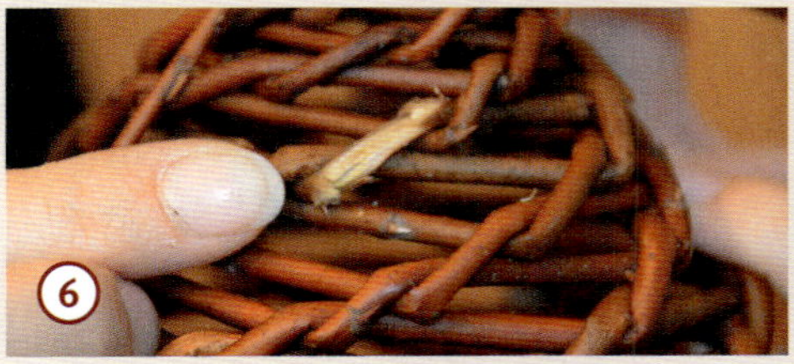

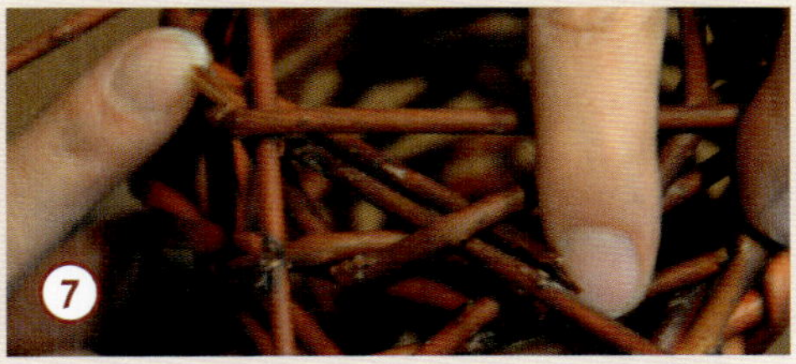

Himmelsstürmer

Material

- 8 Stück 1,40er Weiden
- 1 Weidenspitze mit ~ 20 cm Länge für die obere Wicklung
- 1 langer Stab mit Loch in der Mitte und angespitztem unteren Ende
- 1 Weidenspitze als Platzhalter für die Wicklung und für das Japanische Auge

Sieben Weiden mit dem dicken Ende fest mit einer Schnur zusammenbinden und an einem Türgriff befestigen **(Schritt 1)**. Die Weiden in der Hand leicht auffächern. Die äußerste linke Weide nehmen und diese in den Abstand vor der letzten rechten Weide legen. Am Anfang einfach nach Bauchgefühl die linke Weide bestimmen. Danach die rechte Weide über diese Weide legen. Somit wurden die Weiden verkreuzt **(Schritt 2)**. Wieder die äußerste linke Weide nehmen, in den Abstand vor der letzten, rechten Weide legen, rechte Weide mit dieser verkreuzen **(Schritt 3)**. Das Geflecht bekommt automatisch eine Drehung **(Schritt 4)**. Bis zur Weidenspitze ausflechten und mit einer Schnur fixieren **(Schritt 5)**.

Die übrige Weide mit dem Daumen vorbiegen, durch das Loch am Stab stecken und das dicke Ende des Geflechtes mit einem Japanischen Auge am Stab fixieren **(Schritt 6)**, siehe „Geschlossene Gartenkugel" auf Seite 123. Das Weidengeflecht um den Stab nach oben wickeln. Das dünne Ende des Geflechts wird mit der Weidenspitze am oberen Ende des Stabes fixiert. Dabei werden das dicke Ende der

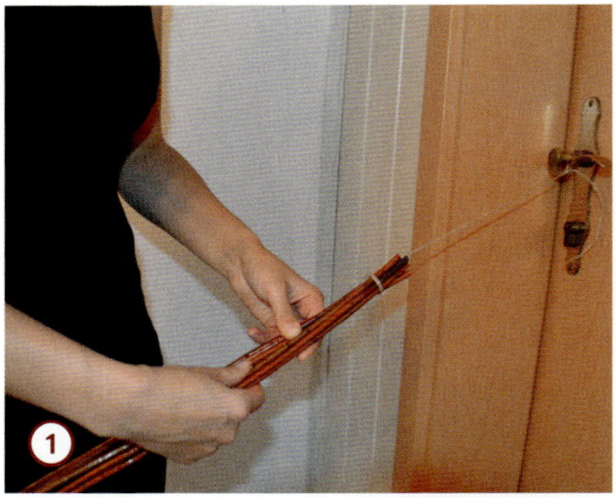
1

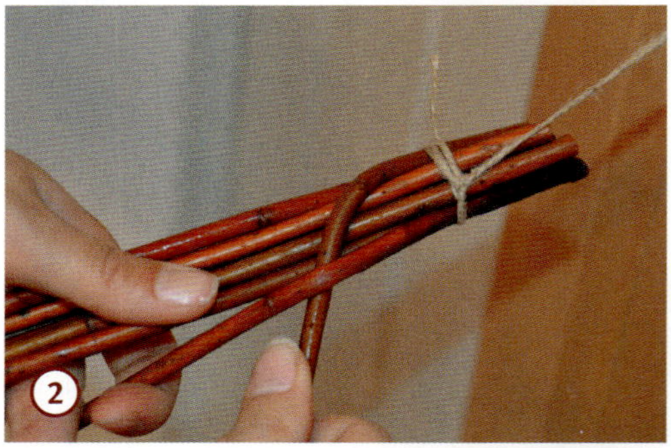
2

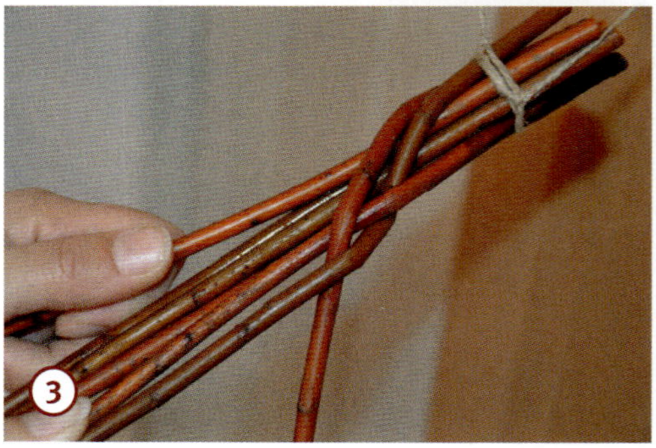
3

Weidenspitze und der dünne Platzhalter zu den Weiden dazugelegt. Nun um das Ganze eine Wicklung machen **(Schritt 7)**. Zum Schluss den Platzhalter entfernen und die Weidenspitze durch diese Stelle durchziehen **(Schritt 8)**. Die Enden der Weidenspitze dann mit der Kombizange festziehen und abschneiden.

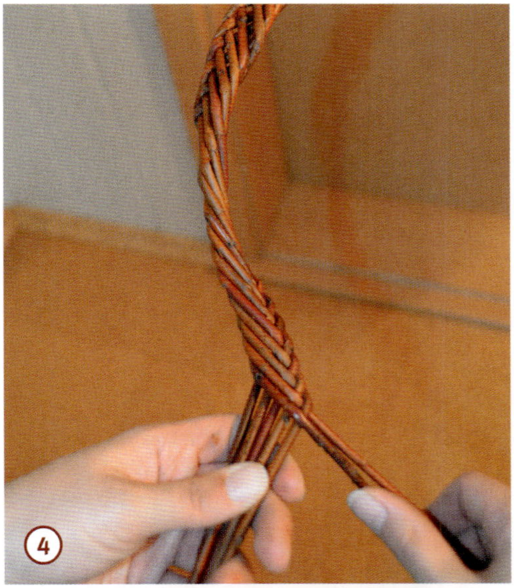
4

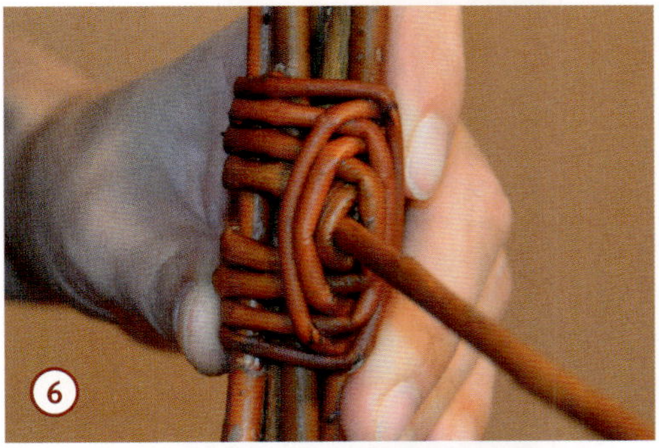
6

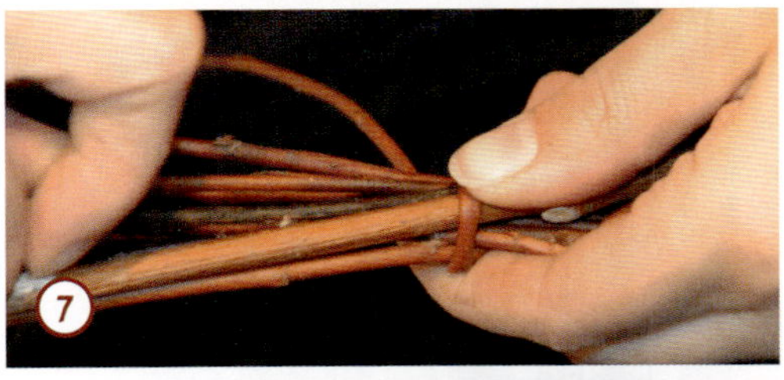
7

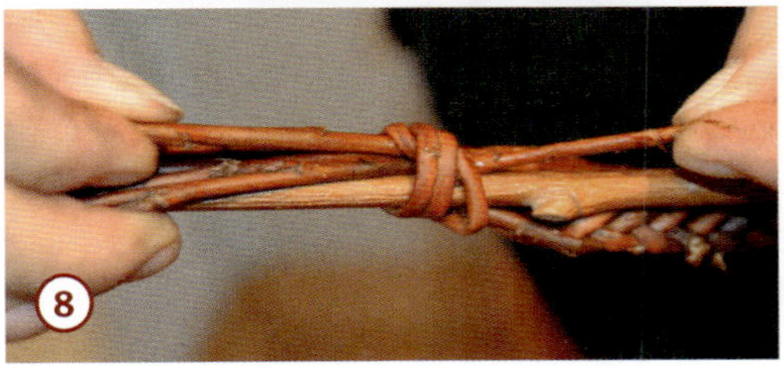
8

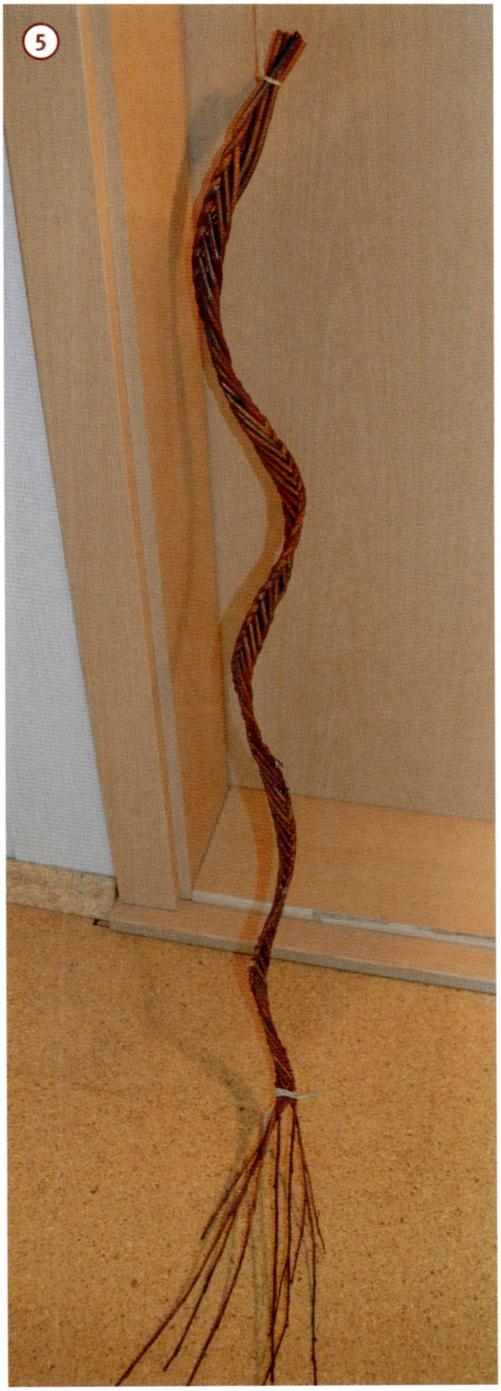
5

Blume

Material

- 6 Bodenlagen mit 20 cm
- 8 Stück 1,20er Weiden für die Blumenmitte, 4 Stück bei einer kleinen Blume
- 12 Stück 1-m-Weiden für die Blütenblätter
- 1 Stab mit angespitztem unteren und oberen Ende

Die Blumenmitte wird wie ein runder Korbboden geflochten. Die drei dickeren Bodenlagen in der Mitte aufschlitzen und die restlichen drei Weiden durchstecken **(Schritt 1)**. Zwei Weiden mit dem spitzen Ende durch das Bodenkreuz stecken, verdrehen **(Schritt 2)** und fitzen. Zuerst zwei Runden über alle drei Bodenlagen flechten **(Schritt 3)**, dann zwei Runden über die zwei äußeren und eine mittlere Bodenlage **(Schritt 4)** und zum Schluss nur über eine Bodenlage **(Schritt 5)**. Dabei ist es wichtig, dass vor jedem Schlag die Bodenlagen so eingerichtet werden, dass alle in einem gleichmäßigen Abstand verteilt sind. Bei der letzten Runde die Spitzen vernähen, indem zwei Schläge unter der vorigen Reihe gemacht werden. Die Rückseite ausputzen, indem die überstehenden Enden über der Bodenlage schräg abgeschnitten werden **(Schritt 6)**.

Für die Blütenblätter die zwölf Weiden auf gleiche Dicke und Länge (rund 40–50 cm) zuschneiden und auf beiden Seiten anspitzen **(Schritt 7)**. Die überstehenden Bodenlagen abschneiden und zu jeder eine Weide mit dem dicken Ende auf einer Seite

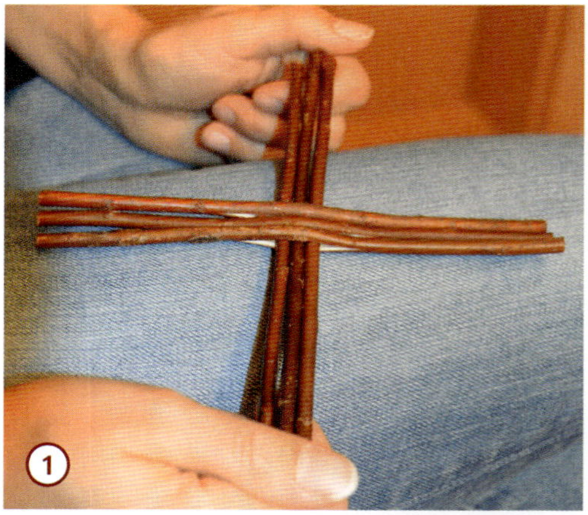
1

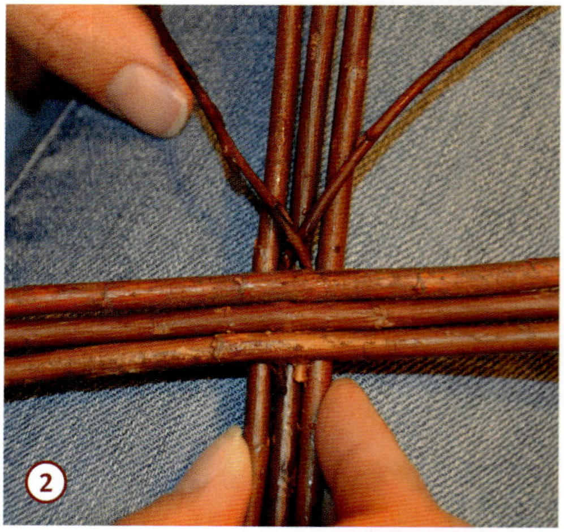
2

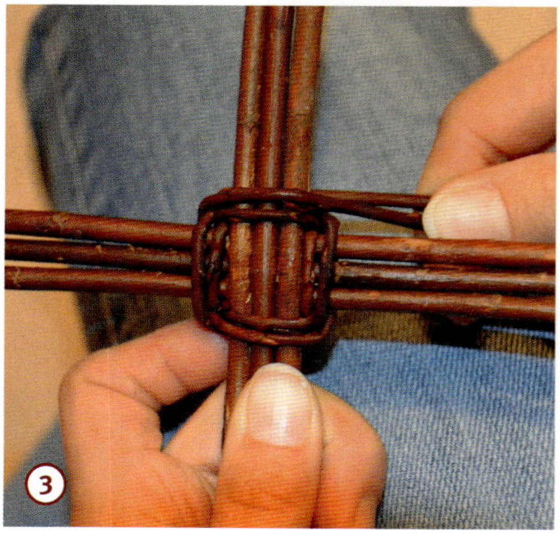
3

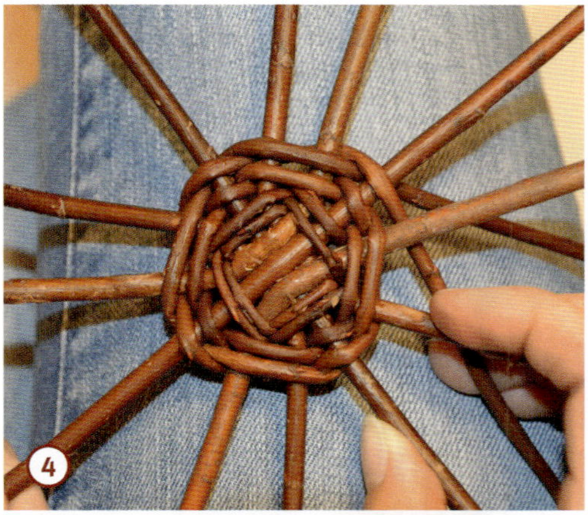

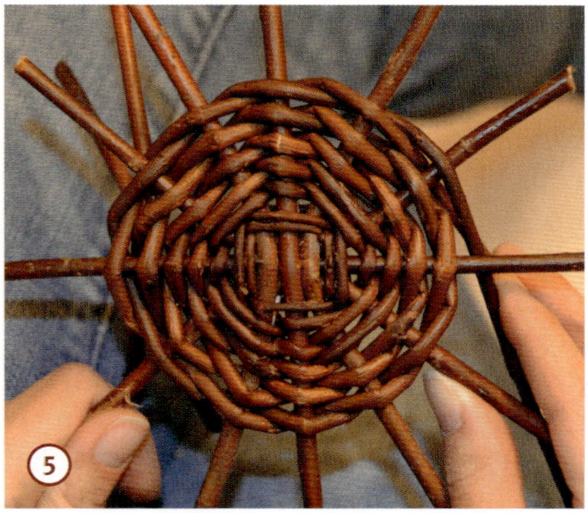

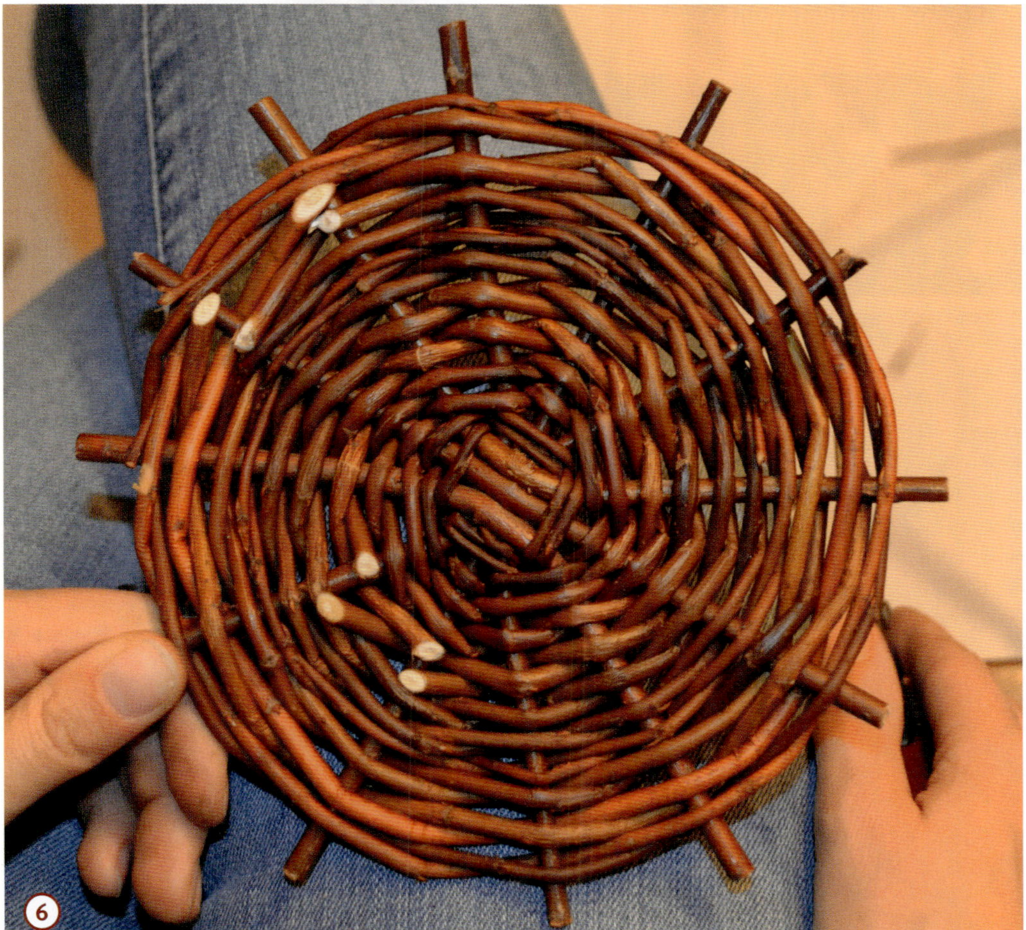

dazustecken **(Schritt 8)**. Am besten mit dem Pfriem vorstechen, damit sich die Weide tief in das Geflecht stecken lässt. Alle Weiden mit dem Daumen etwas vorbiegen und auf der anderen Seite bei der zweiten Bodenlage dazustecken **(Schritt 9)**. Zum Schluss den Stab in das Geflecht schieben **(Schritt 10)**. Dabei NICHT zu einer Bodenlage, wo eine Verlängerung beim Flechten der Blumenmitte gemacht worden ist. Da das gesamte Geflecht während des Trocknens etwas lockerer wird, nach einiger Zeit die Blütenblätter und den Stab noch einmal fester hineinstecken.

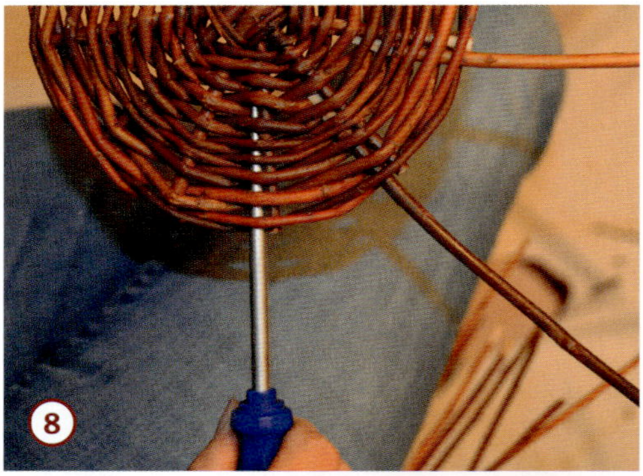
8

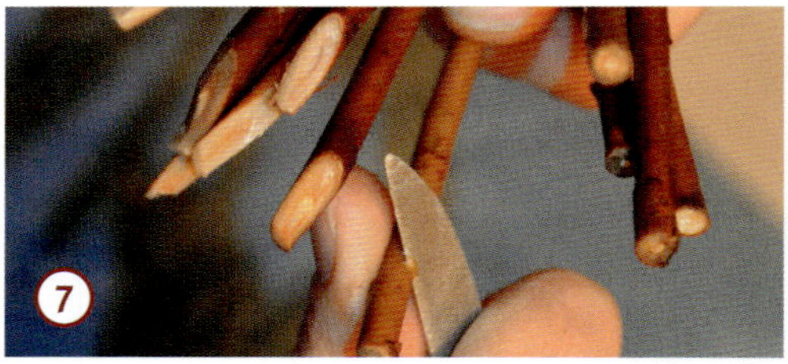
7

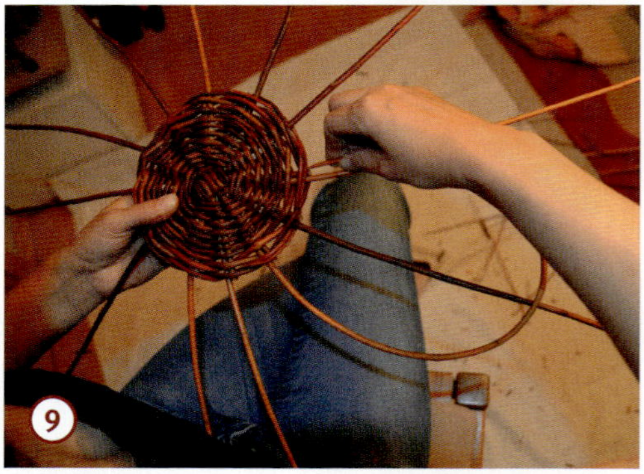
9

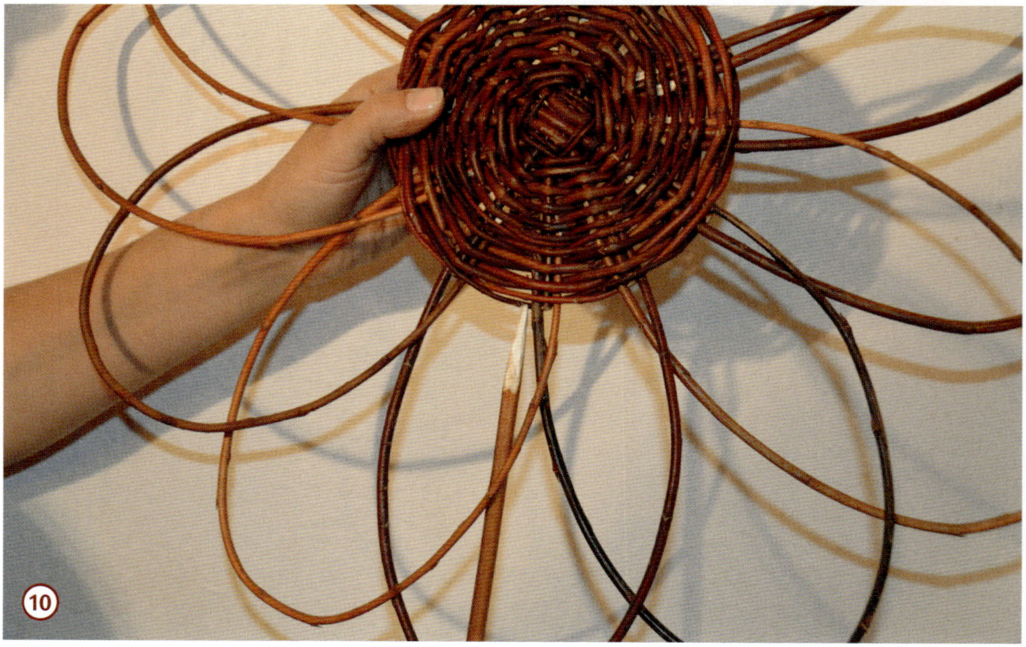
10

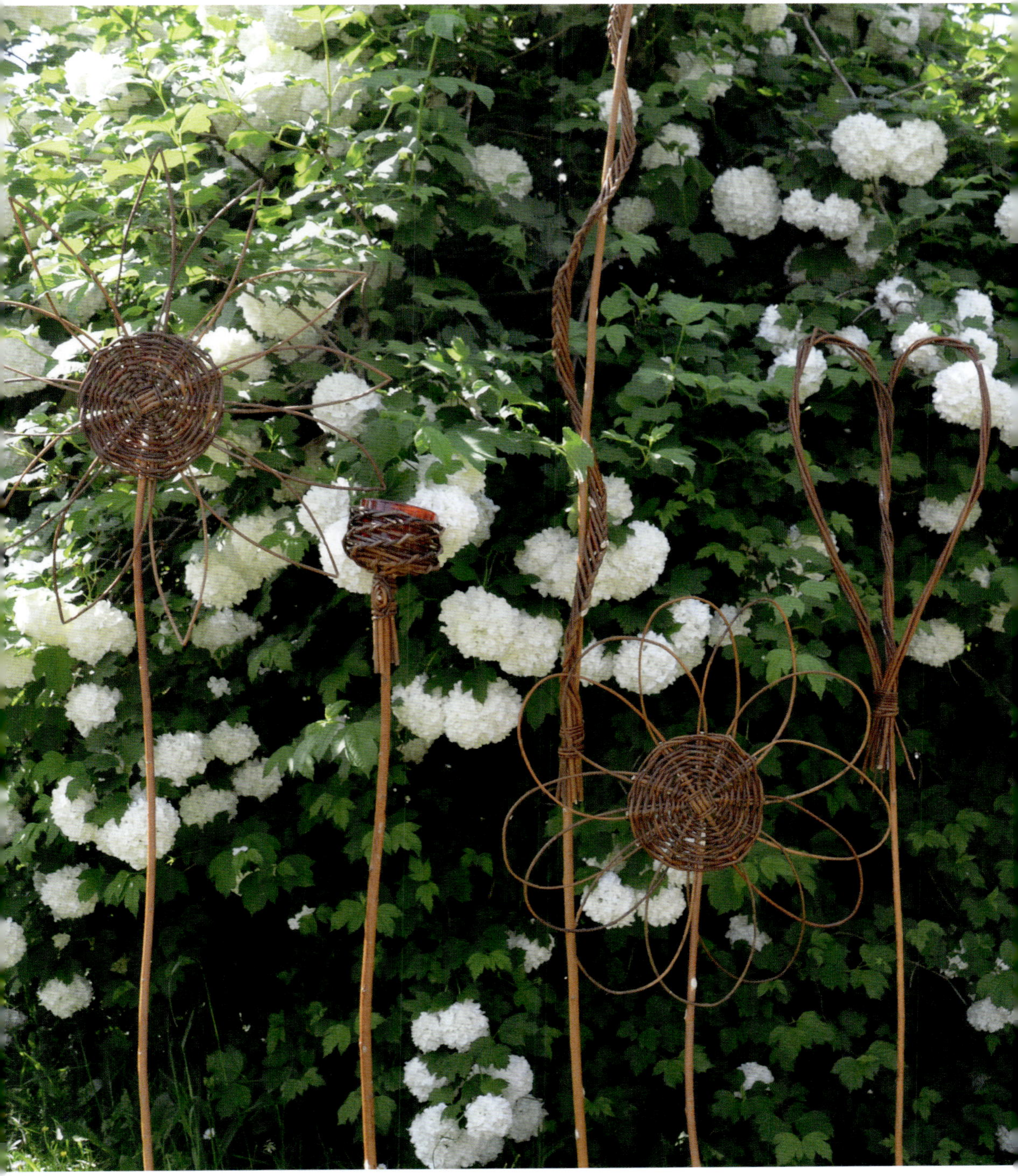

WEIDENZÄUNE UND BEETEINRAHMUNGEN

Da Weide sehr schnell wächst, eignet sie sich auch sehr gut, um lebende Zäune bzw. einen Sichtschutz zu machen. Ich werde anhand von Bildern einige Beispiele zeigen, jedoch keine genaue Anleitung für ein bestimmtes Werk geben.

Lebende Weidenzäune werden im Frühjahr nach dem letzten Frost gebaut. Lange, einjährige Weiden wie Stecklinge rund 20 cm in die Erde setzen und festbinden. Nachfolgend befinden sich zwei Beispielfotos von höheren Hecken, die als Sichtschutz dienen.

Es gibt auch die Möglichkeit eines Sichtschutzes, der nicht mehr weiterwächst. Hierfür getrocknete, dicke Weidenstäbe verwenden und in die Erde stecken, denn frische Weidenstäbe würden mit großer Wahrscheinlichkeit Wurzeln schlagen und somit austreiben. Nach der Weidenernte im Winter die frischen Weidenäste um diese Stäbe flechten, wie z. B. „vor 1 hinter 1“ oder „vor 2 hinter 1“, und seitlich die überstehenden Äste abschneiden. Für einen „wilden“ Sichtschutz eignen sich auch Weidenäste mit vielen Seitentrieben, die wegstehen dürfen. Eine andere Variante

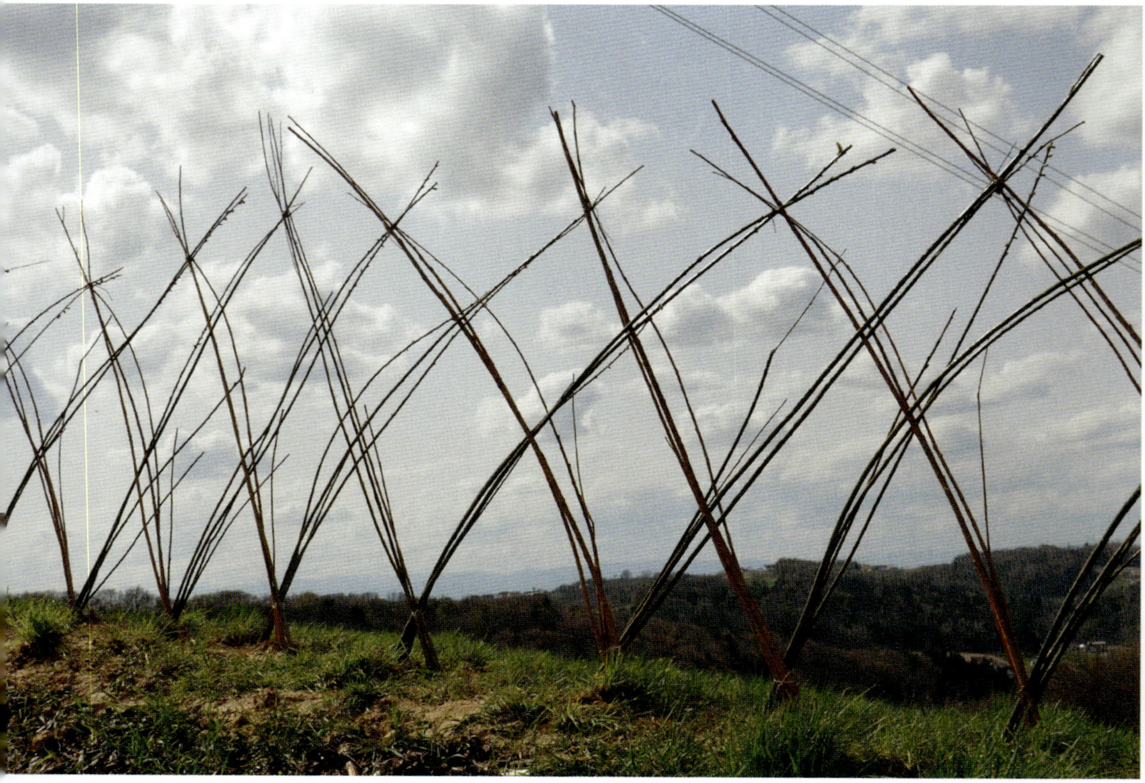

Frisch gesetzter Weidenzaun

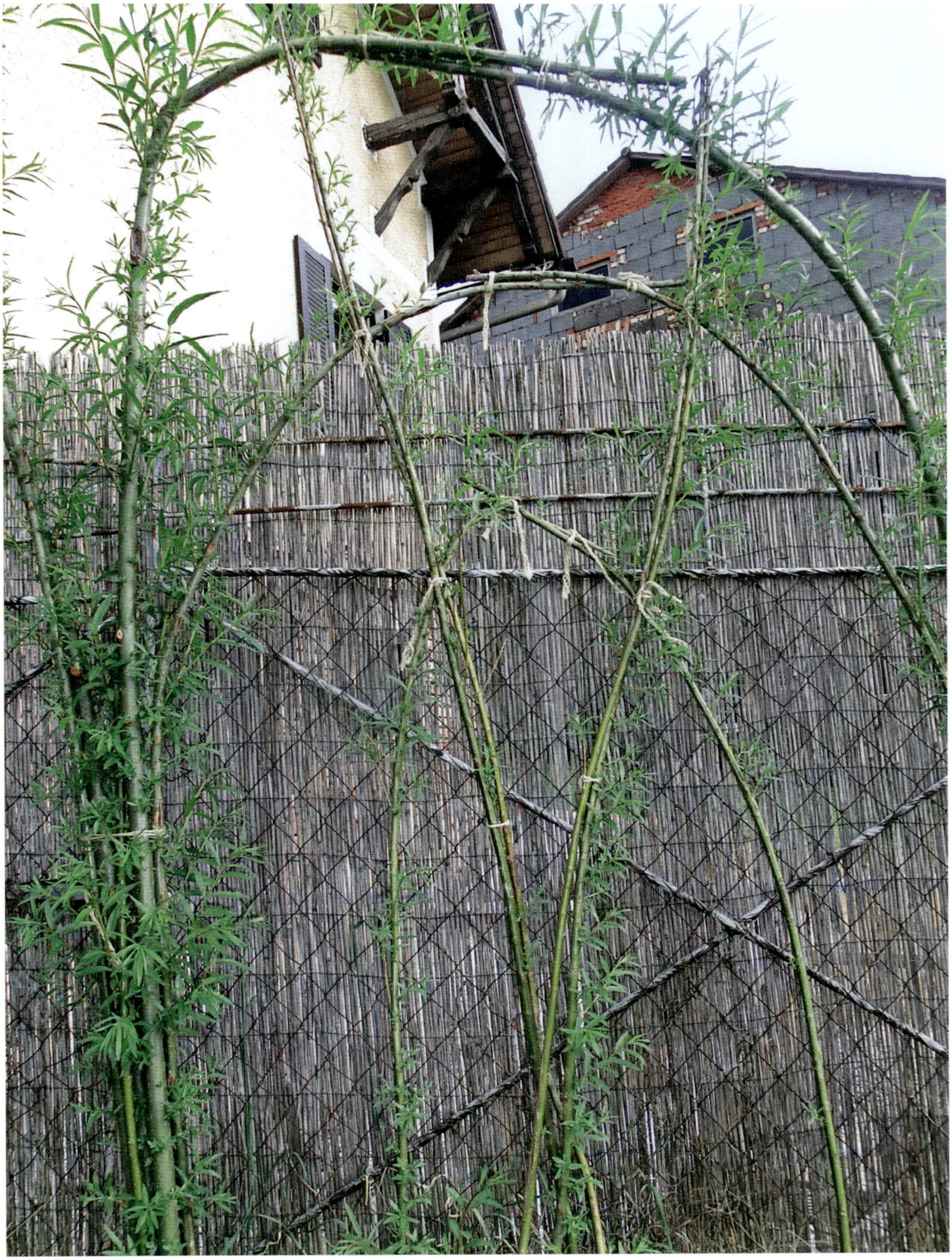

Etwas angewachsener Weidenzaun

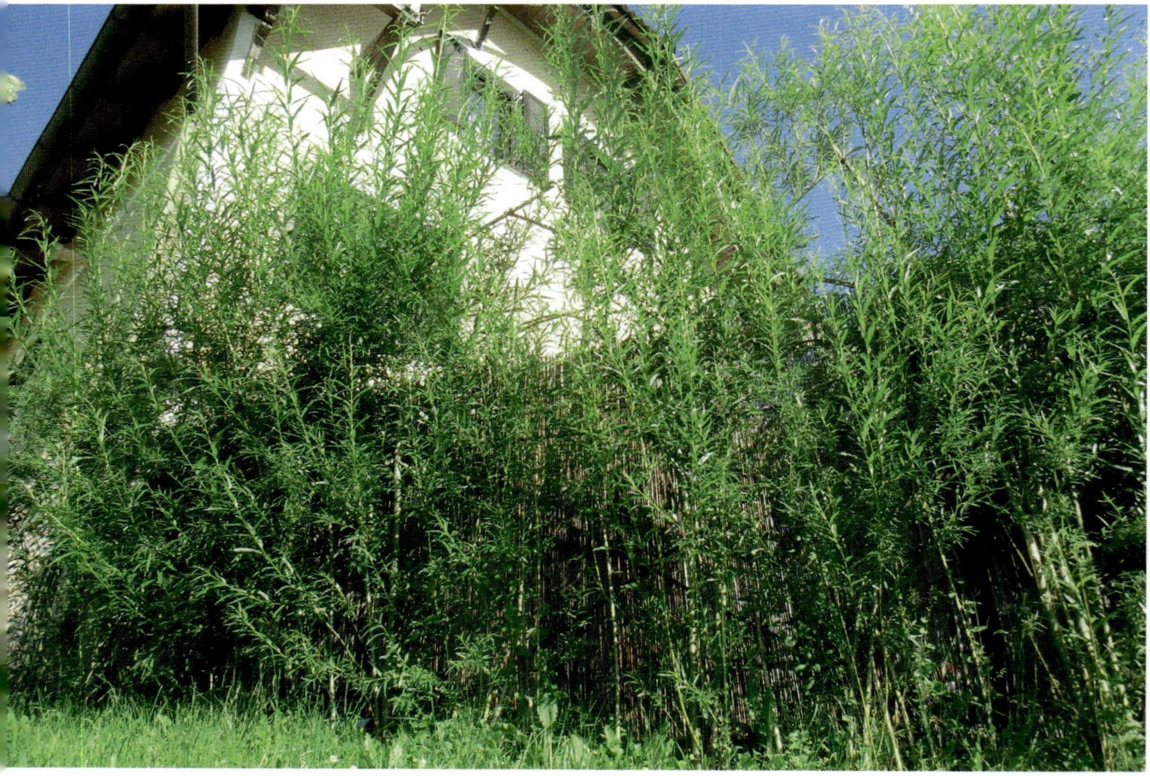

Einjähriger Weidenzaun

wäre, den Sichtschutz wie einen eckigen Boden zu flechten. In kleiner bzw. niedriger Version eignet sich diese Variante auch sehr gut für Beetumrahmungen.

Ebenso gibt es im Gemüsegarten bzw. auf der Terrasse weitere Einsatzmöglichkeiten für die Weide. Dabei ist es wichtig, keine frische Weide zu nehmen, da diese sonst anwurzeln und die Gemüsepflanze bzw. Blumen verdrängen würde:

- Kleine Rankhilfe für Gurken
- Verzweigte Weidenäste als Rankhilfe für Erbsen
- Große Rankhilfen bei Bohnen, entweder dicke, lange Weidenstäbe einzeln einsetzen oder als Tipi anordnen
- Spiralengerüst in Blumentöpfen

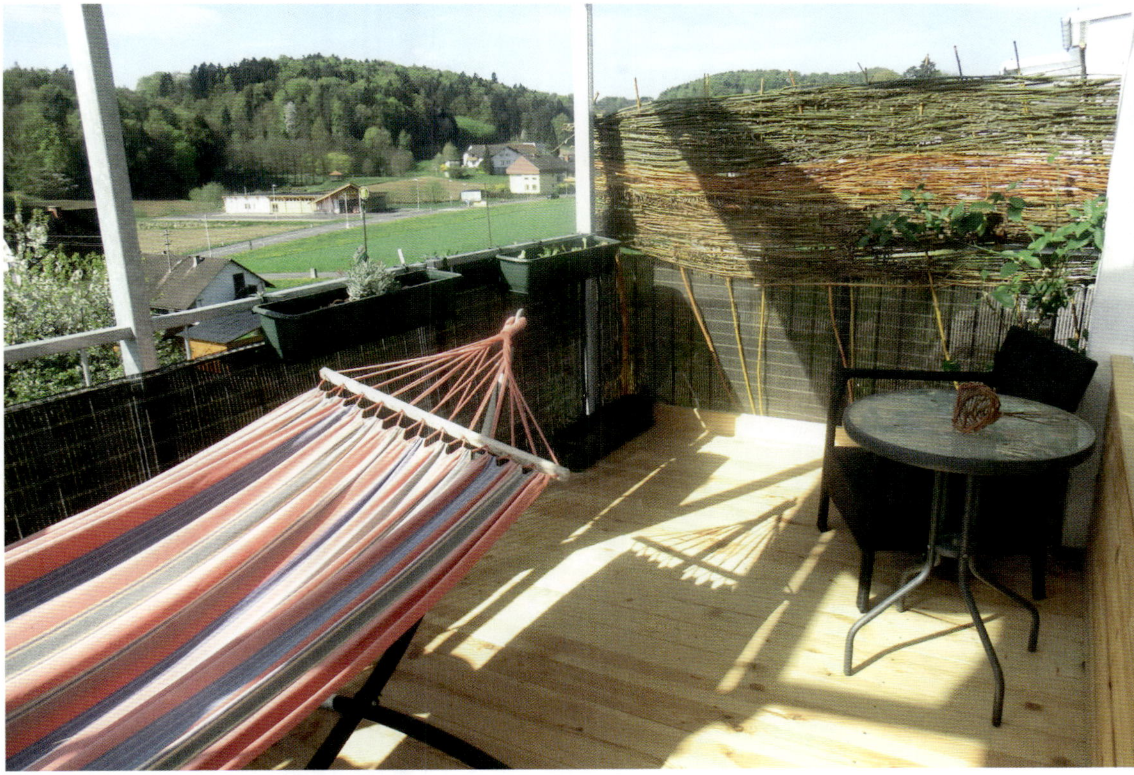

Nicht wachsender Sichtschutz

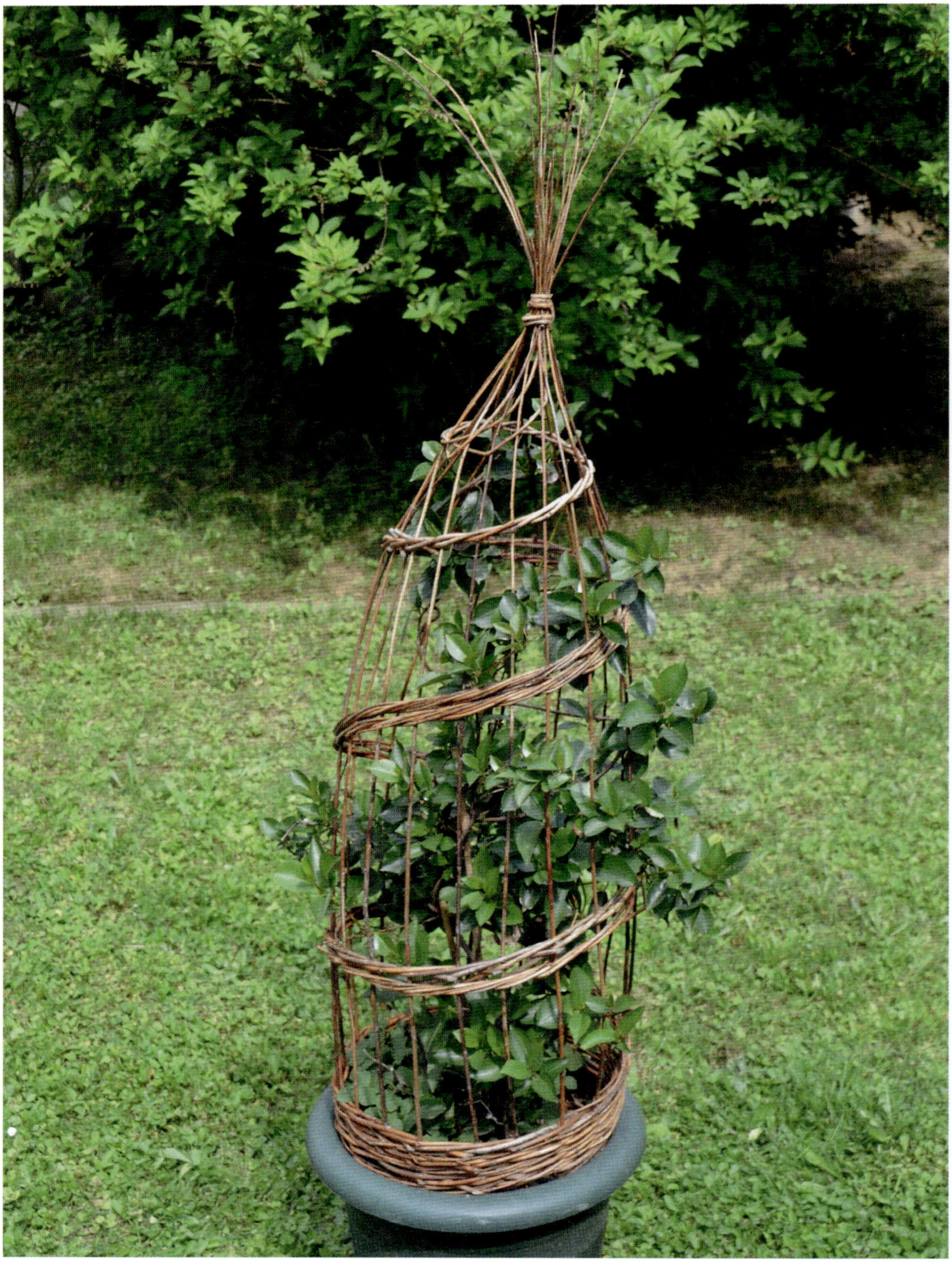

Rankgerüst für Zierpflanzen

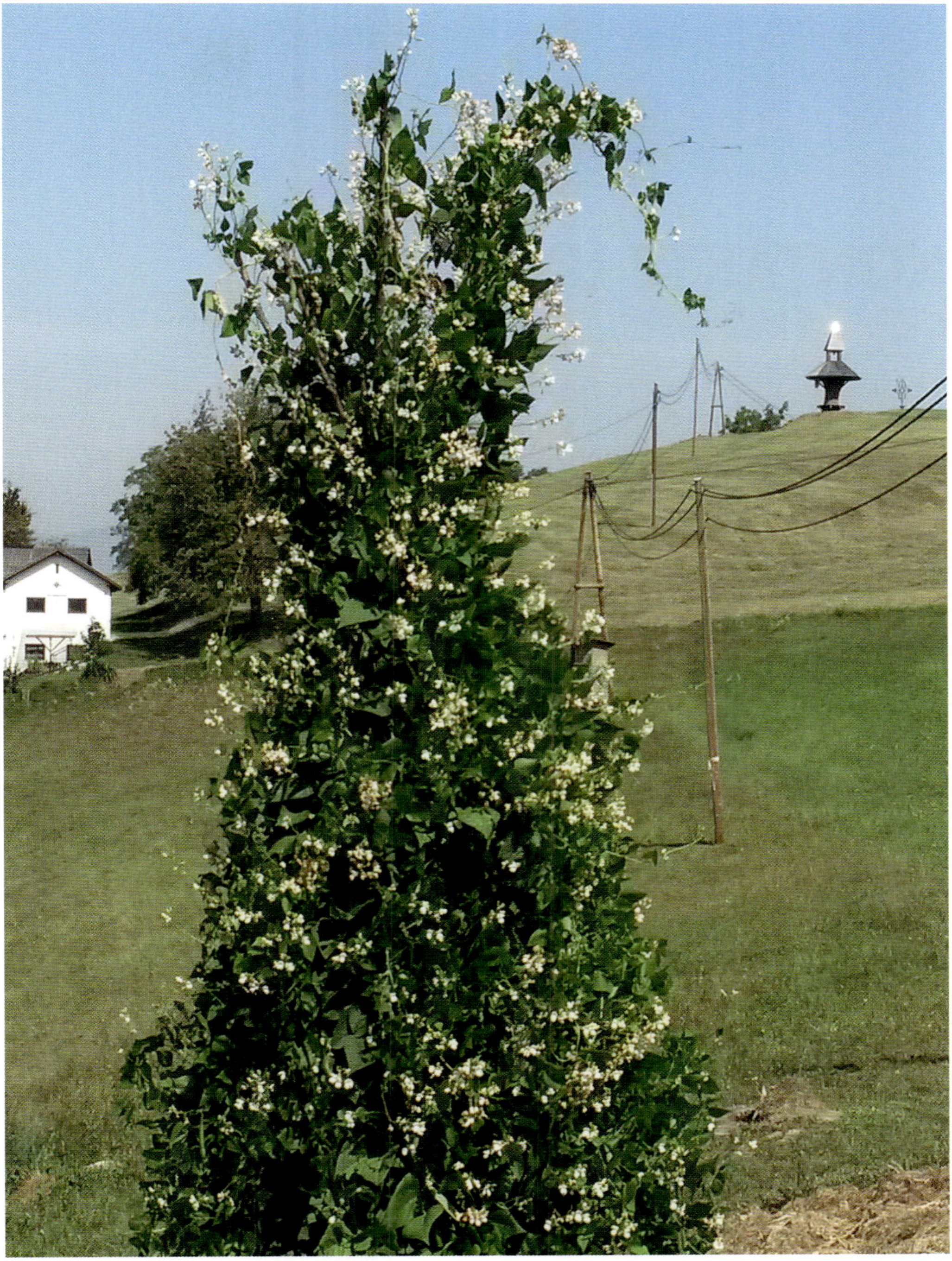

Weidentipi für Bohnen

KONTAKTE UND BÜCHER

Wer mit dem Weidenflechten beginnen möchte, benötigt zuallererst das passende Werkzeug und Material. Nachfolgend habe ich einige Bezugsquellen für Weiden angeführt. Es gibt aber auch viele landwirtschaftliche Betriebe bzw. Gartenbaubetriebe, die Weide im Sortiment haben. Am besten erkundigt man sich bei Betrieben in der Nähe bzw. sucht in der Natur nach passendem Weidenmaterial. Zusätzlich habe ich auf der nächsten Seite Kontaktinformationen von anderen Korbmacherinnen und Korbmachern angeführt, die für mich eine wichtige Inspiration bei meiner Ausbildung waren und noch immer sind. Ergänzend dazu befindet sich eine Auflistung von interessanten Büchern, die ich immer wieder gerne zur Hand nehme, um mir Ideen zu holen bzw. mein eigenes Können zu erweitern.

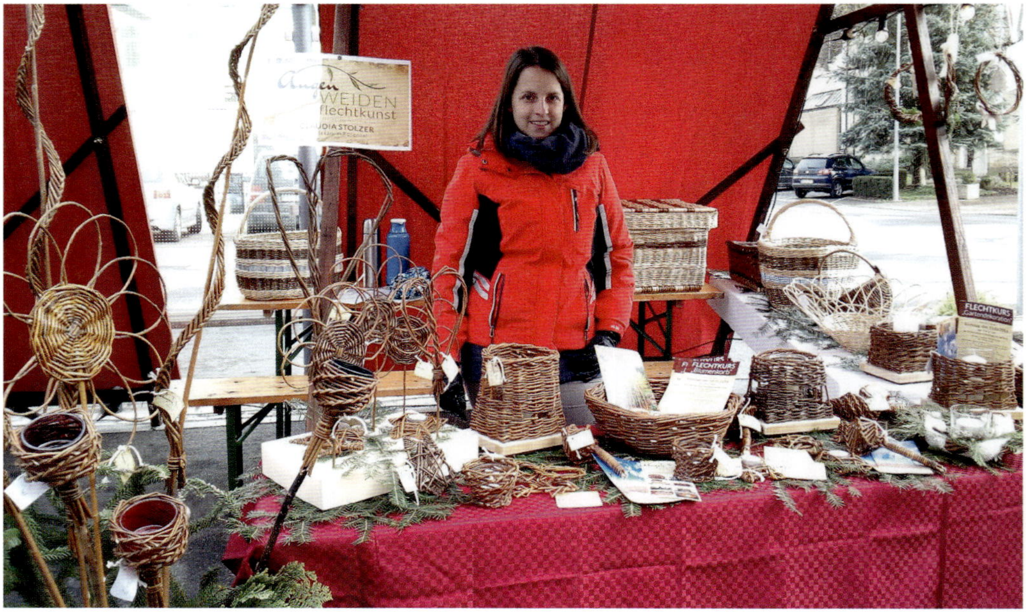

Einige Händler für Flechtmaterial und Werkzeug:

- Hans Ender, e.K. Flechtmaterial – Import – Export – www.hans-ender.de
- Andreas Scherer OHG, Korb und Flechtmaterial – www.scherer-ohg.de
- Korbwerkstatt Krines, Flechtwaren und Korbwaren– www.korbwerkstatt-krines.de

Einige Korbmacher, die Ausbildungen bzw. Workshops anbieten:

- AugenWEIDEN-Flechtkunst – Claudia Stolzer aus St. Stefan im Rosental
  www.claudia-augenweide.at
  Korbmacherin, Dekorationen aus Weide, bietet Workshops an
- Korbsalix – Luc Bouriel aus St. Andrä-Wördern
  https://korbsalix.at
  Korbmacher, Burkina-Technik, Weidenanbau, lebendige Bauwerke, bietet Workshops an
- Wildnisschule der Alpen – Angelika Bachmann-Hönlinger aus Mutters
  http://www.wildniszentrum.at
  Korbmacherin, Wildnistrainerin, bietet eine mehrjährige Ausbildung an
- Tonis Körbe – Toni Hebenstreit aus Feldbach
  http://www.weidenkorb.at
  Korbmacher, bietet Workshops an
- Eva Brodschneider aus Leibnitz
  Kurse sind auf der Homepage vom Naturpark Südsteiermark ausgeschrieben
  E-Mail: eva@brodschneider.com
  Gartentherapeutin, bietet Kreativ-Workshops mit Naturmaterialien an, wie Weiden flechten, Körbe nähen, Holzschmuck
- Flechten mit Petra – Petra Franke aus Lage-Heiden
  www.flechtenmitpetra.de
  Ausgebildete Korbmacherin, Gestalterin im Handwerk, bietet aufbauende, mehrtägige Workshops (für Erwachsene und Kinder) in Deutschland, Österreich, Südtirol und der Schweiz an

Einige Bücher, mit denen ich auch gerne arbeite:

- Jette Mellgren; Flechten mit Naturmaterial, Faszinierende Körbe, Schalen und mehr; Frechverlag 2013
- Jonathan Ridgeon; Weidenkörbe flechten, Schritt für Schritt; Land & Werken HEEL Verlag GmbH 2016
- Peter Juriga a Kolektív; Košikárstvo Premeny Vŕbového prútia; 2007 (Slowakisches Flechtbuch)
- Susie Vaughan; Einfach Korbflechten mit Zweigen aus dem Garten und vom Wegesrand; Ökobuch Verlag 2014
- Marianne Mortensen; Weidengeflechte für Haus und Garten; Holzwerken 2012

Aus unserem Programm

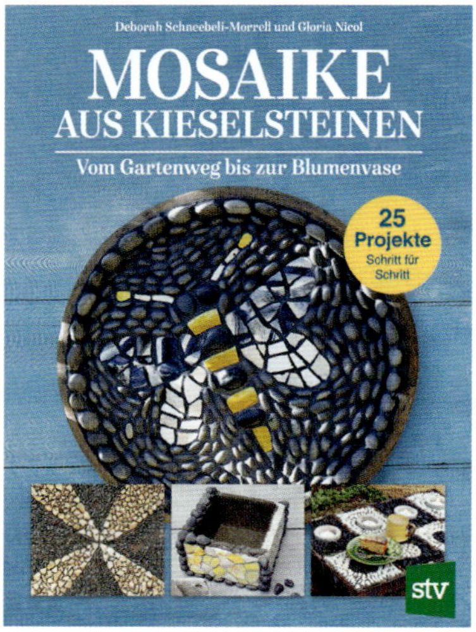

ISBN 978-3-7020-1692-0

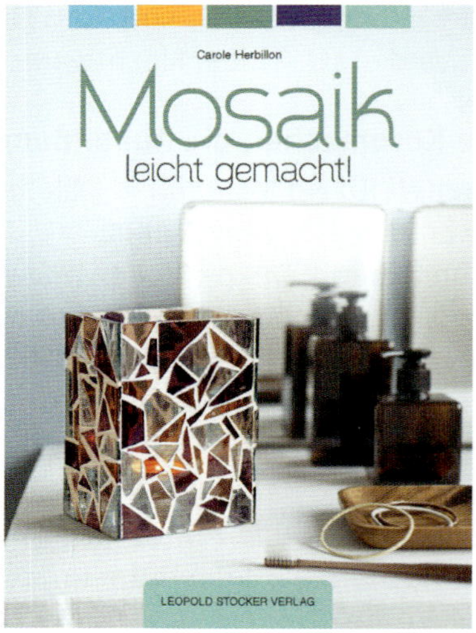

ISBN 978-3-7020-1562-6

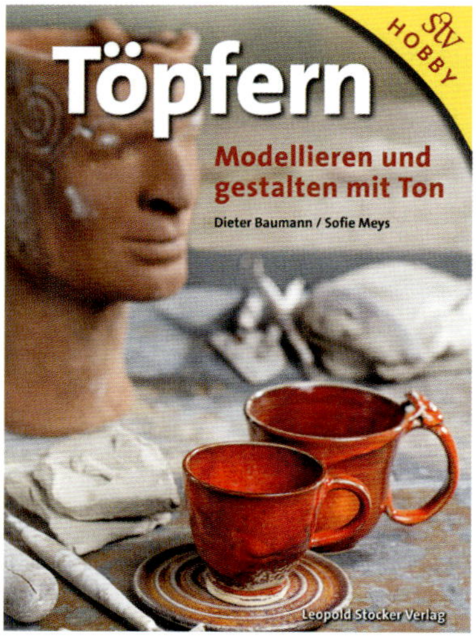

ISBN 978-3-7020-1557-2

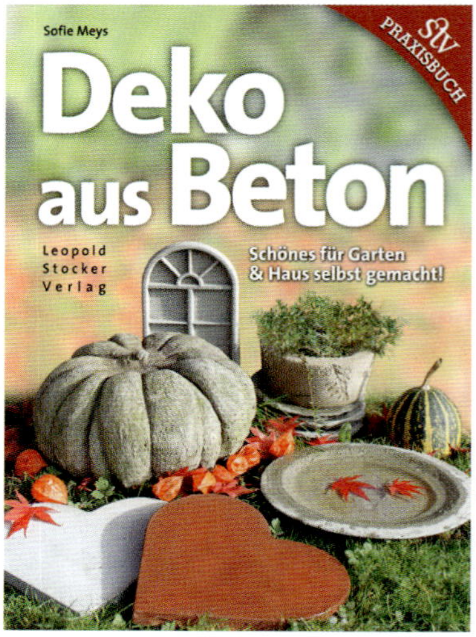

ISBN 978-3-7020-1408-7

Leopold Stocker Verlag

Graz – Stuttgart

www.stocker-verlag.com

Aus unserem Programm

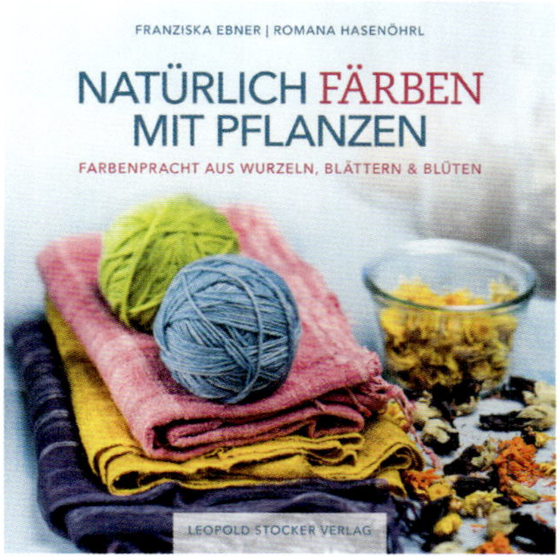

ISBN 978-3-7020-1590-9

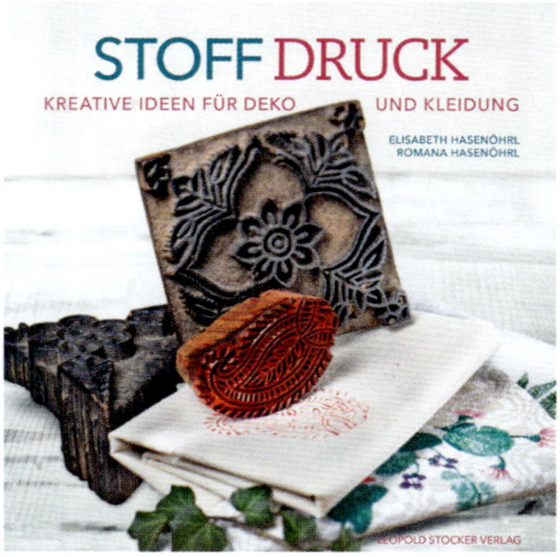

ISBN 978-3-7020-1613-5

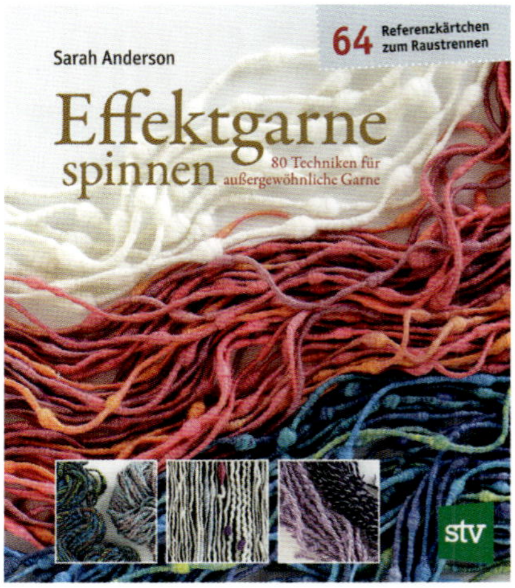

ISBN 978-3-7020-1701-9

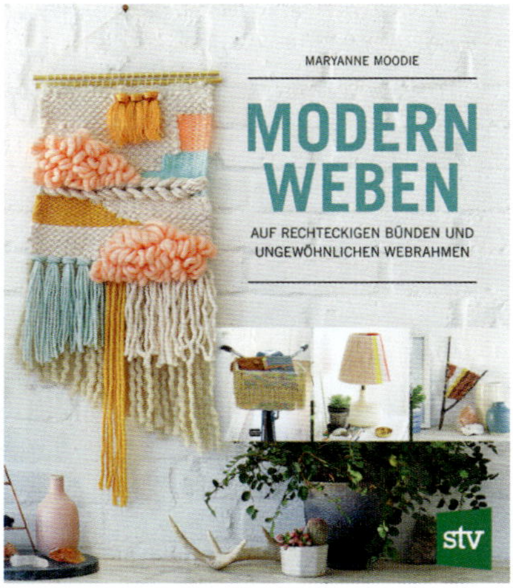

ISBN 978-3-7020-1662-3

Leopold Stocker Verlag

Graz – Stuttgart

www.stocker-verlag.com

Aus unserem Programm

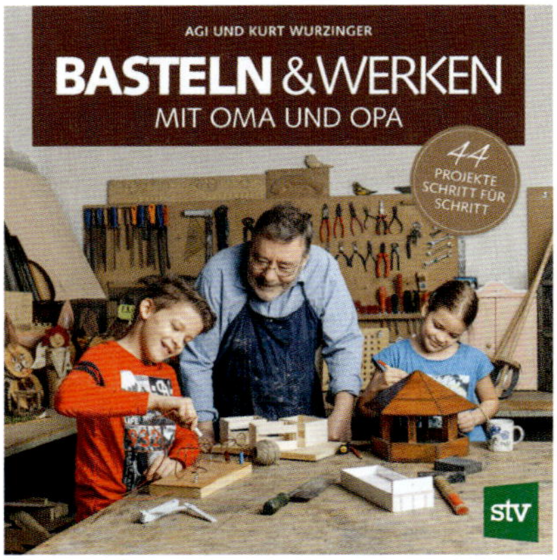

ISBN 978-3-7020-1695-1

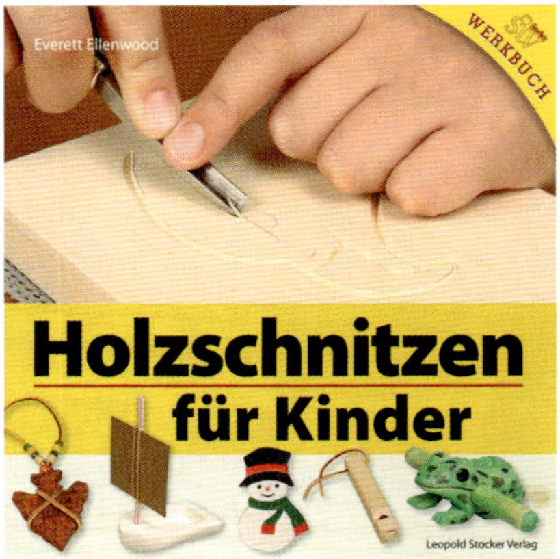

ISBN 978-3-7020-1373-8

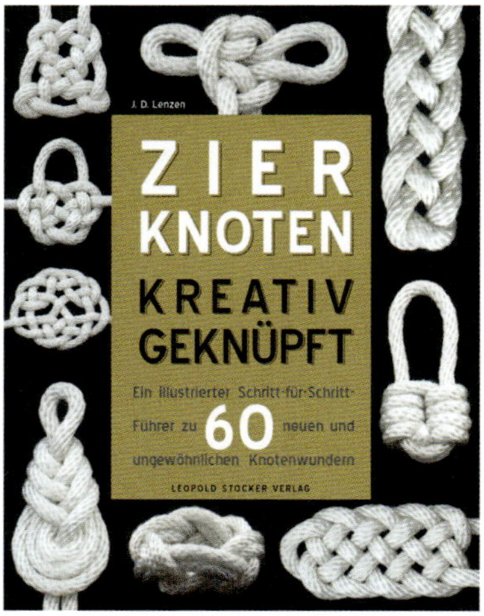

ISBN 978-3-7020-1491-9

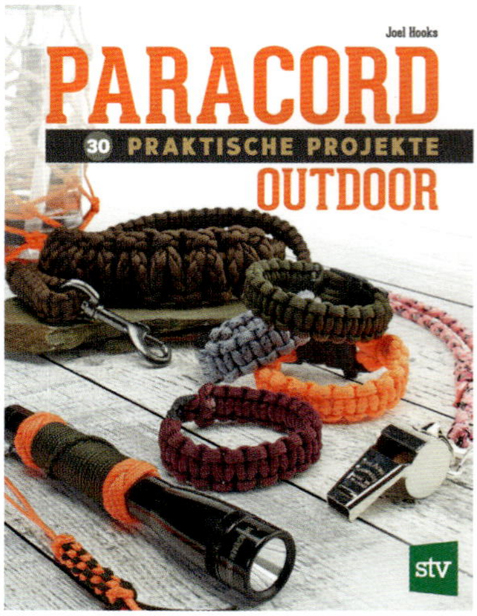

ISBN 978-3-7020-1522-0

Leopold Stocker Verlag

Graz – Stuttgart

www.stocker-verlag.com